南开百年学术文库

读书笔记：思考与回味

常耀信　著

南開大學出版社

天　津

图书在版编目(CIP)数据

读书笔记 ：思考与回味 / 常耀信著. —天津：南开大学出版社，2019.8
(南开百年学术文库)
ISBN 978-7-310-05859-4

Ⅰ. ①读… Ⅱ. ①常… Ⅲ. ①东西文化－比较文化－文集②英国文学－文学研究－文集③文学研究－美国－文集④随笔－作品集－中国－当代 Ⅳ. ①G40－53②I106－53③I267.1

中国版本图书馆 CIP 数据核字(2019)第 168208 号

南开大学出版社出版发行
出版人:刘运峰
地址:天津市南开区卫津路 94 号　　邮政编码:300071
营销部电话:(022)23508339　23500755
营销部传真:(022)23508542　　邮购部电话:(022)23502200
*
三河市同力彩印有限公司印刷
全国各地新华书店经销
*
2019 年 8 月第 1 版　　2019 年 8 月第 1 次印刷
230×155 毫米　16 开本　24.5 印张　6 插页　288 千字
定价:148.00 元

如遇图书印装质量问题,请与本社营销部联系调换,电话:(022)23507125

常耀信，教授，博士生导师，任教于南开大学及美国关岛大学。著有《希腊罗马神话》《漫话英美文学》《美国文学简史》(英文版)、《英国文学简史》(英文版)、《美国文学史》(上)、《精编美国文学教程》《英国文学大花园》及《研究方法与论文写作》(英文版)。主编有《美国文学选读》(上、下)、《英国文学通史》(三卷本)及《文化与文学比较研究论文集》等。在国内外刊物上发表过多篇论文。先后被选入《远东及太平洋名人录》及《美国名师录》。

[illegible] of first rejecting [illegible]
⊖ a process of first [illegible] w[illegible]
accepting life for what it was, is, and w[illegible]
no longer imposing form and meaning
~~but~~ deriving form and meaning from
Herzog's self-examination in the
An account of ~~four days & nights (or~~ four days
& four nights) before the final revel[illegible]
⊖ Running from Ramona to Libbie (on
& one night – back to New York) –
⊖ ~~Sta~~ Getting ready for Ramona's din[illegible]
buying clothes & stuff (the 2nd day &
⊖ Kissing good-bye to Ramona – Going
lawyer and the law-courts – Going
Chicago to see daughter June (~~to~~ runn[illegible]
into accident (3rd day/night/4th da[illegible]
bailed out – back to Ludeyville – br[illegible]
⊖ Will visits – staying at Ludeyville
expecting Ramona (4th night & 5t[illegible]

[illegible]ovement of prose in the book: (5 chapters)
the first two thirds of the book is ponder[illegible]
[illegible]ective, retrospective, with little plot (~~never~~ go[illegible]
[illegible]ing to the Ramona's or Libbie's, but never arr[illegible]
the last one third – more plot, moving quick[illegible]
thought / more action – denoting closer contact [illegible]
[illegible]ity – further away from self-absorption [illegible]
[illegible]st
[illegible] back in the fold

常耀信先生手迹

自　序

这些年在教学与读书之余，也抽时间把读书的感想做了一些记录。其中大部分曾发表在不同的杂志和书刊上。现在从中选出一些来，合成一本小书，以《读书笔记：思考与回味》为名出版，算是与同行及同人进行交谈的一种途径吧。由于这些文字当初的出版时间跨度较大，故在这次出版前对某些文字进行了些许修改或补充。也由于分门别类的原因，在这本书里文章排列的时间次序有时就不考虑先后了。

此书共由四部分组成。第一部分主要讨论中西文化交流的有关问题，提出各国文化交流应当遵循互补及双赢的原则，而不可以“东压倒西或西压倒东”为基准。

第二部分是本人这些年来在文学方面读书与思考所得的一些总结，有些想法和提法仍待进一步推敲，现在拿出来和广大读者切磋与商讨，以求去粗取精，去伪存真。

第三部分是对近些年来在我国的外国文学教学与研究界肆虐的“理论框架”异端思想所进行的批判。“理论框架”是利用西方文论束缚我国学者及我国年轻学子思想的紧箍咒，这些年来已对我国的外国文学研究与教学造成恶劣的影响。现在应当是清算这个恶魔的时候了。

最后一部分属于应景之作。虽然如此，但真情在，文中所讲与前面的三个部分在思想上是相通的。

书中所说，纯属个人一孔之见，错讹与谬误在所难免，望专家、学者与读者不吝指正。

常耀信

2019 年 1 月

目　录

第一部分

第二部分

第三部分

第四部分

第一部分

中西文化的对话：平等、互补、双赢

在当前的国际关系中，各国对合作与理解的要求日益增强，各国文化间的交流也变得异常重要起来。我国实行改革开放政策，欢迎各国文化进入我国文化市场，与我国文化进行交流与融合。在这个大背景下，对世界文化名人 I. A. 瑞恰慈（I. A. Richards，1893—1979）的研究具有非同寻常的意义。容新芳教授在这方面的研究成果——《I. A. 瑞恰慈与中国文化：中西方文化的对话及其影响》——值得我们认真阅读。

I. A. 瑞恰慈是文学批评家、理论家，西方现代文学批评的奠基者之一，有“英美新批评之父”之称。他一生热爱中国，曾先后 6 次到中国访问或工作，在中国累计度过了 4 年多的时光。第一次是在 1926 年，他同他的新娘到中国度蜜月，后于 1929 年至 1930 年在清华大学教书；1936 年至 1937 年，他受洛克菲勒基金会的支持，先在北京、而后又到昆明建立语言学院，1950 年，他在燕京大学教书一学期；1979 年 4 月，他应中国教育部的邀请，以 86 岁的高龄再次来北京讲学，帮助中国培训当时急缺的外语师资。回国后不久，他于 1979 年 9 月逝世。

瑞恰慈非常尊重中国文化。他极其认真地阅读和研究中国古典文献。他多次来我国，原因之一是要追寻和了解中国文化的精华，从中寻找有益于建构自己思想体系的因素。他的这种“拿来主义”的态度和实践可在他的许多名著里体现出来。例如他与奥格顿和伍德 1922 年合著的《美学原理》，开篇和结尾都引用了《中庸》，卷首题解则引用朱熹语：“不偏之谓中，不易之谓庸，庸者天下之定理。”他以此为全书的理论根据。在《实用批评》中，他大段地引用《中庸》并论述《中庸》的思想以及自己的理解。他还撰写了《孟子论心：探讨复义的实验》（“Mencius on Mind: Experiments in Multiple Definition”）。这些都表现出他对异国文化的欢迎、对中国古典哲学的热爱。

容新芳教授的专著《I. A. 瑞恰慈与中国文化：中西方文化的对话及其影响》在强调瑞恰慈为中西文化交流所做出的杰出贡献的同时，也阐明了一些关于中西文化交流的重要原则。首先，各种不同文化要相互理解和尊重。外国文化和我国文化的价值观本质相同，其主体都是世界各国人民自远古以来所积累的优秀价值观念的结晶。人类文化史上自古至今出现的各种先进思想，虽然它们之间存在着这样或那样的分歧，但在本质和内容、在基本原则和信条方面，都是大同小异的。它们都在教导自己的人民勤劳、忠厚、正直、富有同情心、富有正义感等。国际文化的这种共性是永恒的。认识到这一点，人们就具备了相互尊重和学习的思想基础。I. A. 瑞恰慈对待外国文化、对待中国文化的态度就充分证明了这一原则。

再者，各种不同文化间的交流是按双轨道进行的。世界各种文化需要合作与互补。容新芳教授在其专著《I. A. 瑞恰慈与中国文化：中西方文化的对话及其影响》中以翔实的材料证明，瑞恰慈的学术生涯是中西文化互动的典范，体现出中西文化相互了解与互补的必要性和可行性。容教授的专著在第一章说到中国文化对瑞恰慈的影响，第二章说到中庸思想对瑞恰慈及其作品的影响。另一方面，容教授在第三章里则笔锋旁骛，又详细说到瑞恰慈的学术思想对中国学界的影响，阐述西方文化的优秀一面在我国文化发展中所发挥的作用。瑞恰兹在学术领域内的这些举动应当被视为一种具有普遍教益的文化现象，这是各种不同文化间相互学习与交流的最高体现形式之一。

容教授的专著也体现出文化与文学比较研究的重要性。当今世界文化与文学间的交流日益增加，加强这方面的研究，提出、明确及强调一些原则问题，有益于提高认识，避免出现不必要的偏差。比如，荣教授在专著里说："自'五四'以来，特别是20世纪80年代以来，中国的文艺理论对西方的文艺理论依凭过多……明显透露出以西方为价值中心的倾向性。"本人非常认同这一观点。容教授的专著以瑞恰兹为例，揭示出我国文化所蕴含的传统精神对当代西方文艺理论所产生的影响，在一定程度上起到了纠偏的作用。

比较文化与文学研究对当前各国文化，特别是东西文化间的交流具有深刻的意义。现在世界所面临的问题不应当是东压倒西或西压倒东，不应当是谁占上风谁败北的问题，而应当是相互间如何取长补短的问题。双方要竞争，否则难以进步；但也要合作，否则会两败俱伤。世界要多元，文化要多样，求同存异，相互包容，这样世界才会日益兴隆。比较文化与文学研究可以帮助人们认识他人的长处，在平等、互补与多赢的基础上进行交融。在善意交流而不是居高临下、咄咄逼人的基础上，即便不同文化间出现碰撞和对峙，其后果也一定是积极的。它可以摧枯拉朽，促进双方的缺陷得以改进或弥补，促使双方丢弃其糟粕，而进一步完善。

容新芳教授的专著是一部文化与文学比较研究的杰作，值得读者悉心阅读和揣摩。

（容新芳教授著《I. A. 瑞恰慈与中国文化：中西方文化的对话及其影响》序）

改革开放形势下的中华文化复兴

一、不同文化的对峙与交融

不同文化间的碰撞和对峙是不可避免的，这在历史上已经屡见不鲜。我国传统文化和基督教的发展史就是两个醒目的例子。

从我国文化的发展史看，它经历过与佛教和基督教的两次较量。佛教约在公元前 1 世纪进入我国，在相当长时间内，传布的声势很大，在其鼎盛时期，连一位皇帝都对它痴迷到放弃皇位的地步。后来佛教逐渐本土化，对正在成型的中华民族的世界观及文学艺术都产生了深远影响，成为中华传统文化的一个非主导性重要组成部分。基督教大规模进入我国是在 19 世纪，也是一次全国性的文化传布，不仅在南方产生了相当大的反响，就是在北方的文化偏远之处，如河北的河间市乡下，至今仍有教堂屹立着。基督教的传教士来自欧美，其中不乏信仰虔诚、心地善良之士。但由于它的一些神职人员在我国近代革命中曾产生过负面影响，引起我国国民的反感，所以它对我国文化的全面影响不大。最近几十年来，基督教有明显的复活和发展迹象，在我国全国范围内，不仅在城市，而且在乡镇，都出现了新的传播活动，引起了人们比较广泛的兴趣，不少人开始皈依。这种复活应当是当前美国与西方文化在我国活动的一个组成部分。这次复活与当年的传教士的努力不同，它常常是留学国外的中国人自己发起的，虽不保密，但常在人们不知不觉中出现。许多中国人之所以对它感兴趣，显然是对新时代的精神实质缺乏深刻认识和认知。

基督教在西方的奋斗史也表明了不同文化间的碰撞和搏斗。作为西方文化的核心之一，基督教出现于公元前的中东地区，之后逐渐传入欧洲，经过几个世纪的拼搏，到公元4世纪才成为西罗马帝国的国教。自那以后，它就在欧洲各国传播，之后又遍布世界其他不少地方。在这个过程中，首当其冲的是古希腊、古罗马的多神论宗教文化，它虽未遭灭顶之灾，但失去了它的宗教地位，永远失去了作为西方宗教信仰的机缘。

以上只是两个不同文化间碰撞或交流的例证。

二、我国传统文化当前面临的挑战

我国传统文化面临着严重的挑战。前些日子听一位教授在一次讲座时说："同志们呐，我国的传统文化正在崩塌。"他对我国当前道德水平下降的倾向表达出担忧，但"崩塌"一词有点耸人听闻。他大概忽视了我国传统文化走过的充满坎坷的历史。我国传统文化的确面临着不可小觑的挑战，它会经历风风雨雨，但不会"崩塌"。

中华传统文化当前面临着来自两方面的挑战，一是来自市场经济对传统道德的冲击，二是来自以美国文化为代表的西方当代思潮的影响。当前我国现实生活中存在着不少不尽如人意之处。从根本上讲，中国改革开放进程中制度建设的滞后催生了一批无良官员、商人和黑恶势力，他们的贪污腐败、贪婪自私、男盗女娼、胡作非为开了社会风气恶化的先河。至于社会道德水准普遍下降，这也和我国现阶段的经济发展情况有关。

在现代社会发展阶段，资本的积累（或曰发财致富）成为许多人奋斗的目标，导致了不择手段、损人利己、不顾廉耻等恶行的出现，加速了传统公序良俗的衰微，助长了社会道德水准的普遍下降。

从外部看，我国传统文化面临着主要来自以美国文化为首的西方文化的影响。欧美一向标榜自由，把自己描绘成为民主、自由的象征，并以向世界输出自由为己任，也从不尊重其他国家的人民自主选择道路的权利。他们以输出自由为借口，到处搞所谓的“颜色革命”，无情地打乱他们锁定的目标地区和国家的和平与安宁，以达到他们左右世界、出卖军火、掠夺其他国家资源的目的。伊拉克、叙利亚、利比亚等国家自“9·11 事件”后就陷入政局混乱，人民生灵涂炭，迄今依然没有完全恢复正常的社会秩序。以美英为首的西方霸权主义从来不认输、不自省，完全违反了他们自称信仰的基督教的精神。在 21 世纪世界发生巨变的今天，他们的观念仍停留在冷战时期甚至一两百年之前，企图在后殖民时代延续列强对世界的支配，用“文明的冲突”来宣示西方文明模式的优越。

而且，西方文化中的自由也在腐蚀着他们自己的精神机体。例如在他们的文学界，特别是年轻一代作家当中，他们所推崇的自由已经祸害或正在祸害着不少作家，尤其是不辨是非的年轻才子们的心神，这些人写出了令人发指、令人作呕的暴力和黄色作品，对成长中的西方年轻一代造成了恶劣影响。更有甚者，他们还在有意识地、从战略高度向世界各地包括中国在内，输出这些文化糟粕。细看我国这些年来所出产的文化产品，比如受众面很大的电视剧，欧美文化的影响痕迹极其显著，以至有识之士已经呼吁：在教育和文化领域要防止西方“奶头战略”（指以享乐主义毒化、奴化年轻人）所设计的圈套。

三、中国传统文化的优点

说到中国文化，首先要说到中华民族和中国人。中国人人性善良，为人忠厚，野蛮和凶狠的成分少。中华民族热爱和平，在两千多年漫长的时间里，我们这么一个泱泱大国没有侵略过周边国家。这在世界历史上极其罕见。

中华文化的主体与基石是孔子的哲学。孔子的儒家思想提倡礼仪，其目的在于规范人的思想和行为，使之有所遵循，以保证社会稳定。儒家礼仪的内容很多，其中之一是强调“入世”，强调社会的统一与协调，把个人与社会融合、为社会服务放在第一位。儒家尊崇上下、老幼有序，提倡仁义、忠信、孝悌、天下大同。它强调个人自我修养与进步，以身心健康的个人作为社会完善的根基。这些优秀之处都已得到西方和世界的认可，西方许多有识之士自 18 世纪启蒙时代以来就已大力推崇和宣扬我国文化，使之成为西方文化与社会发展的借鉴。中国文化传统几千年来在保证社会稳定、家庭稳定、体制稳定等方面，发挥了很大作用。稳定是社会发展、人生幸福快活的重要保证。

儒家特别强调道德伦理，其主要目的之一是通过规范人的性行为而达到社会与家庭的稳定。孔子说过：“我未见好德如好色者也。”这反映出当时世人“好色”失控，已给社会秩序和道德伦理造成巨大损害。后来随着时间的推移，儒家思想也就成为铸造中华民族（主要是汉族）性格的主导因素。这决定了中国人性格的主要特点，即含蓄、内敛，拙于情感的直接表达，对两性话题持比较谨慎或保守的态度。尽管在中国文学史上也有一些淫书存在，但大多数作品是规行矩步、不越儒家礼仪雷池的。多少世代以来，我们中国人中，特别在历代统治阶级与社会上层里，虽然不乏三妻四妾者，虽然不乏口是心非、道德沦丧、男盗女娼者，但总的说来，中国人蔑视红杏出墙、偷鸡摸狗、喜新厌旧等不良行为，而颂扬白头偕老、不弃糟糠等美德，迄今在性行为上大体是规矩的。我国优秀文化传统的真正维护者自古至今向来是我们普通的下层民众。我们中国人在国际上有重视家庭的美名，在外国人中有“找配偶去找中国人”的说法。中国人的文、史、哲等人文学科大体都是为规范人的正确行为模式服务的。

我国传统文化所包含的价值观是永恒的，它已成为我国人民不可或缺的“文化氧气”，已牢牢地烙在我们国人的思想意识里。中国人无论在何处出生，无论受到何种教育，他们在骨子里也是中国人，如果有中国的“鲁滨逊”出现，他所复制的一定是中国文化。这体现出中国文化的威力。这个永恒的价值观体系是我国文化之本，由于它的悠久历史和深远影响，没有什么力量可以替代或打倒它。虽然我们要随时警惕来自各方面的负面影响和威胁，但我们不用杞人忧天，担心中华文化的未来。

四、中华文化的短板

但是，中华文化也存在着一些缺陷。在这里提出几点和大家讨论。

首先，中华传统文化不太重视对客观世界的研究。在这方面，有两点值得思考。一是我们国土辽阔，资源丰富，不用去航海，不用去研究宇宙和星空，也能长久维持农耕社会生活。另外则是，由于儒家思想的影响且自认是“中央之国”，我们过度重视统治术和御人之术，在长时间内把大部分精力都放在自己国土内处理社会关系与日常生活上，而忽略了对外部世界（包括自然界和周边国家）的认识和研究。我们的古代科学本来居世界之先，英国汉学家李约瑟先生的多卷本《中国科学技术史》已经充分证明中国古代科学技术的发展潜力与机运，但后来却为科技发展的落后者。

再者，中华文化依然体现出一定的封建思想残余，如官本位理念下的等级制度、特权思想等，人民的话语权、个人主动性及个性发展有待加强。

此外，我们强调平等、宽容不够，特别是在思想争鸣和科学创新上缺乏尊重和包容。

五、来自欧美文化的冲击

任何文化的主流都是好的，欧美文化也不例外。但是，文化也和任何其他事物一样，都有其缺陷或糟粕。有时候某些国家的政府会出于“文化洗脑”的目的向海外输出所谓的“思想教化”，这是人类成长历史上已发生过，而且依然在发生的“文化霸权”实践。今天，欧美的文化产品，如小说、电影、音乐、戏剧、绘画等，在世界各地传播，尤其是它的色情和暴力文化，杀伤力极强。美国资深的“战略家”布热津斯基曾说过：“不管你对美国大众文化的美学价值有什么看法，美国大众文化具有一种磁铁般的吸引力，尤其是对全世界的青年。它的吸引力可能来自它宣扬的生活方式的享乐主义的特性，但是它在全球的吸引力却是不可否认的。”还说，“美国在全球的至高无上的地位……来自美国生活方式的那种说不清道不明但又很重要的文化上的吸引力……”他所说的美国大众文化的“磁铁般的吸引力”，既包含了自由、个性、平权与多元化，也充斥了暴力、嗜毒和色情。常言说得好，学坏容易学好难，享乐是人的一种本性。欧美文化“磁铁般的吸引力”中所夹带的糟粕也正在吸引和腐蚀着我国的年轻一代。

布热津斯基鼓吹运用享乐主义文化来消蚀大众的思考力与鉴别力，表现出世界主宰者的控制欲和奴化战略。欧美文化鼓励性自由，这在客观上激活了欧美人的性神经的潜力，促成了欧美文学艺术，尤其是现当代欧美文学艺术崇尚和宣扬暴力、嗜毒和色情的颓废倾向。

值得注意的是，自从改革开放以来，上述糟粕也侵入我们的文学艺术界，造成了一定的恶劣影响。我国艺术界的不少成员崇尚美国好莱坞的糟粕，近几十年来生产了许多劣质产品，显示出欧美文化糟粕的突出特点，麻痹了我国文化消费大众，特别是我们的年轻人。在这点上，又让布热津斯基给说中了：“公众们将逐渐失去自主思考和判断的能力，最终会期望媒体为他们进行思考，并做出判断。”公众当中最渴求新奇、最易上当受骗、最易被媒体鼓动的人群恰恰是年轻一代，亦即人们现在常说的“80后”“90后”，甚至“00后”。比如他们对欧美风格的文艺作品或许出于好奇，总之是莫名其妙地趋之若鹜，不惜出高价索求一张入场券，他们花得起这笔钱，因为他们辛劳的父母在为他们埋单。顺便说一句，这也是我国演艺界的明星们能大笔捞钱，生活颓废、糜烂，甚至到国外买豪宅、移居国外的财力来源。

欧美文化中所含的暴力、嗜毒和色情题材，展示了人性恶的无限欲望，这进一步造成欧美道德水准的下降。青少年堕胎、吸毒、校园枪击案等现象，今天在欧美似已习以为常。近些年来，有些乱象也已在我国出现，在实业界、艺术界，包括部分大学校园内，其严重程度令人瞠目，但人们和社会对这些似乎并不在意，甚至视之为自然。这是我国近些年来社会道德水准下降的表现之一。

布热津斯基在总结历史后得出结论说："历史上没有一个像样的民族或国家是由于外部力量的打击而灭亡的。强势民族的衰亡都能在其内部找出带有根本性的原因。"杜勒斯、布热津斯基等西方"战略家"们的预言，是对我们的警告，其遏制中国的"文化牌"用心险恶至极，我们绝不可等闲视之。在一定意义上说，他们是我们的一种反面的"智囊团"。

六、是你死我活，还是东西互补

人类的一切文化都是教人做好人的。西方文化和中国传统文化所传承的优秀价值观一样，都是永恒的。西方文化主体是西方人民自原始以来所积累的优秀价值观念的结晶。它教导人民勤劳、忠厚、正直、富有同情心、富有正义感等。它的基本原则和信条和我国文化的优秀一面没有本质差别。中华文化和西方文化这种根基牢固的文化传统是永恒的。它们之间的交流或时而发生的对峙主流是积极的，可以摧枯拉朽，促进双方的缺陷得以改进或弥补，促使双方丢弃其糟粕，在交流中进一步完善。

东西半球需要合作与互补。它们如果单摆就不能成整圆，如果分离就难免出偏颇。过分强调个人，则会导致社会离心而逐步解体；只求统一，则会引起社会呆滞而失去活力。世界的问题不应当是谁压倒谁或谁占上风的问题，而是相互间如何互补长短的问题。不竞争难以进步，不合作会两败俱伤。世界要多元，文化要多样，求同存异，异同要同在、共处，相互包容，戒骄戒躁，世界便会日益兴隆。如果某日出现千国一面、世界一律的景象，那就是物理学上说的"静止"（entropy），世界末日可就真要到来了。

因此，人类存活的秘方在于，“甲”里要掺和进“乙”，“乙”里要融入“甲”。远的不说，就说20世纪两种社会制度的互补问题。社会主义曾经帮助拯救过资本主义。这发生在20世纪的前半期。当时以美国为首的西方资本主义体制发生危机，似乎将全面解体，最后由罗斯福出来收拾残局。此人提出的“新政”内容，仔细分析，其实里面包含着许多“旧”成分，这些来自当时已被镇压下去的美国社会主义运动及工会运动在20世纪初提出的竞选纲领，罗斯福采取“拿来主义”，借用了社会主义运动纲领里的很多思想和措施。诚然，“新政”没有全部解决资本主义制度的危机，是第二次世界大战警示和改进了资本主义这个当时已经垂死的制度；但是“新政”里的社会主义因素也发挥了相当的强心作用。这是制度互补的一个例证。

资本主义也曾经帮助过社会主义。在20世纪七八十年代，国际社会主义体制运作出现问题，在内部斗争和外部破坏共同作用下，强大的苏联一夜之间轰然崩塌，瞬间把广大的苏联人民推入难以言传的水深火热之中。当时我国也面临着一些问题，但我们采取了不同的策略加以应对。具有中国特色的社会主义道路巧妙地运用“拿来主义”，依照自己的需要，适当借用资本主义运营方面可以利用的经验，在几十年内使我国兴旺发达，加强了我国的社会主义体制。

东西方文化交流与对峙的结果必然是在比较、融合中留下好的，剔除坏的，世界文化的优秀传统，不论东方的或西方的，都会得到加强和传播。

七、比较文化教学与研究

东西文化的合作与对峙决定了比较文化研究的战略意义。

通过比较研究，我们能够做到知己知彼，认清困难，采取措施。外语教育处在我国改革开放的前沿。作为高等教育的一部分，它负有培养人才和传授知识两项重大责任。在培养人才方面，教师和学生都要首先加强对自己的德育教育，树立正确的世界观和人生观，增强免疫力。在传授知识方面，要在课程建设上做出新努力，注意介绍、加强了解西方文化，学习其优点，抵制与克服其糟粕可能产生的负面影响，为我国改革开放和现代化做出最大贡献。

改革开放以来，我国外语教学与研究已很注意开设外国文化方面的课程，但有必要做出更大努力，进一步增加学生对我们自己文化以及外部世界的了解。我们有必要开设一些课程，介绍我国和世界文学、哲学、历史、人类学、社会学、宗教学以及其他方面的有关知识，这种介绍的重点似应放在我国和西方文化的比较研究方面，当然也要兼顾其他各种文化背景。目前业已开设这些课程的学校，应当继续这样做下去；现在尚未有条件开设这些课程的学校，应尽快创造开设条件，例如可以鼓励学生去哲学系、中文系、社会学系及外国文学研究所等处去选课，或请在文、史、哲方面对国内外了解比较全面的教师前来，使用一学年时间，开设一些综合性课程，做必修或选修皆可，进行汇总性质的介绍与比较文化教学。

八、关于大学教育

在这里，顺便说几句有关大学教育的问题。

大学教育的根本目的在于培养品质高尚而又有知识的人才。注重提高学生的品性是大学教育的首要任务。品质低劣的人，知识越多，危害越大。老子说“智慧出，有大伪”，讲的就是这个道理。德育教育之所以重要，是因为教育，尤其是高等教育，除传授知识、培养服务于社会的合格人才外，还担负着一个更重要的任务，即培养未来的政府官员社会管理者，而这些人主导着社会的运行和秩序的维护。此话乍听有些耸人听闻，细想则会发现，我国的教育甚至包括人类的教育，自古以来，便是如此。在前些年，我们虽已多次批判过“读书做官论”，但是生活的实践说明，读书依然基本上是通往官场的途径之一。其实，人们不必藏掖此事的真相。古今中外都在遵循这个道理办事，只是说法不同而已。孔子的“君子”、老子的“圣人”、柏拉图的“圣王”（sage kings）、古时的科举、今天的公务员考试、大学生当村主任、要求各级干部有学位，包括英国等西方国家的文官（civil servant）考试在内，等等，都是“有知识就有可能做官”的例子。

所以，我们大学教育所做工作的一部分，实际是为政府机关、实业界以及社会各界培养干部。这些人将会成为政府的“官吏”，其中不少人将会成为社会的高级管理层，因而要面临权力的诱惑；而历史证明，没有制约的权力，常常是产生破坏我们优秀传统的败类的摇篮。能跻身高等学府的学子背景各异，或具备优越的家庭资源，或来自近水楼台的都市，或由于个人天资聪明，或不甘永居困苦境况而拼搏成功……总之他们得到了享受良好教育的机会，毕业后有可能成为社会机体各个部门的主事人员，在社会生活中处于某种主导或特权地位。然而若不具备较高的政治思想觉悟和良好的道德修养，有相当一部分人就可能堕落为贪官污吏和为富不仁者。当然，他们的恶行及其造成的恶劣社会影响，并不能动摇中华文化的整体。但是，如在大学教育阶段，就把教化放在首位，强调思想教育，这就给这些学子们打了一剂预防针。当人们普遍不愿当官或竟讨厌当官的时候，那就说明当官已经不再是图谋私利的手段，而只是为大众服务的途径，也说明人民和社会的自我管理能力已有很大的提高，已经不再像今天这样需要官僚们的“治理”，到那时，人类距离理想的世界可能就不太远了。

谢谢。

（在2010年第六届中国外语教授沙龙研讨会上的发言）

对外汉语教学中的外国文化背景

各位老师，各位学员：

很高兴有机会跟大家见面，一起交谈我们共同感兴趣的问题。今天我想和大家讨论的问题是：对外汉语教学中的外国文化背景。其中有些内容有人可能听说过，有些大家还不太清楚，或者有自己的看法，在此我们一起来讨论和学习，期待在讨论中碰撞出智慧的火花。

我们现在在国外开设汉语教学课程，帮助国外中文爱好者学习中国语言和中国文化。这是我国改革开放的一个重要举措。现在外部世界表现出强烈的了解中国的愿望，我们要和外部世界联系，也需要了解国外的情况。例如我们到国外开设汉语课程，需要首先了解一些关于国外的信息。世界各国都有自身的文化体系和丰富的文化内容，诸如宗教信仰、神话传说、历史事件、科学技术、文史哲等方面，我们需要知道一些，这有助于促进国际汉语教师与外国学生的感情交流，实现文化沟通，这既是尊重与理解，又具有实用价值。

我们今天的讨论重点就在于提供一些有关国外的信息。

首先说宗教信仰。世界上迄今有三大宗教在人民群众中具有相当的影响——基督教、佛教和伊斯兰教。此外还有一些宗教，如巴哈伊教等，信众也不少。在这三大宗教中，基督教和伊斯兰教是有神教，佛教是无神教，但都是宗教，都有其悠久的历史和丰富的内涵。我们对外国朋友的信仰要秉承一种尊重的态度，不可与他们就宗教问题发生争论，不可表示否定或轻蔑的态度。一种宗教能在众多国度和人群中长期发挥影响和作用，它必然有其旺盛的内在活力和深邃的内涵，激励和吸引人们对它趋之若鹜。我们到国外去的任务是让外国人更多地了解我们，而不是改变人家的思想和生活方式。思想和生活方式的改变，其动力源于信徒的内心，而不是来自外部的输入。在宗教信仰方面，我们一定要慎重，否则会造成不好应付的负面后果。

宗教信仰属于思想上的问题，思想上的问题摸不着，看不见，最好留给人们自己去处理。比如外国人在宗教信仰方面已经争论了几千年，由于双方争论不休，各持己见，还发生过长达数百年的血腥的战争（如十字军东征等）。其中好多问题，说不明白，打杀也打杀不明白。所以在这方面，和生活的其他方面一样，最好采取理解和包容的态度。

在宗教信仰方面，我们常有人表白，有机会时也对外国人讲，我们中国人不信神，没有信仰，是无神论者。这听来貌似真实，细想却无理。首先中国境内一直就有基督教、伊斯兰教、佛教等宗教的组织形式和宗教仪式，只是信众比例不大；再者从文化理念上，“上帝”这一词语几千年前就出现在商周的甲骨文卜辞里，在商周卜辞里，“帝”“天”“上帝”为同义，在几千年前出现的古书里，如《尚书》里，我们的祖先就教导我们要“寅畏天命”，后来儒家继承了商周的礼制，祭祀最高神——上帝。中国人畏天，“老天爷”这一说法虽然通俗，但内涵深刻。他和“上帝”实乃同义，只是称谓不同而已。他就是我们心中信仰的神。在我国，没有人不敬畏老天爷。我们常说，“人在做，天在看”“善有善报，恶有恶报，不是不报，时候未到”，实际上是把“天”或“老天爷”视为世间一切的最后的裁定者。在西方，这个职务只属于上帝。所以我建议，大家在和外国人接触时，不要把自己或中国人说成是“无神论者”。“无神论”在西方大多数人的心目中是一个负面的概念。

在这里顺便说一句，归根结底，人类是信神的。这是因为人的认识缺乏全面性，人的思想缺乏完美，人不完全相信自己能决定自己的命运。人在年轻时有“初生之犊不怕虎”的气势，头脑莽撞的人对老天爷敢于出言不逊，但是一个心身正常的人，不论他口上说什么，深察其内心都会发现，他是敬畏天命的。我们中国人是人类的一部分，当然不例外，也不可能例外。从根本上讲，信仰存在于内心，而不在于外表的动作。

说到神话与传说，这是人类文化的一个重要组成部分。许多神话传说故事已经家喻户晓，成为人们表达思想经常运用的知识板块。知识板块是指人们经过生活体验而提炼出的相沿成习的思想晶体。这些都是全民共享、信息明了的知识结晶，一般都体现出人们的基本思维和行为模式。像中国人常讲的“陈世美”“牛郎织女”，或西方人说的“灰姑娘”等，都属于这类神话传说故事。东西方在知识板块和思维结构方面是相通的。了解外国的神话传说会给外国朋友一种亲切感，会立刻拉近我们和他们之间的距离。所以，我们在和外国人接触时不可忽视神话和传说的作用。

在西方，神话与传说故事很多，其中最闻名的当属希腊神话、《圣经》和亚瑟王传奇。我们很有必要了解这些文化遗产的内容。我们首先说说《圣经》。我们切不可把这部书看成只是宣传宗教迷信的书。《圣经》是一部伟大的著作，它把许多学科的知识熔为一炉，如神学、历史、哲学等等，它还是一部伟大的文学著作。我们要尊重《圣经》，因为它是西方文化的主干。在今天的世界上，它像一座山，你可以不喜欢或讨厌它，你可以不读它，不信它，但你不可亵渎它；你可以绕开走，但你不能否定它的存在。

有人会说,《圣经》说上帝在六天内创造出世界,这可能吗？不错，这里有些神学，有些奥秘，我们觉得费解。宇宙是怎么生成和进化的，由于时代久远，我们谁也说不清，顶多是给予人们一种所能接受的揣测。这个任务在三千多年以前，《圣经》的作者们勇敢地承担起来。这些人写《圣经》的目的之一是教化古希伯来人，让他们变得文明一些，去掉自己身上的一些野蛮，在言行举止上变得更像人一些。这些作者们不是一般人，他们具有丰富的知识，可以说是上知天文、下知地理。例如《创世记》里关于世界生成的说法。《圣经》说，一开始时到处是一片混沌，然后上帝出现了，先分日夜，再分陆海，然后是创造虫鱼花草、走兽飞禽，然后是男人、女人。这些细想都是合乎我们现在接受的宇宙形成的理论的。在这里上帝无头无尾，是宇宙的标示。上帝创世的顺序都是合乎科学已经证明了的事实的。

再来看看《圣经》里的一些故事。提到《圣经》，人们会马上想起《创世记》的故事，说出伊甸园、亚当、夏娃、撒旦等耳熟能详的词语。《创世记》所讲的实际上是一个富有哲理的故事，它给人们许多启示。比如如何看待人和宇宙、人和世界的关系。宇宙掌握和调节人的生活，人要按照一定的规律去做，但人类永远不能认知上帝的全部意图。又比如如何看待子女的叛逆。你让孩子往东走，小孩一定会往西走，这是我们成长过程中都会经历的阶段，叛逆是成长的一个标志。近些年相关研究表明，在伊甸园里的亚当和夏娃不是夫妻，他们不知道自己的性别，直到吃了禁果之后才知道性别，这说明之前他们是两个孩子。人不会永远是小孩，认识到自己的独立性之后就会离开父母的羽翼，如同亚当和夏娃离开造物主上帝一样。又比如如何看待撒旦的作用。撒旦是上帝创造的，而他又破坏上帝的计划，上帝知道他在破坏，那为什么还要创造这个坏蛋呢？从哲学角度来看，撒旦是有作用的，起的是坏作用，但坏作用也是一种作用，有益于人的成长。常言说，“吃一堑，长一智”，根据《圣经》，这条“堑”就是由撒旦提供的。正如19世纪美国哲学家爱默生（Ralph Waldorf Emerson，1803—1882）所说，好的、善良的是医生，坏的、恶的是更好的医生（Good is a good doctor, and bad is a better doctor），意思是恶和善是永远并存的，没有恶，人们就受不到应有的教育。如此类推，很多《圣经》故事都具有特殊的哲学意义，这对西方人的思想（包括文学艺术创作）也发挥了非凡的启迪作用。

我们说到《圣经》，不免会想到基督教和教会。在国外，大家会发现，教会的人传教热情很高，他们很希望把你变成他们的教徒，大家到国外工作的时候可能会碰到有人拉你入教的情况，基督教在拉你们，佛教也在拉你们，对此大家应学会倾听和尊重，做好思想准备，没有必要急于表态或争论。

下面谈谈希腊神话和传说。在西方文明发展史上，古希腊文化和希伯来文化被视作哺育西方文明的两只乳房，是了解和研究西方文明的一把钥匙。对于古希腊文明来说，它的史诗和神话里记载着极其丰富的信息。希腊神话以奥林匹斯诸神为主线，重点讲述12个主神的故事。如天地万物的最高统治者宙斯，正义、威武却任性、好色；他的夫人赫拉掌管婚姻和生育，是女性的代表，生性嫉妒；爱神维纳斯和她的忠实随从、手持弓箭的丘比特，主宰爱情；月神阿尔忒弥斯，被视作女性纯洁的化身；太阳神阿波罗是西方庄重、正统的代表；酒神狄俄尼索斯是自由的代表，德国哲学家尼采认为，太阳神和酒神两位天神代表着西方文化的两个极端，对我们理解西方文化非常重要。还有智慧女神雅典娜、海神波塞冬、战神阿瑞斯等，每位都具有鲜明的性格与七情六欲，具有人的性格和情感。

希腊神话中除了神以外，还有许多由神与人交媾而生的半人半神的“英雄”。关于英雄传说，最为有名的是奥德修斯（木马屠城）、赫拉克勒斯（十二项伟业）和伊阿宋（率众夺取金羊毛）的故事等等。此外，还有不少人物值得一提。比如埃涅阿斯，他在女神母亲维纳斯的督促下经过海上旅程来到意大利，与拉维尼亚公主联手打败敌人，统一意大利，其后辈在公元前8世纪夺取王位，建立罗马城，成为罗马人、意大利人的鼻祖。还有不少故事很有意思。例如足智多谋的西西弗斯机巧过人，做了激怒众神的事情，被打下地狱，天天推石上山，永无休止地、没有任何希望地重复着这一毫无意义的动作，他别无选择。这个故事在20世纪成为现代存在主义哲学的经典。存在主义哲学以它说明世界是冷漠的，人是否能生存下去取决于人本身的决定。再例如阿喀琉斯的故事说明人人都有弱点，没有人是不可战胜的，尤其是人不能胜天，这是西方非常流行的对生活的宿命论观点。菲洛米拉的故事揭示了夜莺悲啼的缘由，宛若一曲女性悲歌。俄狄浦斯杀父娶母的故事深入人心，成为西方盛行的弗洛伊德理论的基础。海伦倾城倾国的容貌和特洛伊战争一起留给后人无穷的想象，正如荷马所说：“这张漂亮的脸，让一千只船起帆；这个漂亮的名字，是用血和火在历史上写成的。”

希腊神话原本是古希腊人原始的宗教信仰，是西方宗教最初的多神论的体现。它出现于纪元前，大约三千年以前才出现荷马史诗等文字的记载。后来基督教出现，逐渐代替了希腊神话的宗教地位。基督教属一神教，在宗教史上，比多神教前进了一步。

接下来，咱们再来看看亚瑟王的故事。亚瑟王的故事已被视为世界文学不可或缺的组成部分。以英文、法文和德文写成的关于亚瑟王故事的书籍，数以百计；以亚瑟及其骑士为题材而写出的各种形式的文学作品，就不计其数了。亚瑟王的故事曾是中世纪欧洲封建时代精神和原则的光辉体现，直到今天依然打动人们的心弦，引起读者的共鸣，英美历代作家都感觉到它的魅力。有关亚瑟王的故事很多，如兰斯洛特与王后桂内维尔私通败国的故事，特里斯特拉姆与伊索尔德有悖于世俗的爱情悲剧等等，都具有很强的现实意义。我想提及两个我特别感兴趣的故事。一是《加文爵士和绿衣骑士》，它讲述了加文爵士接受绿衣骑士的挑战为圆桌骑士争光的传奇，绿衣骑士向加文举斧三次，落空的两斧是对他两次不受女主人诱惑并如实交换所得之物的回报，第三斧则是对加文隐瞒女主人送他腰带的惩罚。加文载誉归来，女主人送他的那根腰带成了纯洁的道德象征。二是《加拉哈德》，加拉哈德是圆桌骑士中最纯洁高尚的一个，由于他清白无瑕，才最终找到了圣杯，而其他大多数骑士都无功而返。在寻找圣杯的过程中，加拉哈德做的每一件事都使他无愧于最佳骑士的名声，他的成功并非因为他有过人的力量和武艺，而是因为他的圣洁。

此外，域外还有其他许多文化瑰宝和珍品需要我们了解。例如《伊索寓言》《安徒生童话》、北欧神话、民间故事《灰姑娘》等，在此我不一一赘述，仅简介一下《天方夜谭》。该书完成于5世纪，是世界各国人民熟知的阿拉伯经典文学作品，又名《一千零一夜》。书名翻译得非常好，“天方”是中国人从前对阿拉伯的称呼，“谭”就是“谈”，但是用“天方夜谭”就把这些故事的诗意和神秘表现出来了。《天方夜谭》里面有好多非常古怪的故事，如《芝麻开门》《阿里巴巴与四十大盗》《阿拉丁神灯》《辛巴德》《渔夫和魔鬼的故事》《着魔王子的故事》《白侯图的故事》等，不少大家都耳熟能详。

另外，我们也需要了解一些关于西方主要的历史事件和历史人物的故事。例如：

（1）人类早期出现的四大流域文明——两河流域（底格里斯河-幼发拉底河流域）文明（也称为“肥沃新月文明”）、埃及的尼罗河流域文明、印度河流域文明及中国的黄河流域文明。这些流域文明多出现在纪元前 5000 年左右。大家有兴趣可以查看一些相关介绍，就不在这里赘述了。

（2）西方著名的古国，如迦太基（今天的突尼斯）及其主要历史人物——军事和改革人物汉尼拔，古巴比伦（今天的伊拉克）及其国王汉谟拉比在纪元前 18 世纪制定的《汉谟拉比法典》（这部法典比《圣经》的“摩西十诫”早 500 年），纪元前 5 世纪雅典体制达到巅峰的古希腊文明，基本思想延续雅典体制的古罗马文明、还有拜占庭帝国及古波斯帝国等。

（3）西方著名的历史事件，如纪元前 500 年雅典建立民主制度、亚历山大大帝（公元前 356—公元前 323）的征伐、纪元前 509 年由王政时代转为共和的古罗马、恺撒大帝与罗马帝国、十字军东征（11—13 世纪）、14 世纪至 16 世纪的欧洲文艺复兴和人文主义、16 世纪欧洲的宗教改革运动、美国独立战争（1774—1783）、美国《独立宣言》和美国宪法、法国大革命（1789—1799）、拿破仑战争、巴黎公社（1871）等。

（4）世界名人（这些人都为人类文明发展做出了贡献，和外国人接触时有时会提到他们，我们有必要了解一些这方面的信息），例如柏拉图，亚里士多德，提出地动说、太阳中心说的哥白尼（1473—1543），有“现代科学之父”之称的伽利略（1564—1642），近代哲学思想的奠基人的笛卡尔（1596—1650），提出万有引力定律的牛顿（1643—1727），为美国革命和法国革命奠定了基础的哲学家约翰·洛克（1632—1704），启蒙哲学家卢梭（1712—178），西方经济学鼻祖亚当·斯密（1723—1790），提出人口论的马尔萨斯（1766—1834），提出进化论的达尔文（1809—1882），著名哲学家尼采（1844—1900），现代心理学鼻祖弗洛伊德（1856—1639），存在主义哲学家萨特（Jean Paul Sartre，1905—1980），著名科学家爱因斯坦（1879—1955）等。了解一些关于这些人物和事件的信息对我们的对外交往会有益处。

最后，我想谈一下外国人对中国人的看法。由于在座的诸位即将奔赴海外做汉语教学工作，下面我想结合我个人的体会，介绍一下我接触的或听到的域外国家或个人对我们中国人的一些看法。这些看法属于我个人的视角，所以难免出现错讹，提出来和大家商讨，供大家参考。

域外不少国家，如欧美、澳大利亚以及非洲，认为中国是一个陌生、奇怪的国度，对中国人及中国文化感到陌生。西方媒体的蓄意歪曲和恶意诽谤，加深了不少外国人对我们的误解和偏见。西方对我们中国人的恶意诽谤由来已久。就说 20 世纪初叶，美国有个叫杰克·伦敦的作家就发表过他称之为“黄祸”的文章，还写了 6 篇关于中国的文章，提出了“中国威胁”论。杰克·伦敦这个作家，我国外国文学研究界近几十年来介绍的不少，就是在今天，依然有人在对他作专题研究，他们的项目可能还得到了国家的资助。在杰克·伦敦的文学作品里虽有一些进步的内容和不错的技巧，但他算不上什么主要作家，不值得下大功夫去研读，或向国人介绍他的什么成就。倒是他的“黄祸”论和恶毒攻击中国和中国人的作品，值得我们认真阅读和批判。而恰在这个方面，我们的学界却似乎视而不见。现在美国又有一本纳瓦罗写的《致命的中国》（*Death by China*）在美国和西方兴风作浪，这无疑是杰克·伦敦的阴影仍在游荡。我们中国人性好和平，愿与世界各国人民友好相处。我们地大物博，人口众多，我们的发展和进步会令一些迄今手握霸权的国家感到不安。我们不要轻视任何人的敌视举止，不要被任何人的阴谋诡计所欺骗。物以类聚，人以群分，狼总是狼，羊总是羊。所以，我们无论在国内，还是在国外，对个人还是对机构，都要提高警惕，不可掉以轻心。我觉得这是我们涉外人员言行的底线。

下面我来介绍一些一般英美人的特点及其对中国的看法。如果用漫画式的笔墨挥洒，可以说，英国人比较保守，也很骄傲，不爱理人，不太容易接近，缩小与他们之间的距离需要时间；美国人的性格在某些方面和中国人差不多，开朗、友好、开放。美国平民多数推崇他们的体制，一般说来拥护他们的政府，就是在政府的举措极其反动时，也常常不分青红皂白地支持。对于他们的社会高层，如政府和金融高层，我们要谨慎一些，那里不乏老谋深算、城府很深的所谓的“战略家”，我们绝对不可轻视这批人的见识与能量。

美国人、欧洲人，也包括日本人在内，一般说来瞧不起我们，他们从骨子里有一种骄傲自大的观念，究其根源是种族至上主义在作怪，总认为自己是最优秀的种族，这也是自鸦片战争到中华人民共和国成立这段长达百余年的时间内中国国力羸弱、饱受列强欺凌的结果。此外，他们对我们的现行体制持有根深蒂固的负面看法。只有和中国人有了真正密切的交往之后，他们其中一些人才知道中华民族的长处、中国文化的长处。所以我们在国外的一言一行，举手投足，都反映着中国的面貌，代表着中国的形象，这也是我们到国外工作的最主要的责任之一。除了种族主义的文化障碍以外，国外有些人在开始时的言行中可能还会对中国有大不敬的攻击。所以我们要坚持我们的优点，克服我们的缺点，不用急着和他们争论，但是要有理有节地把我国文化的内涵表述清楚。

最后，说说亚洲一些国家的特点及其对中国的看法。一些亚洲人和西方人一样，对我们的现行体制有看法。我们周边的国家，如菲律宾、马来西亚、韩国等，也因为我们的政治体制和我们在经济上的长时间落后而看不起我们。他们在我们改革开放以前乃至20世纪80年代以后的相当长的时间内，态度很自高自大。就是在我们中国人中也有不少人觉得自己比人家矮一块。我觉得，国家经济的强大，人民面貌的更新，无形之中中国人的含金量提高了，在很大程度上改变了域外人的看法，这让我们在国外深感欣慰，但是也不要期望域外人在态度上发生太大的变化。我们要相信，时间是站在我们这边的；时间会改变我们中国在世界上的形象。在改革开放已达40年的今天，一些当年趾高气扬的外国人也把乌龟头缩回去了。穷就抬不起头，穷就挨打、被人欺侮，所以，韬光养晦，塌下心来，认真、扎实地发展和壮大自己才是正道。

最后，我谈谈个人的一点社交体会。身处海外，要尽量入乡随俗，融入异邦的日常生活。一是不要轻易批评别人的宗教信仰，不要轻易评论别人的言行和举止。除恶意的挑衅外，我们要保持良好的心态，搞点微笑外交。要学会用微笑面对同事。二是不做讨厌的事，不说讨厌的话，做一个好人。好人一定要诚实，不损人利己，能与人为善就与人为善，不能与人为善至少也不与人为敌，不搞阴谋，不要在陌生人面前莫名其妙地自高自大，要学会尊重自己和他人。三是学会宽容和谅解。尽管改革开放40年来中国在世界舞台上的地位大大提高，但还是有一些国外媒体别有用心地制造大量歪曲、诽谤和丑化我们的宣传材料，对此我们要有思想准备，要客观对待，冷静辨别；发挥中华文化的魅力、韧性和优点，用事实说话；当然对极端分子也要有理、有力、有节地应对。

今天的讲座纯属抛砖引玉，我希望通过这一交流形式，帮助大家进一步了解和掌握西方文化知识，增加学习和探究西方文化的兴趣和热情，这也有利于文化解读和中西文化对比，促进相互尊重与理解，更有助于促进国际汉语教师的跨文化交流与沟通，希望大家真正成为走向世界的文化大使。

谢谢。

（原载《从南开启航》，2009 年，第 4—12 页）

中国文化对美国作家的影响

虽然东西半球距离遥远，但两者之间具有许多共同的东西可以说道。世界文明史在一定意义上说是各国文化不断交流的记录。双方的接触始于远古时期，经过中世纪而延续到今天。有学者考证，在 17 世纪末，欧洲刮起了一股新的东方文化之风，欧洲人对东方文化突然产生了异常的兴趣。在其后的 200 年里，欧洲人开始认真研究印度教、佛教、儒家学说及伊斯兰教。

对于中国及中国文学的兴趣开始于马可·波罗撰写的简单的地理位置文章，16 世纪传教士们通过概略的传教报告文字也对中国有所渲染，但在相当长的时间里没有什么大动静，直到 17 世纪，才有人开始认真把孔子的学说翻译成欧洲语言。到了 18 世纪，欧洲启蒙时代的思想家们吃惊地发现，两千多年以前，孔子已经想到他们今天才想到的东西，已经在为他们为之奋斗的东西而奋斗了。于是我国古代这位哲学家成为欧洲启蒙时代的圣人。德国自然科学家、哲学家莱布尼兹（Leibnitz，1646—1716）认识到中国和儒家传统的重要性，法国的启蒙思想家伏尔泰（Voltaire，1694—1778）表达出对孔子的无限钦佩："我佩服孔子，我认真地阅读了他的书籍，并做了节选。他只注重道德。"法国作家泰奥菲尔·戈蒂耶（Théophile Gautier，1811—1872）在他的作品《东方》里也写到关于中国的事情，他的女儿朱迪斯·戈蒂耶（Judith Gautier，1845—1917）是法国诗人和历史小说家，撰写东方题材（包括中国和日本）的作品，在德国和美国产生了很大影响，引起了人们对东方的兴趣。

美国人接触中国文化的时间较晚。中国经典在欧洲被译成英文后传入美洲，受到热情接纳。随着时间的流逝，美国人开始自己翻译中国经典。到18世纪末及19世纪初，美国市场上已经有相当数量的中国书译本供人们选读。仅儒家经典就有六七个版本，其中有东方学者莱麦撒（Abel Remusat）及法国汉学家纪庸·坡蒂耶（Guillaume Pauthier）的法文译本、一种拉丁文译本、英国传教士约书亚·马什曼（Joshua Marshman，1768—1837）及伦敦会传教士柯大卫（David Collie）的译本，此外还有今天仍然适用的汉学家理雅各（James Legge，1815—1897）精心研探、学术性较强的译本。1835年有一部匿名出版的选集《凤凰：古老而稀奇的片段选集》（*Phoenix: A Collection of Old and Rare Fragments*）问世，以《孔子——一位中国哲学家——的道德观》为开首，此书很快引起爱默生和梭罗的注意。1779年在巴黎出版的法国传教士冯秉正（Joseph-Francois-Anne-Marie de Moyriac de Mailla，1669—1748）编写的《中国通史》（以我国的《通鉴纲目》为张本）19世纪传到美国，到20世纪成为庞德创作《中国诗章》的底本。美国当时也有其他种类的关于中国和孔子的书籍，例如有一部中国小说的译文、一些游记，还有一些简介中国和中国人的文字。

美国人对中国和孔子的兴趣开始逐步增长。新英格兰成为中国文化和孔子思想发挥影响的第一个地方。新英格兰超验主义者，特别是爱默生和梭罗，在儒家学说里发现了支持他们人生观和世界观的思想和智慧。爱默生是美国文化形成时期极力主张美国文化和文学独立的旗手人物，他从儒家思想中汲取了不少养分充实他的哲学体系。梭罗宣称，在东方经典中，他了解最多的思想，比他对《圣经》更熟悉的，是孔子的儒家哲学。

惠特曼虽然没有读过儒家经典，但他在《札记和片段》（*Notes and Fragments*）里两次提到孔子，此外他还保存了不少关于中国的报纸与杂志的剪报材料，值得一提的是，在他的葬礼上，他的一个朋友诵读了选自孔子著作的一些段落，以志悼念。诚然，比起他对中国古代的兴趣，惠特曼更想理解与他同时代的中国。有学者认为，惠特曼受老庄思想的影响更大。这值得进一步研究。迄今尚无证据表明，埃德加·艾伦·坡的作品受中国文化的影响，但是他并非对中国文化一无所知。在他撰写的《如何撰写〈布雷克伍德〉文章》一文里，他提到了中国小说——《玉娇梨》。这部小说明末清初问世，鲁迅称之为“明之人情小说”，曾被译成法、英、德、俄等文字。坡阅读并引用过一篇关于中国戏剧的文章《简论中国戏剧及其戏剧展览》，也可能读过元杂剧戏《老生儿》。近年来，我国有学者研究发现，坡对我国现代文化曾有影响。这是值得进一步探讨的事情。

20世纪初年，西方文坛对中国文学产生了新的一波极大的兴趣。风行一时的意象主义诗歌革新者们开始迷醉上中国的文字和诗歌。暂时放下庞德不说，先说英国诗人、首位意象主义诗人和理论家休姆（T. E. Hulme，1883—1917），虽然他对中国文学没有直接接触，但很欣赏中国文化传统。曾和庞德争夺意象主义诗歌运动领导权的美国诗人艾米·洛厄尔对我国唐代诗人李白礼赞不已，认为李白是最伟大的永垂不朽的抒情诗人之一。她不顾医嘱，在手术前坚持译完中国诗选《冷杉花片》[①]，她的翻译热情很高，宛似她在创作这些诗歌一样。

在其诗歌创作的早期，华莱士·史蒂文斯对东方和中国的艺术及诗歌具有浓厚的兴趣。他在书信和日记中提到他对中国和日本艺术美的喜爱，对中国古董、中国伦理、“唐朝皇帝的辉煌或宋代社会的优雅”、中国的绘画和诗歌的欣赏。他的诗作《三位旅客观日出》里面的旅客实际是穿西服的中国人，在他的诗作《六个主要景观》里，有一个是写中国的：

在中国
一个老叟
坐在
松树荫里。
他见到树荫边上
蓝而白的
飞燕草
在风里飘动。
他的胡须在风里飘动。
松树在风里飘动。
这样，水流出来
把芦苇淹没。[②]

这是史蒂文斯对意象主义诗歌革新的贡献之一。

虽然艾略特认为，不懂中国语言，不深入中国社会，就很难了解中国与孔子，但他并未忽略中国和孔子。他曾说过，他认为中国的头脑比印度更接近盎格鲁—萨克逊的头脑。他尊重中国的智慧和文明，他愿意相信，中国文明在其最发达时，其优雅与精湛会使欧洲显得粗劣。他注意到在他的同代人里，中国和儒家的影响是很普遍的。读者也会在艾略特的作品里窥见孔子的影子，例如艾略特在一篇文章里说，“我们也必须记住——尽管会有各种交通工具出现——本地的社区总会是最稳定的，国家的概念也绝非固定不变的。那只是，这么说吧，在家庭与本地社区中心和全人类边缘之间一个游动不止的忠诚圈子而已。”

他还说过："如果心里没有人性和纯洁，那么，家里也不会有这些，城里也不会有这些。"[③]在这些话语里，艾略特没有严格遵照孔子在《四书》之一的《大学》的开篇处所述说的社会—政治模式；孔子关于治理国家的思想是：个人好了，家庭、诸侯国及整个帝国就自然会好起来。但是细看艾略特的论述模式，即"家庭—本地社区—全人类"，和孔子的思路极其相似与相近。在《四个四重奏·烧毁的诺顿》中，艾略特写道：

只有通过形式，模式，
语言和音乐才能抵达
静态，宛似一只静止的中国罐子
在其静止中永恒地运动。[④]

艾略特在这里提到静中而动的中国罐子，引起人们的遐思。这段诗歌可能朦胧地体现出孔子（及老子）的"无为而治"的思想[⑤]。

在美国芝加哥诗人中，维切尔·林赛（Vachel Lindsay，1879—1931）在其诗作里表现出对中国和儒家思想的了解和认知：

在远古的山东
在诗歌开始的国都附近
在人类知道的唯一的印刷机边，
年轻的孔子在一个
伤心的日子在海边上漫步。[⑥]

林赛知道，现在的山东是中国古代的鲁国，孔子的故乡。

“年轻的孔子在一个/ 伤心的日子在海边上漫步”这两行诗也是有历史根据的。林赛告诉读者说，根据孟子的说法，孔子在其国家出现危机的时刻来到世上；孟子说，国家衰败，礼乐不行……孔子见此，立意改革。林赛对孔子充满敬佩：“孔夫子，孔夫子，伟大的孔夫子/ 山东的圣贤，孟子的师祖。”[⑦]林赛称孔子为“历史上中国的灵魂”。他曾写道：

> 愿我们是孔子时代的学者，
> 看着封建的中国土崩瓦解，
> 我们的师祖受到惊吓，许多诸侯受到动摇，
> 直到他（孔子）让诸子坚定思想，
> 以如太阳般光辉的严谨话语，
> 恢复先前时代的习俗。
> 上帝呀，为我们指出安全的、威严的、确定的道吧。
> 把往昔赐给我们。

林赛的《中国的夜莺：中国绣纬颂》体现出他对中国文化的全面了解。[⑧]

美国著名诗人卡明斯（E. E. Cummings）的诗歌也显示出中国文化的影响。有评论家把他的思想与道家的世界观和人生观联系在一起。[⑨]但是编辑他的诗作的庞德，在诗歌选集《孔子到卡明斯：诗歌选集》（*Confucius to Cummings: An Anthology of Poetry*）里，把他和孔子连接在一起。[⑩]

第二次世界大战以后，美国诗坛的主要诗人之一查尔斯·奥尔森（Charles Olson，1910—1970）对孔子和儒家学说也有相当程度的了解。他收藏的一部由庞德亲自签名的《大法典》（*The Great Digest*［庞德翻译的《大学》］）表明，他首次阅读此

书是在 1947 年。他在书里的两处做了记号，都是界定“道”的内涵的。他的一些早期诗作，例如《翠鸟》及《此外》等，多以“道”为主题。他头脑中的“道”的概念，可能有别于孔子关于道的论述，这与庞德的别出心裁、不很准确的译作《大法典》有关。奥尔森在诗作《我，孟子，大师的弟子》（“I, Mencius, Pupil of the Master”）里这样描写孔子：

吵闹声！愿孔子本人
竭力改变它，这位
教导我们大家
诗行不可休眠，
如诗行在，国家
就在！……

眼睛所见到的，
在东方日头从树枝里
把自己解脱出来，
应当被写成听来似乎路仍然在
人们在熙熙攘攘沿路
走向天堂，走向
布莱莫顿
造船厂！⑪

人们从这些诗行里可以窥见孔子和中国文化的影子。“诗行”有可能指孔子主张的“礼”（或《诗经》）而言，隐约映射出孔子的克己复礼为仁、正心修身治国平天下等思想。“眼睛所见到的”可能暗指庞德对中国字“德”的翻译：庞德认为，此字由两部分组成，左偏旁表示行动（“action”），右偏旁表示“直心”，而“直”字当中部分仿佛是横写的“目”（eye-gaze）字。所以，如果把庞德的英译文再翻译成中文，那就是：“结果是，即这种直视内心所产生的行动”。之后的诗行“在东方日头从树枝里/ 把自己解脱出来”明显表现出美国东方学者费诺罗萨（Ernest Fenollosa，1853—1908）对中文字“日”字的分析。关于“人们在熙熙攘攘沿路/走向天堂”，这可能是诗人在隐约地提醒读者注意儒家的“道”或“天堂之路”的思想。

说到美国戏剧，人们首先会想到尤金·奥尼尔（Eugene O'Neill，1988—1953）。这位剧作家从中国文化中汲取了不少素材。

奥尼尔更沉湎于印度文化，但他有几部剧作显示出他很熟悉中国和孔子。《马可百万》（*Marco Millions*）便是一个很好的例子。这是一个东方背景和风味浓重的故事，可能取材于 13 世纪威尼斯商人马可·波罗描写他在中国多年经历的著作——《马可波罗游记》。此人在中国停留长达 17 年，受到忽必烈的赏识，曾担负征伐与外交重任，他一生也积累了万贯家产。“马可百万”是他的绰号，也可能是人们对他的宅邸（Villione）的误读。在奥尼尔的笔下，马可是一个心灵枯干的物质主义者，是 20 世纪美国商人和美国物质主义的代表。第一幕第二场里有他与可汗的佛教、道教及儒教“神甫”们关于世界上最佳宗教的讨论。在第三幕第二场，可汗与四个“神甫”谈话，其中有儒教、道教、佛教及伊斯兰教的“神甫”，谈话内容是如何长生不死。可汗与儒教“神甫”的谈话值得推敲：

> 忽必烈（对儒家神甫）：智者孔子的门徒，你有好办法吗？

儒家神甫（缓缓地）：在我们了解活着之前，怎么能知道死的事呢？（之后像道家神甫一样拱手）死是存在。

在这几句台词里虽然出现了一些表达不太准确之处，如把儒家思想称为儒教，还设置了一个从未存在过的职位——“儒家神甫”，但总的说来它们体现出奥尼尔对孔子思想有相当程度的了解。孔子在他的同代人中就已经有圣人之称。上面台词中对“儒家神甫”的舞台指示“缓缓地”就显示出孔子教导的一个侧面，即“君子不重则不威”⑫、“君子……望之俨然”⑬、“无欲速”⑭等。值得读者非常注意的一点是，奥尼尔简单而准确地表达了孔子关于生死的观点：“季路问事鬼神。子曰：‘未能事人，焉能事鬼？’曰：‘敢问死。’曰：‘未知生，焉知死？’”⑮人们也会发现，奥尼尔在他的不少剧作里提及中国和中国人，例如《啊，荒野》《天边外》《无穷的岁月》《不同》《休吉》《奇异的插曲》《更豪华的殿宇》等，比他在作品里说到日本、印度及波斯的次数要多。

美国作家书写中国与中国人的努力应当说始于马克·吐温。19 世纪 70 年代末期，马克·吐温一天晚上见到一伙流氓朝一个中国人投掷石头，当时一个爱尔兰警察笑着袖手旁观。马克·吐温撰写文章，坚决支持中国移民，反对加州对他们的迫害。后来他和布列特·哈特（Bret Harte，1836—1902）合作写出喜剧《阿辛》（*Ah Sin*），主人公是在美国西部边地工作的一个中国洗衣工。到 20 世纪初叶，赛珍珠（Pearl Buck，1892—1973）作为中国文化的诠释者，开始将一生全部用于书写中国的事业。赛珍珠生于中国，她觉得自己便是身在美国也从未离开过中国。她表示：“我的童年、青少年和成年都属于中国，直至死亡。”她写出大量关于中国的作品，其中当然也不乏对中国文化和中国人曲解和贬损的描写。她的三部曲小说《大地》（*The Good Earth*）比较真实地记录和再现了中国农村的艰苦生活，1938 年她因此书获得诺贝尔文学奖。她也翻译过一些作品，著名的有《水浒传》。赛珍珠关于中国生活，特别是中国农村的文学作品值得研究。

在马克·吐温和赛珍珠之后，亚裔美国文学成为一个不可小觑的流派。林语堂（1895—1976）的《唐人街家庭》（*Chinatown Family*）1948 年问世，汤亭亭（Maxine Hong Kingston，1940— ）的《中国佬》（*Chinaman*）1980 年出版。在这之间涌现出一大批关于中国和中国人的作品，“华裔美国文学”应运而生，不胫而走。今天华裔美国文学已经成为美国文苑里的一朵奇葩。

200 多年以前，英国作家威廉·哈兹利特（William Hazlitt，1778—1830）曾在其散文《论旅行》（“On Going a Journey”）里提出一个严肃的问题：“那个我们知道名叫中国的大块领土和众多人口的真正意义何在？”这个问题已经得到一定程度的回答，但其多层次的内容仍在世人的探讨中。文学交流只是其中一个方面而言。

【注释】

① 波士顿：胡弗顿·米夫林公司，1921 年。

②《华莱士·史蒂文斯诗集》，纽约：阿尔弗雷德·A. 诺普夫出版公司，1967 年，第 73 页。

③ T. S. 艾略特，《诗集》，纽约：哈考特、布雷斯及世界出版社公司，1963 年，第 159 页。

④ T. S. 艾略特，《诗集 1909—1962》，纽约：哈考特、布雷斯及世界出版社公司，1963 年，第 180 页。

⑤ 见《四书五经·论语·卫灵公第十五章 四》。

⑥ 维切尔·林赛，《诗集》，纽约：麦克米兰出版社，1931年，第35页。

⑦《诗集》，纽约：麦克米兰出版社，1931年，第36页。

⑧《诗集》，纽约：麦克米兰出版社，1931年，第27页。

⑨ 见迈克·诺顿编《诗经》。

⑩ 纽约：新方向出版社，1926年出版，1964年再版。

⑪《距离》，纽约：格罗乌出版社，1960年，第60页。

⑫《四书五经·上卷》，第40页。

⑬《四书五经·上卷》，第118页。

⑭《四书五经·上卷》，第94页。

⑮《四书五经·上卷》，第83页。

（原载《外国文学研究》，1985年第1期）

美国文学在中国

中美两国文化及文学之间的交流已经进行了两个多世纪。孔子的著作首先在十七八世纪被译成欧洲语言，在19世纪初传到新英格兰。波士顿图书馆有记载表明，爱默生、梭罗以及他们的超验主义同人们阅读过这些译著，特别是《四书》，对他们产生了相当程度的影响。在20世纪初，埃兹拉·庞德感到儒家思想的重要，他一生花费了大量时间翻译儒家经典。庞德很痴迷于孔子的思想，他的一个年轻朋友查尔斯·奥尔森亦如此。从20世纪初开始，老子的思想在西方也开始引起世人的注意，特别是一些年轻作家。其中最著名的例子是曾在加州大学戴维斯分校执教的当代诗人加利·斯奈达。这是对中美文化交流的一个侧面的简述，不是今天我要说的重点。下面我谈一下中国研究美国文学的一些情况。

约在19世纪末，美国作家的作品开始被介绍到中国，最近一百多年来一直受到中国读者的喜爱。美国文学对现当代中国文学产生了显而易见的影响。今天我们简单回顾一下美国文学和中国的关系，它被引进中国的过程，受到怎样的评价，对中国文学创作的影响，以及中国学术界和读者如何讲授、翻译和研究它。

如上所述，中国人约在19世纪末开始对美国文学产生兴趣。当时在北京有一个耶稣会的传教士和一个中国官员合作，翻译了朗费罗的著名诗作——《人生礼赞》。惠特曼的一首诗也被译成中文。之后，在20世纪初，斯托夫人的著名小说《汤姆叔叔的小屋》由一位著名的中国学者——严复——翻译成中文，他定的题目是《黑奴吁天录》。据说这部译著在推动辛亥革命、推翻清王朝方面发挥了很大作用。1919年中国爆发伟大的五四运动，此前许多惠特曼的诗作译文面世。五四运动是中国现代史上第一次重要的思想解放运动，在打碎传统的枷锁方面有与欧洲文艺复兴运动和宗教改革相似的地方。

中国读者非常喜欢惠特曼的诗作。他影响了现代中国的诗歌创作。在欧美诗人如埃兹拉·庞德、艾米·洛厄尔及T. S. 艾略特等热衷于意象主义诗歌创新的年代，在中国的诗坛也出现了一批志在摆脱中国经典、传统诗歌影响的年轻诗人，如郭沫若及郁达夫等。人们阅读这些正在脱颖而出的充满叛逆精神的诗人的诗作，便会看到明显的惠特曼的影子。作为现代中国诗坛最伟大的文化人物之一，又兼具诗人、剧作家、散文家、历史学家，郭沫若对惠特曼诗作里迸发出的自由和独创精神感受极深。惠特曼在一定程度上帮助了中国现代诗歌的发展。

20世纪二三十年代，奥尼尔的一些剧作被译成中文，这对现代中国剧坛的发展产生了影响。中国现代剧坛两位最伟大的剧作家——曹禺和洪琛——都受益于奥尼尔的剧作。例如曹禺的《北京人》就和奥尼尔的《毛猿》很相似。曹禺的《雷雨》肯定在技巧方面借鉴了奥尼尔的《琼斯王》。

与此同时，埃德加·艾伦·坡的一些短篇小说和诗歌也被翻译过来，激励了一些创作恐怖故事与诗歌的年轻作家。他的作品在氛围和语气方面很引人瞩目，就连当时中国文坛最冷静的作家——鲁迅——也阅读了他的作品，并写了一篇评论，对他做出很好的评价。

中国读者对这么多不同的美国作家所表现出的兴趣充分说

明，现代中国人具有高度的文学敏感和求知欲，在为中国文学脱下老皮、焕发新生的青春而做着不懈的努力。事实表明，从五四运动到20世纪30年代末的20余年里，中国文坛出现了一批伟大的作家，写出了一批伟大的作品，在主题、形式、文学语言等诸方面都表现出革命性的变化。中国现代文学终于脱颖而出。外国文学，包括美国文学在内，对中国现代文学的发展做出了影响深远的贡献。

在20世纪30年代，海明威的作品，尤其是他的短篇小说，被引进中国，受到一些崭露头角的年轻作家的青睐。当时他的影响不大，到七八十年代他才对一些中国小说家的创作提供了一些灵感。比如有位作家模仿海明威的《老人与海》，写出了一个关于中国渔民的中篇小说。这两个故事在内容和技巧方面都不相同，但细看可以发现，中国作家的这个中篇作品的基本架构是一个老人面对一片汪洋大海。奇怪的是，其他一些美国作家如庞德、艾略特、威廉斯、史蒂文斯、福克纳及菲茨杰拉德等人，在很长的时间内，中国读者对他们都很生疏。他们还要等着中国的外国文学学者们发现他们的亮点而决定把他们介绍给中国读者。

在非裔美国作家里，首先受到中国读者注意的是兰斯顿·休斯和理查德·赖特。前者的诗作被视为20世纪20年代“哈莱姆文艺复兴”的最佳代表，赖特的《土生子》成为中国读者心目中非裔美国文学史上最伟大的成就之一。赖特的作品是在20世纪40年代中期被首次译成中文的。

第二次世界大战以后，美国驻中国大使馆的文化参赞费正清（John King Fairbank）发起了一项宏大的翻译项目，其中包括25位美国作家的25部作品，诸如梭罗的《瓦尔登湖》、麦尔维尔的《白鲸》、玛格丽特·米切尔的《飘》等。参与翻译工作的中国学者都是一流的人选，他们精通两国语言，学贯中西。这个项目非常成功。25部当中有17部按时完成，在1949年前出齐。这些译著多已成为经典，迄今仍为读者爱不释手。《飘》自20世纪40年代末问世后保持了它的经久不衰的魅力，在年轻读者和研究者中尤其如此。

1949年中华人民共和国成立，中国的外国文学研究界保持了对美国文学的兴趣，只是着重点有所变化。德莱塞、杰克·伦敦、欧·亨利等，当然总会有马克·吐温和惠特曼，这些作家的作品作为美国文学的一个组成部分，出现在一些大学的外国文学课堂上；他们的作品，包括《嘉莉妹妹》《金融家》《马丁·伊登》以及《镀金时代》等，被翻译成中文出版。北京和其他地方举行了惠特曼《草叶集》第一版问世百年的纪念活动。惠特曼被尊为推崇民主、自由和平等的诗人。霍桑和亨利·詹姆斯也悄悄地现身。霍桑《红字》的中译本在20世纪50年代中期问世，销量不错。亨利·詹姆斯的《专使》被列为大学课程，但其中译本到20世纪80年代才得以出版。在20世纪五六十年代，中国的外国文学界对艾略特评论不多。一些学者开始认真研究海明威，计划出版他的主要作品。中国社科院外文所的一些学者则开始合作撰写美国文学简史。之后"文化大革命"爆发，学术活动停顿长达10年之久。

20世纪70年代末、80年代初，中国开始改革开放，研究美国文学的热情高涨起来。1979年秋，外国文学教学与研究界一些著名学者相聚，讨论成立中国的美国文学研究会的问题。与会者一致同意尽快进行。于是在1980年春，有100余人在上海开会，宣布全国美国文学研究会正式成立。哈佛大学博士、时任山东大学校长的吴富恒教授当选为第一任会长。著名的学术单位（包括中国社科院外文所）、主要地区、主要大学在学会里都有代表。美国文学研究会积极促进美国文学研究与教学方面的活动，它每两年举行一次年会，创办了一个杂志《美国文学》和几部研究文集。翻译工作也得到协调，避免了题目重复和时间的浪费。对一些美国作品的研究更加系统化。美国文学的主要作家及作品以及几个主要的历史发展阶段都得到一定程度的覆盖。美国文学的教学工作不仅限于文化比较前卫的东部沿海地区，在其他地方，包括不少边远地方，也开始逐步走上轨道。

下面我简单介绍一下中国学者所进行的美国文学研究以及中国的大学里所进行的美国文学的教学活动。在很长的时间里，美国文学在世界各地并非作为一个单独的学科存在，它是作为英国文学的一个附属品受到人们注意的。在20世纪二三十年代以前，美国人自己也没有力主美国文学作为独立方向存在。30年代以后，美国出了个阿尔弗雷德·卡津，他写了一本书叫《在本国的土地上》，此书正式宣告，美国评论界要为美国文学的独立性进行辩护和论证。美国这时也强大了，它已成为一个超级大国。到五六十年代，一批美国著名评论家相继露出头角，出版了一大批论著，赏析美国文学的伟大。这批书籍后来被人们称为“学者的文库”。自此美国文学在世人心目中的地位愈来愈高。

在中国，对美国文学的研究在“文化大革命”之前就开始了，而系统性研究则开始于20世纪70年代末和80年代初，这可能和中美建立外交关系有关。而把美国文学作为一门课程搬上课堂的时间则更晚些。在80年代中期左右，中国不少大学开始计划开设美国文学课，但当时实际能够开出美国文学课程的学校却为数不多。在某种意义上说，当时能否开设出美国文学课程似乎成为衡量一所大学外文系能力的标准之一。不少主要的大学除自己的一两位教师外，还从美国、加拿大等国聘请一些英美文学教授来讲授一些比较难度大的课程。以南开大学外文系为例。该系为研究生和本科生开设不少美国文学课程，如美国文学史、早期美国文学、浪漫主义文学、美国诗歌、美国小说、美国短篇小说、美国戏剧等，教学内容涵盖了多数较为著名的小说家、剧作家及诗人。该系也邀请了一些资深的外籍文学教授（有一两位已经退休）前来授课。在加拿大一所大学任教的美国教授罗伯特·科斯比（Robert C. Cosbey，1914— ）退休后来到南开大学外文系，从20世纪70年代末到90年代初，工作了十几年，为南开大学外文系的英美文学教学做出了卓越的贡献。各大学之间也互通有无，一起克服面临的师资困难。

各校都缺乏教师和教材。不少学校从速向美国大学派出进修教师和留学生，但远水不解近渴。从教育部到各地的重点大学都在努力编写教材。当时南开大学外文系采取了一些应急措施。首先，他们受教育部的委托，开设了一个“全国美国文学教师培训班”，请来两位外国文学教授帮助培训。此外，南开大学外文系也组织起一支十余人的科研队伍，编写美国文学方面的系列教材，这包括《美国文学选读》（上下册）、《美国文学评论精选》（上下册）以及《美国文学简史》。这些教材通过教育部教材审核委员会的审核，作为教育部推荐的教材，从80年代中期以后陆续出版，发挥了一些填补空白的作用。其中的《美国文学简史》和《美国文学选读》（上下册）受到界内师生的热烈称颂，几十年来可谓历久不衰，迄今仍年年再版。有人评价说，这些教材引领了我国改革开放以来的美国教学和研究。到90年代，全国不少学校已经顺利开设出美国文学课程。之后，美国文学的教学与研究逐渐蔚然成风，甚至在一定程度上超过了国人对英国文学的兴趣。

关于美国文学的研究，中国学者也一直在努力把美国文学的精华介绍给中国读者。首先是翻译。近年来不少美国文学的经典作品已经译成中文，包括富兰克林、欧文、库柏、爱默生、梭罗、麦尔维尔、坡、迪金森、亨利·詹姆斯、海明威、福克纳、菲茨杰拉德、艾略特、威廉斯、弗罗斯特、奥尼尔以及现当代的许多作家——小说家、诗人、戏剧家——的作品都已经或正在被译成中文。中国学者的评论文章及专著从数量到质量都很可观。这些年中国学界也出版了不少研究外国文学的刊物，刊登中国学者的论文和译文。另外，也有一些很好的评论书籍问世。一位大学教授发表了一部关于惠特曼诗歌的专著，我认为是对惠特曼研究的一个很好的补充。

再有就是学术会议所发挥的作用。关于美国文学的学术会议不断在各地召开，如全国美国文学研究会在各地召开年会，各地的高校和期刊编辑部也常常合作召开专题讨论学术会等，这些都为学者们提供了相互交流与学习的机会。学术会议上的论文，其佼佼者常被收入论文集里出版。学术带头人及所有学习者、研究者的努力已经产生出明显的效果。今天，美国文学不再是跟在英国文学后面的一个小老弟了。

最后，我想谈一下外国文学研究对中国文学创作可能发生的影响。在中国外国文学研究者们努力介绍外国文学进入中国读者视野的同时，中国的作家们也注意到这些作品的存在，开始运用翻译作品和研究成果，为自己的文学创作服务。外国文学和美国文学的出现也在一定程度上促进了中国文学的发展。中国的文学，无论在诗歌还是小说创作方面，长期以来大多沿袭现实主义传统。当然，也有著名的浪漫主义作品，例如屈原的诗作《离骚》和吴承恩的小说《西游记》。《离骚》是中国文学史上最伟大的浪漫主义叙事诗。《西游记》是一部伟大的浪漫主义小说。这些作品的浪漫气质不亚于西方任何伟大的浪漫主义作品。但是从整体看，中国文学中占主导地位的一直是现实主义传统，有些作品近乎写真主义。在我们的许多名著里，人们看不到神话、象征或现实之外的任何存在的暗示。我们的头脑里缺乏神秘的成分，我们观察世界的方式是直率的、现实主义的。我们喜欢表达现实细节，这给人的想象所留的余地不多。我们的这个文学传统和我们的文化传统有密切关系。孔子不鼓励人们去探讨神秘和超现实的领域，所谓“子不语怪力乱神”就是这个意思。现在中国的年轻一代接触到外国文学作品，他们的头脑受到多元文化因素的启迪或滋养，这些人中的佼佼者可能会走出新路。比如他们可能会冲破文学的说教传统，可能会悖逆现实主义传统。中国文学也许会出现某种革新。这是好事，值得赞许。

（1992 年 10 月 21 日在美国关岛大学文理学院的讲座）

爱默生与孔子

19世纪上半叶，美国出现了一位蜚声欧美的文坛巨擘，这就是哲学家、散文家和诗人拉尔夫·沃尔多·爱默生（Ralph Waldo Emerson，1803—1882）。这个人身处美国资本主义上升时期，看到物质主义和拜金主义日渐猖獗，资本生义“机械文明”否定个人发展的非人格化过程愈演愈甚，于是提出唯心主义的超验主义，对美国社会的发展方向提出诘问。超验主义强调精神第一、直觉第一，认为精神浸透人的心灵和自然界，宇宙间存在着一种无所不容、无所不在、扬善抑恶的力量，这就是“超灵”。超灵为人所共有，每个人的思想都存在于超灵中，人以直觉官能同它交融。爱默生的学说集新英格兰超验主义之大成，他享有新英格兰超验主义的杰出代表和发言人的美称。

这样一个推崇超灵和精神作用的人，竟对主要论述此生此世、“不语怪力乱神”的孔子的学说发生兴趣并受其影响，这听起来似乎令人费解，甚至荒唐。其实不然。倘然仔细揣摩爱默生的文集和札记，便不难发现，他接受孔子思想的影响，也是合情合理、顺乎自然的。让我们先从西方文明的性质讲起。欧美文化传统的哲学基础是古希腊文明。古希腊人强调对外部世界的探索和认识，这是西方科学发展的思想基础。科学的发展促进物质文明的进步，但易导致精神的贫乏和空虚。我们看欧洲大陆和英国19世纪浪漫主义作家们所讲的内容，都不外乎慨叹人在物质的名缰利锁的诱致下思想和精神日趋堕落的状况。

19 世纪的美国文化情况同欧洲大同小异，因而有识之士对世人的浑浑噩噩也开始感到忐忑不安。他们同欧洲有识之士一样，开始四处张望，寻觅医治资本主义引起的病态的灵丹妙药。常言说“有病乱投医”，这是欧美人士一旦发现孔子学说便如获至宝的基本原因。孔子学说的核心在于“修身”，“修身”方可“治国平天下”。“修身”强调个人修身养性、洁身自好以渐臻完善，这恰是西方人所忽略的。爱默生同孔子的缘分便始于此。

其次，爱默生的治学思想和方式有其独特之处。他对人类的文化遗产颇有十足的“拿来主义”的主张。“过去是为我们服务的，”他在《引用和独创》一文中说。他认为：“我们必须具备某种天赋，能超越空间，也能超越时间的限制，广泛结识、接纳新友。”这种超越时间与空间的限制，旁搜博采，从人类智慧的各种源泉汲取思想和素材以铸成己说，是爱默生读书治学的基本特点。我们看他所“结识”的人里，有古希腊的哲学家毕达哥拉斯、苏格拉底、柏拉图、亚里士多德、普罗克拉斯、普洛蒂诺斯，荷兰犹太人哲学家斯皮诺扎，德国天文学家凯普勒，还有印度的、古波斯国的以及英国的，只讲名字也要有上千个之多。年代无论怎么久远，文化背景的性质无论如何殊异，爱默生都能从古人或今人那里发现有益之处，取来为自己用。这种容纳一切的态度，是爱默生接受孔学思想的先决条件。孔子的思想及其所代表的中国古代文化对 19 世纪美国的爱默生来说可谓“年代久远、差异悬殊”矣；可是就在孔子的学说里，他也发现了同埋藏在他的脑海深处、尚未成形外现的思想相似（或竟相同）的哲理，他也能求得一点神灵的火花来点燃自己智力的光辉灿烂的火焰。如果说爱默生的作品宛如一幅镶嵌图案，那里面的某些玻璃和宝石片便是从孔子学说里采集来的。

爱默生对孔子学说发生兴趣的另外一个原因，同他的哲学思想的另外一个特点有关。爱默生是一个自言相违甚多的作家，他的同代人里就已有人注意并指出过这一点。詹姆斯·罗素·洛厄尔（James Russell Lowell，1819—1891）在其著名的《写给评论家的寓言》这首长诗中有几段是讲爱默生的，其中有两行是这么说的："希腊人的头，美国佬的肩，奥林匹斯在这边，交易所在那端。"这两行诗清楚地说明爱默生思想的双重性。希腊人富于幻想，美国佬则擅长务实，奥林匹斯山是开天辟地、主宰宇宙的古希腊诸神所聚居的"天堂"所在，交易所则是卖空买空、拜金钱为万物之本的凡夫俗子厮混的地方。这两诗行实际是说，在爱默生的思想体系里有理想主义，也有讲求实际的一面。"他沉思畅想，精神可高于云霄"，他的一位好友霍姆斯（Oliver Wendell Holms，1809—1894）有一次说，"他又脚踏实地，聆取劝人规行矩步的最率直的格言和关于日常举止最动听的指教。"[①]这就是说，爱默生的思想既有神秘主义色彩，又有实用主义性质，有人就巧妙地称他是"实用的神秘主义"，这种提法颇有见地。孔子思想中自相抵牾的现象也不少。一般说来，孔子讲人事第一、道德第一，但他思想中也有某些因素，后经孟子的渲染便带上了相当的神秘主义意味。孔孟学说的这两个侧面，对爱默生都有影响。评论家乔治·桑特亚纳的一段话说到爱默生，字斟句酌，形象而贴切："他一得到启发，思想一受到激励便驰骋起来，先对某种理想的大同的境界略述一二，然后便欣然落地，惠顾一下人间的事情，再过片刻又开始异想天开。"[②]大概是在这位超验主义者"欣然落地"的一刻，他同孔子结识，对这位中国圣人"劝人规行矩步的最率直的格言和关于日常举止最动听的指教"发生兴趣了吧。

爱默生对孔子及其学说的认识经历了一个相当长的过程。起初，他对中国和孔子没有什么了解。无知则导致偏见。年轻的爱默生虽然深知他对中国的认识肤浅，说中国的史书“许多人看不到，我尤其如此”（《札记》，卷一，83 页）[③]，虽然 19 岁时他对亚洲的地理方位依然只有点滴的了解，可谈起来他却口若悬河，滔滔不绝。他像他的许多先辈一样，无论如何也不肯相信中国曾长期享受过欧洲没有享受过的伟大科学发明和创造的益处，不肯相信中国人在历史上任何一个时期在生活上曾经超越过西方。“中国，”他在 1824 年写道，“可尊可敬，但迟钝呆笨，一个白发苍苍的傻瓜。”（《札记》，卷五，379 页）在他看来，饮茶是中国唯一的最合适的象征：中国哲学和科学的顶峰是如何把茶沏好（《札记》，卷二，378 页）。他看不出亚洲“可怜的”千百万人口会给世界带来什么好处。他一派先知气势地预言，东方人口沉重而有气无力的浪头，在不久的未来便会遇到迎面而来的水流的冲击而受到震荡和净化（《札记》，卷二，224 页）。尽管他的哥哥爱德华写了一篇题为《中华帝国的历史、版图、文明及现状》的论文，而且获奖（《书信集》，卷一，147 页）[④]，可是他在 1828 年还是写了这么一句话，很有嘲讽他哥哥的意味：“我笑人们的目瞪口呆，毫无理由，称赞中国的老朽秃头。”这口气有点像 19 世纪英国桂冠诗人丁尼生写中国的诗；丁尼生曾说：“身居欧洲五十载，胜过在中国万千年。”爱默生享有“畅游书的世界”的美名，理应读过英国哲学家培根的书，应该了解现代科学的这位鼻祖人物早在 1605 年就对“老朽秃头”中国的四大发明中的三项——印刷术、火药和指南针——表示过赞赏和钦佩心情。

不过，同时也有迹象表明，爱默生开始对中国感到新奇。在他称中国是“白发苍苍的傻瓜”的那年，他第一次提到“孔子的书释成莎士比亚和培根的语言以后便暗淡无光了”（《札记》，卷二，378 页）。我们不能确定他说的是哪种译本。19 世纪20年代儒家经典有好几个外文译本供人阅读。爱默生可能读过戴杰拉提多（De Geratido）的法文《哲学比较史》，这本书他在1830年10月27日的《札记》里说已开始阅读。后来他对这本书虽未再提起过，但《拉尔夫·沃尔多·爱默生札记》的编辑们觉得，戴杰拉提多的著作把爱默生引进了儒学之门。爱默生也许使用过罗伯特·莫尼森（Robert Monison）的《汉语字典》。可是到1836年2月以前，他似乎没有读过比较系统的英文译本。1830年的札记里有一条记载表明，他已读过莱麦撒（Abel Remusat）的法文《中庸》译文。这条记载是这么写的："施诸己而愿，亦勿施于人"这条原则，在儒家经典《中庸》里有，但被放在第3章第3节里。⑤《中庸》便以这些发人深省的定义开始。天命之谓性、率性之谓道、修道（在头脑里？）之谓教，这本《中庸》，莱麦撒已译成法文，载于1818年《文稿概要》第2卷里。阅读一下爱默生的《自然》一书便会发现，他在这里记下的《中庸》引言的基调同《自然》的内涵，颇有耐人回味的一致之处。孔子这段话里所讲的性、道、修道三点，和爱默生一生所阐述的思想也相当契合。爱默生的学说归根结底主要包括三个方面，即人的神性，人修身养性达到尽善尽美的可能性，以及英雄、伟人在人们修养过程中可以发挥的重要作用。这也是孔子学说对爱默生发生影响的三个方面。

爱默生对孔子的兴趣明显增长起来。虽然他仍然以逗笑的口吻说什么"茶后时刻"是他接受"中国（文化的）启示"的时间（《札记》，卷四，112页），可是他却写信向哥哥爱德华索取他10年前写过的那篇关于中国的论文了（《书信集》，卷一，409页）。1835年他阅读了《凤凰：古代奇文拾遗集》（*The Phoenix, A Collection of Old and Rare Fragments*）并做了节录：他对这本书一直兴趣很浓，1845年他的札记里记载着一段他从该书内抄录下的引言（《札记》，卷九，314 页）。波士顿图书馆的借阅登记簿表明，爱默生 1836 年 2 月借出一本乔书亚·马什曼（Joshua Marshman）的《四书》英文译本；这本书是他此后五六年间一直读的儒家经典译文。从这本书里，他选出几十段记入札记，对孔子也开始刮目相看（《札记》，卷六，389—392 页）。同年 3 月，即在他的第一部也是最重要的一部哲学著作《自然》出版以前几个月，他在札记里写下这么一段话，清楚地表明孔子学说已对他的思想产生了深刻影响："昨天早晨，我想到曾经造就出亚—凯姆卑兹、斯古格尔、赫伯特、杰里米·泰勒的天才，但几乎已从世界消逝的那种馨芳的虔诚，它的甜美的气息。这是一种美好的中庸之道，不偏不倚，正好位于冷酷的铁石般的清教徒和无聊地坚持否定态度的一神教徒的中间。"（《札记》，卷五，144—145 页）假如接下去几行内没有提到孔子的话，只看上下文，人们也不会联想到其中"美好的中庸之道"之谈，同孔子的思想有什么特殊的关联。可是就在下面他说道："朝闻道夕死足矣。"[⑥]孔子的影响显而易见。孔子的这一名言，爱默生铭记在心，终生未忘。孔子讲的"中庸"这条金科玉律，如上文所示，记载在他从莱麦撒的《四书》译文中选录出的那条引言里。爱默生对它的印象非常深刻，在后来著作里多次援引过。例如，1838 年他在论述孔子学说和基督教义间的相似之处时援引过（《札记》，卷五，478 页；卷七，106 页）；1843 年在札记里说到孔子教人实行"中庸之道"（《札记》，卷九，32—35 页）；1845 年他称孔子为"哲学上的华盛领，一个讲中和的人"（《札记》，卷九，318 页）。1848 年在关于《贵族》的演讲里，他把"中节，调和的因素"视为仁人君子的一个基本特征（《爱默生全集》，卷十，31 页）。[⑦]在 1843 年和 1868 年，他两次指出，孔子先耶稣 500 年提出这条"金科玉律"。他开始称孔子为不朽的人，把他排在世界伟大宗教领袖的行列之中（《札记》，卷五，145 页、205 页）。1837 年，爱默生仍然讲过一句关于中国和亚洲的刻薄话，那是在他读了一篇《亚洲杂志与月报》的文章以后有感而发，因而在 10 月 13 日的札记中写道：“加尔各答或广州是白昼与黑夜相争、文明与野蛮并立的晦明交错之地。”（《札记》，卷五，394—395 页）。但是在那以后，他便未再用那种轻蔑的口气讲过话。他的儿子多年以后评论他时说：“（他对）亚洲的智慧逐渐尊重起来。”

因此，人们可以确定，1838 年是爱默生对中国和中国古代哲学思想态度发生明显变化的一年。他对当时“中华帝国”的状态并不满意，19 世纪的清帝国也可能没有多少值得外界钦羡的东西，但无论如何，爱默生没有再讲过什么。1838 年 4 月他把孔子的学说同斯多葛的学说、穆罕默德的伊斯兰教和印度教相提并论，并把这些同基督教一视同仁，认为这些哲学体系的目的都在于唤醒人们心中虔诚的感情（《札记》，卷五，478 页）。同年 6 月，他称孔子为世界十三伟人之一；这些伟人是世世代代向人们传授“至理名言”的人。10 月，他写道：“着眼于目前，总结自己的生活感受以应当务之急，宛如人不停地活动和调节肌肉从而立稳脚跟一样，只有这样的人才不失为贤明。”（《札记》，卷七，113 页）他这样讲，心里想到的显然是孔子。四个月后，他又同时谈到四个伟人，对他们礼赞不已；在这四个人中孔子居第二位。

与此同时，他对中国发生了广泛的兴趣。1838 年 10 月，他在一封信中谈到他在阅读 7 月份的《外国动态季度评论》杂志，里面有一篇文章讲汉字书法（《书信集》，卷二，168 页）。约在 1841 年与 1842 年间，他得到孔学经典著作的一个新的英文译本，译者是柯大卫（David Collie），他似乎没有立即开始阅读全文，因为看他 1841 年的一则日记记载说：“孔子——中国经典著作——《下论》，52 页。”《下论》是柯大卫译文里的许多章节之一。爱默生对孔子学说了解愈深，便愈觉得孔子的贤明伟大。对他来说，孔子成为宣讲道德、主张沉思静虑的东方天才人物之一；这些天才人物知识渊博，他们谈天论地，给人带来天国的极乐（《札记》，卷八，11 页）。爱默生认为，孔子的合法位置是同摩西、荷马、歌德及康德站在一起（《札记》，卷八，322 页）。

1843 年 6 月，他在写给玛格丽特·富勒（Margaret Fuller）的信里谈到饱读中国《四书》又一个新译本的感受：“最近我得到中国孔书的最佳本：这是在马六甲出版的八开英文本。其中大部是把老孔子书译得更充分些；可是《孟子》我却是首次见到，它静谧的阳光会使卡莱尔（Thomas Carlyle）的风暴里的明灯暗淡无光。”（《书信集》，卷三，179 页）“中国孔书的最佳本”应当是指柯大卫所译的《四书》而言，这个译文，爱默生认为是“我们迄今为止从中国文学所得到的最珍贵的礼物”。在这封信里值得解释一下的是“老孔子书”这个有趣的提法。到 1843 年，爱默生已经读过儒家经书的几个译本，所以对他来讲孔子已经成为故人故事了。可是柯大卫的新译本使他兴奋不已，他在信里形容这本书时所呈现出的热情，对他那种脾性的人来说是不寻常的。对于一个始终一贯渴求真知的人，新书开辟新天地、新眼界。爱默生首次读到《孟子》，它的“静谧的阳光”使他豁然开朗，因而佩服得五体投地。19 世纪英国历史学家和哲学家托马斯·卡莱尔，是爱默生最钦佩的人之一；现在有了《孟子》，他觉得卡莱尔也逊色起来。他从柯大卫译本中节选了许多长段论述记在他的札记里，还刊登在新英格兰超验主义刊物《日晷》的《伦理经典》部分内。《伦理经典》先后共出版五期，主要介绍东方哲学和宗教思想，其中有两期是介绍孔子学说的。《伦理经典》第一期全部摘自《论语》，也没有以后那几期正文前所设的《编者按》，这可以进一步说明，对《日晷》的编辑爱默生和他的助手亨利·大卫·梭罗来说，到1843年，孔子及其学说确已成为“老相识”了。尤其值得注意的是《伦理经典》的第三期，题目是《中国的四书》。正文前的《编者按》向读者介绍了柯大卫的译本，宣布其中包括《孟子回忆录》(按：即《孟子》)，还附有孟子的生平简介。这一期共刊登《四书》引语42条，多数引自《孟子》，有些很长，分列在诸如《士》《道》《论改革》《战争》《政治》及《德》等小标题下面。

大约又过了两年，孔子在爱默生眼里成了“世界的骄傲”，“东方的圣人”(《札记》，卷九，318页)。1855年札记里记有一条孔子引语的法文译文，说明爱默生还在翻阅中国儒家经书。这条法文译文出处不详，这也再次证明爱默生所接触到的译本，并不一定都有记载供人们今天加以核实。孔学经典开阔了爱默生的眼界。1859年他颇有感触地说，这些书籍一旦为世人所知，在讲伦理的学问方面，谁也不能再标榜自己是只此一家、别无分店了(《全集》，卷八，182页)。他在1861年2月的一封信里提到自己正在阅读《中国通讯》，这是1860年美国参议院出版的专利局长三卷报告书。这件事也表明爱默生对中国和中国事务一直很关注。他同美国政府驻北京的代表安森·伯林格姆有些来往。大约也在这个时候，他在阅读一本中国小说——《玉娇梨》——英译本，此书是通过莱麦撒的法文译本译成的。爱默生觉得东方诗人的语言及其作品里有些荒诞奇异的情节不容易理解。他也在阅读劳伦斯·奥里芬特所著的《埃里金伯爵出使中国及日本记事》一书：这本书讲了许多关于印度、中国、日本的风俗习惯、商业贸易以及文明概况的事情。

1863 年他宣称自己在阅读一本胜过帕斯卡尔（Pascal）哲学著述的书（《札记》，卷九，533 页）[⑨]。他读的是理雅各（James Legge）的《四书》英文译本，并从里面节录了几段相当重要的段落；说它们重要，是因为这些段落发挥了巩固爱默生学说的作用。为说明这点，这里节引一段："视听，思虑，动作，皆曰由我，各我其我，可知其小也，除却形体，便浑是天。形体如何除得，只克去有我之私，便是除也，天这般广大，吾心亦这般广大，而造化无间于我，故曰浩浩其天！"（《中庸》，孔子著，理雅各译，注，卷一，294 页）。儒家经典里这段引言的原文是："肫肫其仁，渊渊其渊，浩浩其天"（《札记》，卷九，533 页），出自《中庸》第 31 章第 2 节，理雅各在翻译《四书》时，还做了认真的研究，把朱熹解释这段话的文字也翻译出来，附在《四书》本文的下面，作为注释。上面爱默生节引的一段并非《四书》本文，而是朱熹的解释，这说明爱默生在阅读理雅各译文时不仅阅读了《四书》本文，而且阅读了理雅各附在本文下面的繁实详尽的注释文字。这段引文显然同爱默生哲学思想的本质正相契合。细读这段引文，人们会觉得它很玄妙费解，再经朱熹这么一雕琢刻画，渲染出愈益浓厚的神秘主义色彩，于是愈加"玄之又玄"，不仅成了封建时代中国孔学研究的"众妙之门"，而且中间经过汉学家理雅各的挖掘和传递，到了爱默生那儿，对其学说又着实发挥了一番重要的佐证作用。爱默生称理雅各的译本是"孔书的一个庄严的版本"，所以读时爱不忍释，借阅时间竟超过了图书馆允许的期限。1863 年 10 月在写给图书馆工作人员查尔斯·格洛弗的信里，爱默生对还书迟了表示歉意，并且说多年以前他就了解这本书的内容，不仅读过马什曼的译本，而且读过柯大卫的《中国经典》。与此同时，他也阅读可以找得到的一切有关中国和中国文学的读物。1866 年 1 月的一封信表明，他读过“韦德先生的译文”，“韦德先生”是指英国政府驻北京公使馆的托马斯·弗朗西斯·韦德（Thomas Francis Wade），这个人翻译并编辑过几部中国书。

1868年波士顿市设宴招待中国使团，爱默生出席并讲话。对他在这次宴会上的举止，他的传记家拉尔夫·L. 腊斯克（Ralph L. Rusk）形容得很风趣：“他擅离在家站岗的职守，开小差去参加招待中国使团的宴会。在会上他赞扬了孔子、他的智慧，以及火药、印刷术，加利福尼亚中国移民的耐心、勤劳、禁欲、节俭，话说得极为得体，不愧为东方文化的爱好者。他的讲话简短，……没有讲稿，内容大体如现存的出版文本。”[⑩]腊斯克接下去还谈道，会后爱默生被留下来为报社写出讲稿，直到凌晨一点才得脱身回家。他来得匆忙，把讲稿忘在家里，然而以其65岁高龄却能全凭记忆讲话，这在一定程度上表明，他因多年坚持阅读，而对中国和孔子有深刻了解。爱默生本人也对这一“庄严而有意义”的场合深有感触，高兴地讲：“我坐在冯旁边，他英语讲得很好，我们谈得很投机。”（《书信集》，卷六，30页）这篇讲演代表了爱默生对孔子和孔子学说的全面了解和评价，值得认真一读。爱默生在演讲中指出，中国这个古老的东方帝国不仅历史悠久，而且智慧通达深远，“垂辉映千秋”。他还列举出中国古代的科学发明和创造，腊斯克也在其描述中简单地说到了这点。爱默生在称赞过后接着说道：“（中国）还拥有不可忽略的哲学家。孔子的盛名尚未传开。当苏格拉底听说神谕称他为最圣明的人时，他说这一定意味着其他人也认为自己聪明睿智，但他知道自己一无所知。[⑪]孔子也早已这样看待自己了。而且我们称之为耶稣的‘金科玉律’的道理，孔子也先他五百年以同样的措辞讲过。他的伦理体系，虽然是针对一种与我们不同的社会状况而提出的，可我们今天读起来也还受益匪浅。他罕有的远见卓识体现在他的中庸之道、忠恕之谈，以及他的确凿无疑的洞察力方面：身处逆境时要永远自责，就像他对抱怨自己辖区里盗贼蜂起的长官说的，‘苟子之不欲，虽赏之不窃。’[12]他理想中的伟大品格后来成为马库斯·安东尼厄斯的张本。同时，孔子不含糊其词，对其国人所固有的谨小慎微，他总是答之以‘枉尺而自寻。’[13]”（《全集》，卷九，472—473页）人都喜欢当面奉承以求悦于人，可是我们若把这点排除在外，也还可以清楚地看出，这篇演讲词很好地总结了孔子学说里对爱默生产生持久影响的几个重要方面。爱默生不仅懂得了尊重东方的智慧，而且懂得了把这种智慧消化成为自己学说的组成部分。印度教的经典著作也许对他产生过更大一些的影响，我们也基本同意文学评论界的观点：孔子学说是爱默生思想体系中一支次要的伏流，但说这支伏流仅体现在只言片语上面，因而无足轻重，则是对其影响未做全面深入研究就随意否定的轻率举动。如上所述，爱默生在炼铸自己学说的过程中，借助孔子和《四书》之处很多。爱默生对《四书》也和对孔子一样，赞不绝口。 他称《四书》是世界经典著作，是“最优秀的书籍”（《全集》，卷七，218 页）。1873 年，70 岁的爱默生在一封信里回顾自己了解印度圣人思想的过程时谈到，他读过马舍译的印度人著作（《书信集》，卷一，59 页）。人们根据上下文可以揣测，马舍只能是马什曼，可是人们知道，马什曼所翻译的是儒家经典，而不是印度的著作，而且他的《四书》译文使爱默生首次品赏到中国人智慧的玄奥深远，所得印象之深，终生不能忘怀。爱默生记错译者的名字，可能是因年事已高而记忆力衰退的缘故；这也可以说明爱默生的头脑宛如一个熔炉，摩西、苏格拉底、孔子、印度人的思想在里面都已融为一体，因为在爱默生看来，这些伟人想的是“同一件事情”。

这就是爱默生认识孔子及其学说的一段故事：从全然无知到认识、欣赏甚至于满腔热情的赞誉，从洋洋自得、嗤之以鼻到轻度迷醉的过程。爱默生在一篇名为《现代文学》的文章中说："有一种认识现在正很快地成为人们可以理解的事实，这就是世间存在超灵，一个人身上所有的能力和特殊天资，大家身上也都有；我作为一个人可以占有和动用世界各处业已显现出的一切真的、美的、好的、强的东西；摩西和孔子，蒙田（Montaigne，1533—1592）和莱布尼茨，与其说是单摆浮搁的个人，毋宁说是人类整体的组成部分，是我的组成部分，我的天赋证明他们也属于我。表达这样一种认识的最好方式是文学。"（《全集》，卷十二，316—317页）是超验主义也罢，不是超验主义也罢，总之，爱默生的这段文字清楚地告诉人们，孔子是如何成为他的思想体系的有机组成部分的。

仔细研读爱默生的著述便不难发现，孔子的学说对他的思想的各个侧面，几乎都发生过程度不同的影响。在关于自我修养、政治与教育、英雄崇拜，甚至在其唯心主义的超验论方面，爱默生都从孔学中撷取了对自己的有益之处。

【注释】

① 奥利弗·温德尔·霍姆斯，《拉尔夫·沃尔多·爱默生》，波士顿：霍顿·米夫林公司，1855年，第372页。

② 乔治·桑特亚纳，《爱默生》，《爱默生评论集》，引自新泽西：普伦蒂斯·霍尔出版社，1962年，第32页。

③《爱默生札记》，波士顿：哈佛大学出版社，1909—1914年，以下简称《札记》。

④《爱默生书信集》，纽约：哥伦比亚大学出版社，1939

年，以下简称《书信集》。

⑤ 此句引自《中庸》第十三章第三节。

⑥ 此句引自《论语·里仁·第四》第八章。

⑦《爱默生全集》，波士顿：霍顿·米夫林公司，1903—1904年，以下简称《全集》。

⑧《玉娇梨》写成于明末清初，1984年春风文艺出版社再版。

⑨《爱氏札记》，波士顿：霍顿·米夫林公司，1914年。

⑩ 拉尔夫·腊斯克，《爱默生传记》，纽约：查尔斯·斯克里布纳公司，1949年，第438页。

⑪ 特尔斐神殿（The Oracle of Delphi）传太阳神阿波罗的神示：苏格拉底是最聪明的人。苏格拉底知道，太阳神不说谎，但也自知没有智慧，因此决心探求神示的谜底。他同许多人以问答方式交谈，发现人们多满足于管窥之见，墨守成规，自以为是。他终于洞见神示的真意：世上最聪明的人乃是觉悟到自己一无所知的人。据说这一神示改变了苏格拉底的哲学研究方向。最初他探讨客观世界的奥秘，后来改为研究人生的哲理。

⑫ 此句引自《论语·颜渊》第十八章。

⑬ 此句引自《孟子·滕文公下》第一章。

（原载《美国文学》，1985年总第16期，第140—147页）

爱默生与孔子论人性

有人说孔子讲人事，而爱默生论天意，两者间的共同之处甚少。这种提法值得商榷。一般说来，伟大的思想家的言论多有双重性。就爱默生的哲学思想而言，它既有超验主义与神秘主义的一面，也有注重人生的实用主义的一面。他的思想体系的这种双重性，追根溯源，主要是因新英格兰清教思想本身所具有的双重性质的传统影响所致。清教主义既有以乔纳森·爱德华兹（Jonathan Edwards，1703—1758）为代表的崇拜上帝为天地万物之主宰的一面，又有以本杰明·富兰克林（Benjamin Franklin，1706—1790）为代表的务实以奉上帝的一面。爱默生则是这种双重遗产的继承人。在孔子的思想体系里，也存在着似乎两相对立、互不协调的因素。在我国社会发生巨大变动的春秋时期，他一方面保留着商周的"天""神"的思想和形式，这使他和他的一传、再传弟子们的学说蒙上了一层神秘主义的色彩；另一方面他又提及并强调人事第一、道德第一的新内容。这后一方面诚然是他的学说的中心，但它同前面一个方面又有着有机的联系。孔子学说的这两个侧面以及两者之间不可分割的联系这个事实，都对爱默生发生过影响。

先说天命。《中庸》第一章讲："天命之谓性。"在孔子看来，人皆有道德之天性，这是从上天那里禀受来的。[①]孔子的天基本上是命运之天，他的天命是带有神秘性质的命运。[②]人性为天所赋这个观点，是孔子学说的起端，是其思想体系的基础，舍此孔子的全部哲学便毫无意义了。孟子受其先师的启迪，更详细地阐述了这一观点。他提出，人具有神圣的性质，人世间的一切都源于天命；爱默生在阅读《四书》时特别注意到了这个论点。因此，我们可以说，孔子的学说乃是以“道德的人生活在道德的世界上”这一设想为前提的。我们发现，正是这种“道德”论引起了爱默生的浓厚兴趣。爱默生的学说和孔子的一样，也以承认人的神圣性为起点。“在我的所有的演讲中，”他说，“我仅讲了一种学说，即个人的无限潜力。”[3]每个人之所以具有发展的无限潜力，正是因为人的灵魂是他所说的“超灵”的组成部分。爱默生认为，宇宙间存在一种无所不容、无所不在、扬善抑恶的力量，他称之为上帝或超灵。超灵为人所共有，每个人的思想都存在于超灵中，人以直觉官能同它交融。这一思想贯穿于他的全部著作中。包含了他的哲学思想核心的《论自然》一书的基本论点便是灵魂的神圣和至高无上。“人的灵魂中存在着最崇高的东西，”他这样写道，“那令人敬畏的宇宙的本质，它不是智慧，也不是爱情、美或权利，而是万物一统……”人的灵魂、人的本性为天所赋的思想在这里清楚地表达出来。他的《论美国学者》的主导思想源于《论自然》，后来又在《神学院献辞》《论超灵》与《论自助》等文章中得到发挥与引申。这一主导思想也是强调“人所共有的思想”即“超灵”的重要性。还应指出，《神学院献辞》一文反复强调了宇宙的道德性善的特点。

关于天道和人生的关系，爱默生的观点不仅与孔子的思想相似，便是在表达思想的方式上也颇受孔子的影响。我们读《论语·子罕》第十六章，发现孔子的话里含着一个暗喻。该章说：“子在川上曰，逝者如斯夫，不舍昼夜。”这是讲孔子立在河边，望着脚下日夜不息向前滚动的流水，联想到宇宙和人生永不休止的运动，因而内有所感发喟叹之言。这段话后来经过孟子的解释，其内涵就更显豁了。《孟子·离娄》章内说到，弟子徐子问孟子说:“孔子总是对流水称赞不已，流水中有什么东西让他这样赞赏呢?”孟子回答说，河水之所以长流不息、日夜不止是因为它有本原。孔孟在谈河水时显然把天道和人生联系起来。④爱默生所读的《四书》的译文是著名汉学家詹姆斯·理雅各的英译本。理雅各对孔学涉猎很深。他不仅翻译，而且参阅了大量资料，在译文下面增加注释，以加深读者的理解。例如在“子在川上曰”一段文字下面，他便加了朱熹关于“逝者”有“天地之化”的蕴涵的解释，使这段言论的神秘色彩更加浓郁。无怪乎超验主义者爱默生一读至此便认识到河水这一隐喻的丰富包孕，几乎下意识般地把它运用到自己的论述中。有时我们竟怀疑他是否知道自己在重复孔子的话。例如在其名著《超灵》中有这么一段话：

> 人是一条渊源不明的小溪。我们的存在从我们不清楚的地方降于我们的人身之中。当我看到我的肉眼看不到来自何处的河水时,我发现自己只是……这一天水的惊讶的旁观者而已。

不言而喻，这一段话与孔子的基本思想及表达方式完全相同。显然他也把河水和天道及人生联系在一起了。其中“我们的存在从我们不清楚的地方降于我们的人身之中”一语，又让人不由得忆起孟子所说的天地之间有一种力量降于人身中间使人具有精神与形体的话。

接着，爱默生又谈到“那种包含在每人的身心之中、使之与他人合而为一的一体，或超灵，那种人们言必崇拜、行必遵从的共同的心”。这里面的“一体”一词，爱默生所用的英文是“unity”，仔细推敲，也极有可能取自《四书》的英译本。《论语·卫灵公》里有一段孔子和子贡的对话：“子曰：‘赐也，女以予为多学而识之者与？’对曰：‘然，非与？’曰：‘非也，予一以贯之。’”这是《论语》中非常重要的一章。“一以贯之”的“一”包含了孔子的主体思想。这个“一以贯之”还在《论语·里仁》里出现过：“子曰：‘参乎，吾道一以贯之。’”孔子的意思是说，他所讲的一切都有一个基本思想贯彻其始终。爱默生所读《四书》英译本的“一以贯之”的英文译文两处都是“a unity all-pervading”。孔子的这个贯穿其学说的“一”字（unity），他没有明说，他的弟子曾子说是“忠恕”。孔子也可能指人的道德性，这是根本，其余皆属枝叶，而人的道德天性则如上所言源于天。这无论在字面上或在含义上都同爱默生视之为万物之源的“超灵”有相似之处，因此爱默生便把这个“unity”和“超灵”相提并论、视为一体了。他在另一篇文章《论伦理的重要性》里也说道：“我发现有一种思想和道德的一统性贯穿于一切有生命的自然界中。”这里所说的“一统性”的英文又是“unity”。

在《爱默生全集》第十二卷里有这么一段话颇发人深思：

> 我在自己的想象中似乎站在岸边，望着永不停息的流水，水中漂流着具有各种形状、颜色和特性的物体；它们流逝过去，我也无法把它们阻挡住。

这又是“子在川上曰，逝者如斯夫”的翻版。爱默生把这条河称为“神秘的河流”。他和孔子的区别在于，他渡到了彼岸，成为超验主义者，而孔子却还留在河的这边，不肯“过去一点”，主要还在着眼于此生此世的事情。1865年夏季的一天，爱默生站在新英格兰的康科德河岸上，下面水光潋滟，岸边碎波细浪、窃窃私语，他内有所感，当即吟诗一首，曰《两条河》，后又稍加润饰，刊登在当时全国颇有影响的杂志《大西洋月刊》上。诗是这样说的：

你（指河——笔者）被锁在狭窄的两岸当中，
而我喜爱的小溪却在无拘无束地流动，
穿过江河、海洋和苍穹；奔向生命，奔向光明。
我的小溪流呀流呀愈益空灵清润，
饮者永不会再感到口干；
任何黑暗也玷污不了它的均匀的光辉，
千秋万代宛如雨滴坠入其间。

“饮者永不会再感到口干”令人想起耶稣同那个撒玛利亚女人在泉水边谈话的情景。可是“千秋万代宛如雨滴坠入其间”一句所言却很有“逝者如斯夫，不舍昼夜”或《孟子·离娄》里的“原泉混混、不舍昼夜、盈科而后进、放乎四海”的意味。孔子和孟子都发现河水之喻是说及——而非细论——宇宙（或天地）的神秘性质的有益手段。孔子在岸边停下了脚步，孟子向前走得稍远几步，但也和其先师一样，谨慎地留在了河的这边。我们发现，孟子在谈“原泉混混、不舍昼夜”时，巧妙地塞进一句“盈科而后进”，意思是说水充溢于所有的空隙中间。他这样说并非出于偶然。孟子很有可能比孔子更清楚地意识到，天地间有一种类似宇宙力的东西为天地万物的生存与活动提供能量或动力，他称之为“浩然之气”。在和一位弟子谈论“不动心”时，孟子透露自己“不动心”的隐秘说：“我善养吾浩然之气。”当被问及何谓“浩然之气”时，他回答道：“其为气也，至大至刚，以直养而无害，则塞于天地之间。”（《孟子·公孙丑章句上》）在这里，孟子的“浩然之气”具备了宇宙的幅度和浓重的神秘色彩。[⑤]这一段话引起了爱默生的极大兴趣，因为他不仅抄录在札记里，刊登在他主编的超验主义期刊《日晷》上，而且还在他的散文《进步与文化》和《经验》中引用过。爱默生在《经验》一文中说到充塞于宇宙间的一种“无限的物质”，正苦于找不到合适的字眼来表达，欲用“命运”“密涅瓦”（古希腊神话中的智慧女神，或智慧）、“圣灵”，或古波斯国的拜火教，或耶稣基督的“爱”等概念来表达，都觉得不够贴切。孟子的“浩然之气”把他从困境中解脱出来，他一读到便如获至宝一般。他说：“我们的生命……只是这一浩然之气的一种表观而已。”这句话听去似有神秘主义的味道，对孟子的“浩然之气”似有随心所欲加以诠释之嫌。但是细细琢磨，孟子的“浩然之气”也自有其神秘的色彩，特别是“塞于天地之间”之说，很难说讲的只是人事而毫无天道的意味。有人说“浩然”一词的意义不仅涉及人与人之间的道德准则，而且也体现出人与天之间的更高的标准。这种提法恰恰点出了孔孟之说之所以能够支撑爱默生的超验主义与唯心主义学说的基本原因。事实上，孟子的“气”与爱默生的“超灵”概念有其契合之点，读一下《论自然》中的一段文字便可清楚。爱默生在追忆自己一次只身立在林中所经历的“迷狂”或“妙悟”时刻时说：

> 我停立在空地上，头沐浴在和煦的空气里，仰望着浩瀚无垠的太空，小我的一切都消失了。我变成一只透明的眼球；本身不复存在；我洞察一切，“上帝”的精气在我的周身循环，我成为上帝的一部分。

这当然令人想到乔纳桑·爱德华兹在其《个人记述》里所说到的情景。但是，所谓“上帝的精气”距离孟子的“浩然之气”大概也只有咫尺之隔。倘然再读一下爱默生的《超灵》等文章，这种感觉就更深刻了。爱默生和孔孟一样，认为天与人乃为一体。人人都视、听、思虑和行动，似乎“各我其我”；诚然，人也的确具备其个性。但是，孔子和爱默生的学说在这一点上是一致的，即如朱熹所言，“除却形体，便浑是天”。在“除却形体”以后，人的思想便如天之高，如地之广，同天地浑然一体。这使人们看到了“超灵”的端倪。

在人性问题上，孔子讲过一句言简意赅的话，成为后世儒家连篇累牍说辩的题目：“子曰：性相近也，习相远也。”（《论语·阳货》）意思是说，人皆有道德的天性，形体和性格虽然会因客观条件而异，但是“人性本善”一条不变。孔子认为仁与德在人性与人生中占主导地位。他的关于人生与德是紧密相连的话（“人之生也直”[《论语·雍也》]），留给爱默生的印象尤深，后者不仅两度记在札记里，而且刊载在《日晷》上，多年以后还记忆犹新，援引在其《宗教》一文中。当然，孔子也说到人变坏的可能性。孟子发挥了孔子的“性相近也、习相远也”的理论，在驳斥另一位哲学家告子的“人性之无分于善不善也、犹水之无分于东西也”的论点时，借用了告子的关于水的隐喻，指出：“水信无分东西，无分于上下乎，人性之善也，犹水之就下也，人无有不善，水无有不下。”他明确地说到人性善的观点。接着他又以其形象的语言说：“今水夫，搏而跃之，可使过颡，激而行之，可使在山。是岂水质性哉，其势则然也。人之可使为不善，其性亦尤是也。”（《孟子·告子章句上》）

换言之，人可使水跃而过额，可筑堤坝，引水上山，但水的本性是向低处流；同样，人可受客观环境条件的制约而作恶，然而让人性随其自然，人人都会性善有德。孟子引用《诗经》说："天生蒸民，有物有则，民之秉彝，好是懿德。"这几句话爱默生又抄录在他的札记里。我们从他的《性格》一文里也不难看出他对孟子以水比人性的说法很感兴趣，因而采用了这个比喻。他说：

> 所有的个性，都依照他们身心中的纯洁性而立在一个阶度上。如纯洁者的意志向下流入低的器皿中一样。这种自然的力量，如同其他种自然力一样，同样是不可抗拒的。我们可以把石块向上投至空中使之停留一瞬间，但是一切石块永向下落，这却是真理。

这又显然是对上面孟子的话所做的一种解释。爱默生不仅使用了孟子的水的比喻手法及其全部含义，而且把原比喻的第二部分换作他自己的别有风味的提法：他把孟子的"搏而跃之，可使过颡"改作他自己的"投石上天"，又用"一切石块永向下落"的说法表明人天生性善的道理。

爱默生的这种信念是他全部学说的基础所在。他的哲学体系和孔学一样特别强调"道德性"。人具有道德的天性。世界是道德的世界，道德的法则存在于大自然的中心。[⑥]世间所存在的一切都是达到道德目的的手段（《全集》，卷七，300页），每一种自然过程都是一种道德的感情的体现（《全集》，卷一，42页）。由于"上苍发慈悲给予我们的血液一种道德性循环"（《全集》，卷六，202页），因此人存身于真理与生命的中心（《全集》，卷十，98页）。总之，在爱默生文集中最常出现的"道德的"一词，是表达他的主题的词语。爱默生的性善论和人具有神性的论点，诚然同他曾信仰过的唯一神教教义、同柏拉图学说及新柏拉图主义、同他阅读过的诸如杜格尔德·斯图亚特（Dugald Stuart）等苏格兰哲学家论著及印度教教义都有一定关系，而孔子的学说对他的观点也产生过相当的影响。爱默生本人对这一点是直言不讳的："这种思想（性善论——笔者）一直深深地埋藏在虔诚而喜欢静观默想的东方人的头脑里；这不仅是在巴勒斯坦——在那里，这种思想表达得最纯美，而且是在埃及，在波斯，在印度，在中国。"（《全集》，卷一，126 页）这里说的"中国"就是指孔子及其学说而言。

相信人性的天赋和人性善的思想，就会使人对"人能达到尽善尽美程度"一点产生乐观情绪。我们阅读爱默生的著作或儒家经典就会发现这种情绪溢于言表。孔子认为，人欲洁身自好便可达到自善其身，"仁""德"的境界绝非高不可攀（《论语·述而》)。孟子则又进一步，说"人皆可以为尧舜"(《孟子·告子章句下》)，而尧舜则如天之高大（《孟子·滕文公章句上》)。《孟子·尽心章》还有这样的话："孟子曰：尽其心者，养其性，所以事天也。"贯穿于孔子哲学思想里的这种乐观情绪还在《中庸》里有相当突出的体现。《中庸》第三十一章及三十二章所言人经正心修身便可聪明圣知、达天德而配天，虽然是歌颂孔子的伟大，但也明确指出了人的自我发展潜力之大。孔孟对人自我完善的前景从未提出过疑问，人与社会的理想形象总是浮动在他们的面前，激励他们去努力促进它的实现。有人说《四书》是孔子及其门徒为世人指出修身养性以免窳败的厄运的书，细想这是很有道理的。

爱默生在阅读儒家经典时注意到孔子关于人的发展潜力无穷的论断。他说，"我听我的先师（指孔子——笔者）说，人的潜力是取之不尽，用之不竭的"(《札记与杂记》，卷八，410 页)。后来他还在诸如《社会的宗旨》等论文中援引过这段话。爱默生真诚地相信，人是仿照上帝的形象造出的，只是比上帝差一点。他相信世间存在一种扬善抑恶的力量，使善者益善、恶者变善，似乎他自一开始便知道善会胜过恶，天使总比恶魔强大（《全集》，卷九，486 页）。他甚至不屑于区分善恶：在他看来“善”是良医，“恶”有时可能医术更高（《全集》，卷六，325 页）。丑恶与痛苦都是暂时的存在，而灵魂却总是完美的。难怪美国历代文人都对爱默生缺乏“悲剧观”很不以为然：霍桑（Nathaniel Hawthorne，1804—1864）说起他时总有一种嘲笑的口吻，麦尔梅尔（Herman Melville，1819—1891）的腔调略有被激怒的意味，亨利·詹姆斯（Henry James，1843—1916）有碍于爱默生为其父之友的缘故，话说得很郑重、委婉，但口气无疑是否定的，而现当代评论家如 F. O. 马西森（F. O. Matthiessen）微妙的坦率及伊沃尔·温特斯（Yvor Winters）明确的指责，都似在指出爱默生学说的局限性。

当然，这并不是说孔子和爱默生对其所处时代的丑恶现象及人的堕落状态熟视无睹。事实上，两者都对其时代的弊病提出了尖锐批评。孔子看到了他的时代社会生活中普遍存在的混乱（《札记》，卷九），对“道之不行”（《中庸》四）和“德之不修”（《论语·术而》）的现象多次流露出抱怨情绪。他对其时代的精神堕落状态感到非常失望，连周公的理想原则和传统都似乎不能使他精神振奋了（《论语·术而》）。对于人的表现，他更感到失望。他罗列的关于“小人”思想的缺陷之多让人望而生畏；他甚至沮丧地说，他发现自己周围没有一个人在洁身自好（《论语·公冶长》）。他哀叹“天下之无道也久矣”（《论语·八佾》），甚至在设想世道腐败、自己的学说无人接受的情况下，乘船浮游于海上的可能（“子曰：‘道不行，乘桴浮于海’”，《论语·公冶长》）。他逐渐认识到劝人“正心”律己的极端必要性。

同样，被称为“乐观主义的歌颂者”的爱默生也看出了他的时代的病症和缺陷（《全集》），卷二，249 页）。他和当时的许多具有清醒头脑的人们都痛切地感到普遍存在的腐朽状态与信仰危机（《全集》，卷一，135 页）。在他看来，真正的基督教精神已不复存在，怀疑、动摇与倦怠无聊的情绪迷漫在社会生活中（《全集》，卷十，112 页；卷一，284—286 页）。人们争先恐后地“积金堆玉”，金钱和权力的威力胜过诚实和信仰等美德（《全集》，卷十，280 页；卷六，131 页）。一位评论家指出，爱默生对人、社会和历史不抱幻想，他对过去或现在的丑恶与罪过并非视而不见；他知道在商业化倾向日渐严重的美国社会生活中，自私、尔虞我诈、偷盗和欺骗业已司空见惯，人们也已忘却童年的祷告与梦想，而甘心受制于名缰利锁的牵缠。[⑧]这就是说，爱默生并非如同某些人所想的那样，没有走访过“痛苦的大厦”。

我们谈到了爱默生和孔孟在人性善论点上的一致性，以及他们的哲学思想中所存在的理想的人与实际生活中的人之间的明显差距，同时也应当注意到他们在思想和认识上的根本不同之处。在孔子的学说中超俗成分不多，如“子不语怪力乱神”（《论语·述而》），其中的“神”颇有“鬼神造化之迹”的蕴涵。孔子立足于此生此世，不愿谈论人力不能预测之事。所以当他的弟子季路问起如何侍奉鬼神时，孔子回答说：“你尚不能管理好人事，怎么还能说到侍奉鬼神呢？”当季路接着问起死与来世之事时，孔子又反诘道：“你尚不知此生此世，怎么还能说到死（或来世）呢？”（《论语·先进》）所谓“天命之谓性”，天命是其学说的基础，而人性则是他们论述的重点。所以儒家经典中说及天命之处虽不算少，但大多为空泛之谈，而说到人事时则总是翔实具体的。孔子理想中的人也是立足于尘世、似对“天国”不太怀奢想的人。而爱默生的超验主义学说乃是典型的唯心主义哲学，他的“超灵”思想的神秘主义色彩是孔孟所不能想象的。我们阅读一下《论美国学者》中的一段话便可了解到这一点：

> 我们真要了解哪些东西的意义呢？小桶里的麦粉，锅里的牛奶；街巷里的歌谣；船头上的新闻；眼睛的一瞥；人的身段与走路的姿态——把这些事物的根源指给我看；把一向潜隐在大自然近郊与边缘地域的最高精神的最高面孔指给我看；每件琐事都饱含着使之即刻归入一种永恒定律中去的两极性，把这指给我看；商店、耕犁、账簿，和使光线波动、使诗人歌唱的同一种原因维系在一起，把这也指给我看；于是世界便不复是一个枯燥乏味、杂物堆积的贮藏室，而是有形状，有秩序；没有琐事，没有谜语，而是有一种意图，把最高的峰巅和最低的壕沟融为一体，赋之以活力。

这段话充分表明，“上帝”或“超灵”在爱默生眼里乃是一种实至名归、不尚虚声的存在，世界乃是一个美妙的神圣的梦，人如万物受到大地的滋养一般生活在上帝的怀抱里。爱默生那双被评论家所称的“超验主义的眼睛”，无时不在透过自然界和人生而仰望着天国。他希望人们能够通过认识自我和完善自我而取得“打开永恒宫的金钥匙”。爱默生的这种理想，他对“天国”的这种揣摩和领悟，又和基督教所宣扬的“天国”精神和状貌的浓厚宗教迷信性质具有相当的差别；爱默生的超验主义反对“原罪”说，他的上帝和永恒宫都有卡尔文教甚至唯一神教所不能容忍的世俗性。即便如此，孔孟一生都全神贯注于处理尘世冗杂事务，无暇举目向上多看。因此，爱默生的“永恒宫”或天国对他们来说是虚无缥缈的。

【注释】

①《论语·子罕》第五章及《论语·术而》第二十二章仅是孔子论天的两个例子而已。

② 冯友兰,《中国哲学史新编》,北京:人民出版社,1962年,第102页。

③《爱默生札记与杂记》(以下简称《札记与杂记》),卷七,第342页。

④“子在川上曰,逝者如斯夫,不舍昼夜”:孟子的解释增加了这条引语的神秘色彩;宋代朱熹认为孔子似在劝学。简而言之,孔子在观看昼夜不息的流水,可能在喟叹时间不停地流逝,人们要珍惜时光。显然,爱默生对这段引语的神秘主义色彩很感兴趣。

⑤ 细读《孟子·公孙丑章句上》,读者会发现,孟子的思想天平在“天”与“地”两大范畴之间,更倾向于“地”。但伟大的思想家的思想都具有两面性,后人如何理解是后人的选择。

⑥《爱默生全集》,波士顿:霍顿·米夫林公司,1903—1904年,卷一,第41页,以下简称《全集》。

⑦ 参阅《爱默生评论集》,新泽西:普伦斯蒂·霍尔出版社,1962年,第47页;亨利·詹姆斯著,《局部画像》,纽约:麦克米伦公司,1899年,第31页;F. O. 马西森著,《美国文艺复兴:爱默生与惠特曼时代的艺术与表达》,伦敦:牛津大学出版社,1941年,第52页;伊沃尔·温特斯著,《理性辩》,纽约:丹佛大学出版社,1947年,第262—282页。

⑧《爱默生评论集》,第2页。

⑨ 牛顿·阿尔文著，《痛苦的大厦：爱默生与悲剧感》，载于《哈得逊评论》第十二期（1959 年春），第 37—53 页。

⑩ 此为爱默生在《论自然》的《精神》章中所引的英国诗人约翰·弥尔顿著《考玛斯》一诗第 13—14 行（载于《美国文学》1987 年第 1 期，第 121—127 页）。

梭罗与中国文化

19 世纪中叶，美国进入资本主义上升时期。发财致富成为人们的奋斗目标，到处充满“向钱看”的喧闹声。就在这个时候，美国新英格兰地区的康科德镇出了一个“怪才”。他悉心读书、种地，完全不受金钱之诱惑。他就是后来成为美国著名作家的亨利·大卫·梭罗。此人毕业于赫赫有名的哈佛大学，这在当时乃是一件非同小可的事情。哈佛大学的毕业生在当时美国的前途是很显赫的，他们在美国的政治、经济、宗教等重要领域内都占据高位。可是，梭罗却视名利为粪土，他选择了一条世人不屑一顾的道路：毕业后回家帮助家人做铅笔生意。他的家人也为他担忧，但他很坦然。不久，他又出人意料，只身到康科德附近的一个湖畔森林中，搭起一个木屋，在其周围开荒种地。他努力做到自给自足，自得其乐。他不无兴奋地说，他一年用去七个礼拜的时间忙于维持自己的生计，其余的时间则用来欣赏大自然、漫步、读书、自省、观察人生。他这样生活了两年多的时间，觉得应该改变一种新的生活方式了。于是他回到镇上，写出一本书——《瓦尔登湖》(一译为《华尔腾》)。当时出版社都不愿意接受，过了几年才得以面世，但几乎无人问津。梭罗对此心平气和，毫不沮丧或气馁。

梭罗是自为阶级、自我作古的典型人物。他的目光不停留在当下。他像人类文化史上不多见的其他伟大思想家一样，一直在认真探索人类的未来。他觉得人应当先把自己的事情厘清，自身修养是人的首要责任。这一点梭罗在19世纪30年代末及40年代早期的札记里不断说到，在他的早期散文《仪式》里做过完整的说明。细读他的作品《在康科德与迈里麦克河上的一周》，可以发现梭罗进行自我探索的心理，而《瓦尔登湖》则是他关于探索自我的全面论述。梭罗的一生可以说是探寻自我完善的一生。他对道德修养的这种执着无疑与其新英格兰的清教主义背景有关，也和他阅读希腊、欧洲以及印度的古代经典密不可分。孔子与儒家经典对他的影响主要体现在“通过修身而达到完善”这一点上。梭罗认为，正心修身可以为人带来幸福，相信一切改革必须从内心开始，个人的完善乃是社会完善的基础。他的这种原本源于超验主义的思想恰和儒家的思想相吻合。于是我们发现，《瓦尔登湖》从《四书五经》中引用了10条重要引言，以支持他的基本观点。

《瓦尔登湖》主要讲人、现实的人、理想的人以及人的必然归属。梭罗大学毕业后之所以到瓦尔登湖畔离群索居，是因为他看到周围人们的道德缺失和败落。他觉得现代文明导致了人的堕落，世风日下，人心不古。他觉得现代人自诞生时起便开始为自己挖掘坟墓，认为人们都在昏睡。所以他到瓦尔登湖畔要进行一种实验，为世人寻找脱离现代文明的生活方式。他要发挥“雄鸡一唱天下白”的作用。他对人们的浑浑噩噩不以为然，言谈话语之中不乏尖刻的讽刺，但他相信人心向上的品性，相信人的天赋可赋予人以一种自我完善的能力。梭罗相信人性善、人能修身，愿为人类的福祉而效力，这是梭罗和孔子的相似之处，也是他能够接受这位“圣贤导师”影响的原因。

《瓦尔登湖》的第一条孔子引言出现在《经济》章的开始部分，原文为：“知之为知之，不知为不知，是知也。”这是孔子对其弟子子路说的，意思是说，知道就是知道，不知道就是不知道，这就是关于知识的道理。孔子一生求知，不仅自己探求真理，而且教导弟子们以坦诚的态度对待知识：了解自己的知识的局限，承认自己的无知，这样就可以学到新知了。《瓦尔登湖》就是在告诉人们，要获得真知，要认真了解自己的需要和自己的缺陷，不要生活在无知当中，这样才能做出关于如何生活的正确决定。读了这部经典，人们就会发现，梭罗对人们的物欲很不以为然。他认为人们疯狂地积财致富是极其无知的表现。他在书里多处提到这点，提醒人们认真努力求知，了解自己和社会，从改进自我为开端，过一种具有真正人生价值的生活。例如在《瓦尔登湖》的开首部分，他以简朴和诚实的语言把自己介绍给读者，之后说到食物、房屋及衣服，以及如何得到这些东西。他觉得人们变得贪婪，应当承认所犯的错误而开始新的生活。他告诫人们说："不要自作聪明，觉醒可能产生奇迹。"在《我曾住在哪里，我曾为什么活着》这一章里，梭罗继续说道，人越是放得下越富有。在 1856 年的一封信里，梭罗用自己的语言复述孔子的话说："饭疏食饮水，曲肱而枕之，乐亦在其中矣。不义而富且贵，于我如浮云。"这一点孔子不止一次说到。孔子在赞扬颜回时就说过："贤哉，回也！一箪食，一瓢饮，在陋巷，人不堪其忧，回也不改其乐。贤哉，回也！"中国读者会立刻发现，在瓦尔登湖畔小木屋里过着最简单甚至是艰苦生活的梭罗，和孔子的弟子颜回是何其相似，人们甚至可以说梭罗是 19 世纪的颜回。《瓦尔登湖》的读者应当不会忘记，书中曾说到一个村民问梭罗为何能够放下这么多的生活享受。梭罗曾说，"我们的生命都耗费在细节上。一个诚实的人不需要用超过十个手指头去罗列，或在极端情况下，他可以再加上十个脚趾头，而不计其余。简化，简化，再简化！…… 简化，简化。"梭罗认为，人们不需要奢华和无谓的花费，而是需要一种严苛的、超过斯巴达式的简朴生活和高尚的目的。他说他不小看衣服打补丁的人。这些言论反映出梭罗对孔子思想的赞赏和认同。

《瓦尔登湖》在批评世人无知、只向钱看的同时，也一再警告人们不可忽略自我的完善。梭罗在书中引用的第 2 条儒家引言就强调了这一点。这条引言出现在书的第 2 章《我曾住在哪里，我曾为什么活着》里。梭罗引用的是《礼记・大学》里一段文字的英文翻译。引言是这样说的："他们说有字刻在成汤王的浴盆上，意思是：每天都让你自己成为全新的人；不断地这么做，永远这么做。"《礼记・大学》的原文是："汤之《盘铭》曰：'苟日新，日日新，又日新。'""汤"指商朝的建立者商汤。据《四书・大学章句》右传之首章记载，朱熹对这段话的解释是，商汤认为，人洗身去垢，洗心去恶，所以就把这段话作为座右铭刻在浴盆上，告诫自己和臣民坚持修身，不可略有间断。在引言之后，梭罗说："我能理解此事。清晨带回英雄时代。"梭罗注重自身修养。他在瓦尔登湖畔每日早起都要沐浴做新人。

在这段引言之后几页，又冒出了一段有些评论家认为与上下文脱节的儒学引言，这是《瓦尔登湖》所引用的第 3 段引语。引语说："蘧伯玉使人于孔子，孔子与之坐而问焉，曰：'夫子何为?'对曰：'夫子欲寡其过而未能也。'使者出，子曰：'使乎！使乎！'"意思是说，蘧伯玉派使者去拜访孔子，孔子让使者坐下，然后问道："先生最近在做什么？"使者回答说："先生想要减少自己的错误，但未能做到。"使者走了以后，孔子说："好一位使者啊，好一位使者啊！"这段话引自《论语・宪问》。引语的结尾是说，孔子在夸奖这位使者。"使乎！使乎！"一语重复，意思在于强调说，这位使者不辱使命，表现很杰出。这位使者的主人是蘧伯玉，曾是孔子的学生，时任魏国大夫。孔子在魏国时曾客居在他的宅邸，蘧伯玉在孔子返回鲁国后派遣一名使者前去问候。主宾落座之后，孔子开始询问蘧伯玉的情况。使者芟荑枝蔓，直奔主题，讲出老师孔子欲知、学生蘧伯玉派他前往很想让他告诉老师的一个信息：蘧伯玉在继续努力洁身自好。这位使者有否得到主人的指示，《论语·宪问》并未点明，所以人们只能悬揣。但无论如何，这是一位颇有见识、善解人意的使者，知道孔子和蘧伯玉都重视修身，孔子极想知道，自己的学生蘧伯玉在日理万机的情况下是否在坚持自省其身。

蘧伯玉的使者知道，孔子担心他沉湎于琐碎的事务，而忽略了绝对的、永恒的东西。使者的删繁就简赢得了孔子的赞扬。

梭罗援引这段话的上下文的主旨是谈人的内心觉悟。他抱怨他的镇上（康科德）的居民都不关心自己的精神状况，所以他在兜售他的“思想修养”建议，而他镇上的居民却不愿意接受。梭罗发现只有很少的人（约百万分之一）处于清醒状态，而多数人都昏昏沉沉。这让他极其担忧。他告诉人们，他们能够通过认真的努力，提高自己的生活品质。他告诉他的国人说，他们不必担心铁路、电报、邮局、西班牙斗牛，或甚至法国革命，因为这些对于他们的实际生活来说是多余的。他们应当向孔子和蘧伯玉那样关心自己的精神健康。这样，上面的引语就出现了。

这段引语也与《我曾住在哪里，我曾为什么活着》这一章后面的论述恰相契合。梭罗在这一章里说，关心自己的灵魂可能不会帮助人们发财致富，但对人的进步是不可或缺的。梭罗对礼拜天牧师们的喋喋不休、废话连篇很不以为然，他认为只对信众大喝一声“停！停下！”就够了。牧师们应当劝他们放弃追逐名利，而关心自己的思想进步；应当告诉他们，他们在物质上确有所获，但在自我修养方面却一筹莫展。信奉超验主义的梭罗以颇似柏拉图的口吻说，当我们从容不迫、思想明智时，我们会发现，只有伟大而又高尚的东西才会永垂不朽，令人精神焕发，而琐碎的悲喜只是现实的影子而已。

第4段引语和宇宙（大自然）有关，它出现在《瓦尔登湖》第5章《独居》的开始处。这一章在开始之处表达了作者对周围活跃的世界的敏锐感觉。梭罗虽在内心有一个小世界存在，但他毫无孤独的感觉。他珍惜自己与最甜蜜、最温柔、最纯真、最令人鼓舞的大自然的往来，能立刻感到一种宛似支持他存活的空气那样无限度的、难以形容的友好，为自己接近生命的永久源泉而感到兴高采烈。他把自己视为大自然的一个组成部分。《独居》以再生与更新的基调结束：他表示自己崇拜希腊神话中的青春女神——西比尔，她为人与神带来青春。回味《独居》章的主旨，人们会发现，此章的主题是：人要在自然力的帮助下努力洁身养性。

梭罗的第4段引语的出处为《中庸》第15章。这段引言分作5节，梭罗引用了其中的前3节。他的文章是这样说的（所用是他自己的译文）：

> 天地的微妙威力的影响是多么深远啊！
>
> 我们设法见到它，但见不到；我们设法听到它，但听不到；它与事物的质地为一体，相互不可分离。
>
> 它使宇宙所有的人纯洁和圣化自己的心灵，穿上节日服装，去祭奠祖先和贡献祭品。它的影响如海洋。它们到处皆在，我们的上面、左面、右面；在四面把我们包围。

梭罗曾把这一段话刊载在1843年10月份的超验主义杂志

《日晷》上，英译取自柯大卫（David Collie）的译文。但是在撰写《瓦尔登湖》时，梭罗用的是自己的英译文。他的译文的第一句就表现出他对儒家经典精神的深刻理解及对孔子思想真髓的把握。他把“鬼神”译为“宇宙”，这是非常贴切的。他的“宇宙”可引申为“大自然”。在《独居》章里，梭罗所强调的就是大自然的威力，认为人在大自然的怀抱中可以不断更新，而达到崇高和永恒。这是他到瓦尔登湖离群索居实验的目的所在。《中庸》这段引言的中心旨意有助于梭罗陈述他的这个观点。顺便指出，他把引言第三节里的“洋洋乎”译作“如海洋”，是误译。

在这里，我们有必要解读一下《中庸章句》的原文。这段五节引言原文如下：

> 子曰：鬼神之为德，其盛矣乎！
>
> 视之而弗见，听之而弗闻，体物而不可遗。
>
> 使天下之人，齐明盛服，以承祭祀。洋洋乎！如在其上，如在其左右。
>
> 《诗》曰：“神之格思，不可度思，矧可射思。”(《诗经·大雅·抑》)
>
> 夫微之显，诚之不可掩如此夫！

这里的“鬼神”指天地、造化而言，亦指阴阳二气之说，意近“宇宙”。这一段的旨意应当是，孔子认为鬼神的德行很大，看不见，听不到，但它存在于万物之中，谁也离不开它。天下的人都要净心盛服去祭祀它。它无所不在！好像就在你上面及左右。《诗经》说：“神的到来，不可揣度，怎能怠慢失礼呢？”从细微到发现，真实无妄的东西就是这样掩盖不了！

孔子很少谈天论地，他不太迷信。但这段话说明，孔子承认，天地造化无所不在，是宇宙万物之根源。这应当是孔子所表达的最神秘的思想。他再也没有越过这个限界而进入神秘主义的领域。这应当是他和老子的最大区别所在。老子的《道德经》表现出较多的神秘主义色彩，虽然这部经典的相当部分也是关于修身治世的。孔子说到鬼神，其含义也很明显，即君子便是独处，也不会感到孤独，因为天地诸神都在他的周围，注视着他的举动。所以这段引言的要点仍然是落脚在修身和自新上。这样看来，梭罗在这里援引儒家经典《中庸》里的这一段话是很有道理的。

在这段引言之后，梭罗第 5 次从《论语》里援引了一段话："德不孤，必有邻。"梭罗是这样说的：

> 我们是一个我很感兴趣的尝试的科目。在这种情况下，我们能不能暂时抛开说三道四者们的社群——而让我们自己的想法使自己高兴点？孔子说得很对："德不是孤儿；它必然有邻居。"

梭罗所用的英译文把"孤"误译为"孤儿"，孔子原文的意思是"孤独""独处"。在这段话里，"我们"其实主要是指他本人而言，也有吁请人们和他采取同一立场的意思。"尝试"则是指他在林中独居自省而言。他的尝试和人本身的更新有关。人先自新，而后有助于社会的改良。人不必与其他人往来而成为有美德的人。所以《独居》章的主旨在于依靠自己修身自新，而忽略"说三道四者们"社群的态度和说道。梭罗相信人的个性进步对人类的整体进步具有促进作用。

在《村镇》一章的末尾，梭罗第 6 次援引了儒家经典："子为政，焉用杀？子欲善而民善矣。君子之德风，小人之德草，草上之风必偃。”这一段引言表明梭罗的政治观点，即他的执政理论是以自我修身与自我完善为基础的。执政者要以身作则，执政要易于提高人的精神境界。

《村镇》这一章谈论社会和执政问题。这一章表明，梭罗对村民毫无敬意，充满了他对同镇人的蔑视语言。他认为他们仿佛生活在动物世界里，整日没有目的地忙个不停。梭罗之所以离开村镇康科德，就是因为他认为镇上的居民太物质化，过于庸俗。他称康科德是一个“漆黑的地方”：“黑到你用刀子都砍不透的程度”。在这种漆黑里，梭罗认路，但大多数人都会走失。他警醒地认识到，人们不失去他们的世界，是不会做到认识自我、明白自己的境况以及人际关系的限度的。梭罗感到，镇上的居民在无原则地生活着，他们的世界是一个堕落的所在。就是在这个地方，他感觉到，他这个林中的居民也摆脱不了镇上黑暗的骚扰。有一天他到镇上补鞋，被政府以拒交人头税给关进监狱。为此他事后写了一篇文章——《论温和的不服从》（通常译为《论公民的不抵抗》）。这篇文章，如果不是他的姑姑玛利亚替他付了那一笔税，在当时可能会引起某种骚动的。梭罗想到自己在林中没有人或兽的干扰的生活，最后认识到，如果人们都像他当时一样简朴地生活，世间就不会有偷窃和抢劫出现。如果人们都注重精神而不是物质财富，世上就不会出现财富不均、争吵和战争，镇上也不会有设立在菜店旁边的大炮、酒吧、邮局和银行，这一切都是在道德缺失的世界里出现的邪恶。像他这样的人当然会对重仁德、斥暴力的格言警句备感兴趣。于是，第 6 段儒家引言就在这一章的末尾出现了。

在《更高的法则》一章里，梭罗两次（亦即第 7 次、第 8 次）引用了儒家经典。《更高的法则》一章一如既往依然说及提高人的品性。梭罗说："我们的整个生活惊人地以道德居上。善与恶之间从未有一刻停战。善是唯一不会蚀本的投资。"这一章的中心在于讨论人性的相互纠结的两个方面——高尚的精神方面以及低下的或动物性的一面，以及通过自觉的自我完善而减少人性中的恶。他承认，自己的本能一方面向上，而另一方面也趋向原始的恶与野蛮，所以在人心中，善恶从未有过休战。他觉得后者不时地显现在心里。所以他主张人们要无时无刻地完善自己，并包容一切鼓励人们抑恶扬善的体系。在这种背景下，梭罗引用儒家箴言是极其得体的。第 1 条引言取自《大学》右传第 6 章《释诚意》部分，这部分讲修身在于正心；此章共有 3 部分，第 1 部分提出修身问题，第 2 部分讲心如不在，修身则免谈，第 3 部分回到本题——修身必先正心，恰与梭罗《更高的法则》内容相吻合。梭罗引用的是其中的第 2 部分："心不在焉，视而不见，听而不闻，食而不知其味。"其大意是说，心有不存，无以检验其身；如心在，修身便一定能成功。

《更高的法则》从儒家经典里引用的第 2 条格言取自《四书》里《孟子·离娄章句下》。在《孟子》里，这段话的原文是这么说的："孟子曰：人之所以异禽兽者几希。庶民去之。君子存之。"孟子对人与兽之间的区别并未细说，但这段话明显牵涉到对"德"的认识，指出君子有责任保存人自己和兽类之间的区别。孟子曾说过，无德之人无异于鸟兽，因为在他心里兽性占了上风。梭罗在《更高的法则》里说到纯洁，指出人如果不能驱除兽性，那就要尽力压制它。梭罗担心人们已经或即将失去人与兽之间的差别，他记住了孟子的教导。虽然他认为人与兽之间存在亲缘关系，他对兽类怀有亲切之情，但在一点上他和孟子的观点相同，即他觉得自己有责任制止人们失去道德性。

第 9 条引言出现在《春天》一章的末尾，摘引自《孟子·告子章句上》。这一段引言内含多条和梭罗的思想相契合的内容：

> 孟子曰："牛山之木尝美矣，以其郊于大国也，斧斤伐之，可以为美乎？是其日夜之所息，雨露之所润，非无萌蘖之生焉，牛羊又从而牧之，是以若彼濯濯也。人见其濯濯也，以为未尝有材焉，此岂山之性也哉？
>
> 虽存乎人者，岂无仁义之心哉？其所以放其良心者，亦犹斧斤之于木也，旦旦而伐之，可以为美乎？其日夜之所息，平旦之气，其好恶与人相近也者几希，则其旦昼之所为，有梏亡之矣。梏之反复，则其夜气不足以存；夜气不足以存，则其违禽兽不远矣。人见其禽兽也，而以为未尝有才焉者，是岂人之情也哉？

这是孟子和告子关于人性本善的一次谈话。他把人性比喻为树木，树木受到砍伐，但仍可复生。所以人要注意保持自己的本性，否则就会失去，而让恶占上风，当人们见到恶人的行为时，就会认为人性本来就无善可言。孟子是主张"人性善"的哲学家，在他看来，善恶在人性中不断斗争，各有生死存亡，但孟子相信，恶来自外部，不会战胜总在修复自己的内心的善。换言之，因为"旦旦而伐之"而遭到"梏亡"，但因"其日夜之所息，平旦之气"，亦可得以某种程度的恢复。从西方哲学观点看，孟子的这一思想也体现出西方强调的"死亡—再生"模式。

在这一点上，孟子的观点加强了梭罗《春天》章的主旨。在《春天》章的开始，梭罗见到万物随着春天的到来而更新，心中感到异常兴奋。湖泊开始化冻，青蛙开始跳动，麻雀开始叽叽喳喳，整个宇宙似在化解，充满生机。他想到了人："人不就是一块化解着的泥土吗？"由此他想到，人体的所有部位，手指、脚趾、手、耳、嘴唇、鼻子、下巴、双颊，都和大自然的万物相似。综合起来，这和孟子把人性比作大自然里的树木很相似。在梭罗看来，万物既然能够周而复始，人性亦可不断更新。

在《春天》一章里，梭罗重申他的观点，即清晨意味着再生和更新。人具有内在的活力、神圣的种子，人虽可能烂到根底，但依然能生出面向永恒的绿叶，在美好的春天的早晨，在清晨和傍晚的平静而仁善的气息里，可能恢复失去的天真。这和孟子谈人性的语言何其相似。

在《结尾》章里，梭罗引用了孔子的一段话："三军可夺帅也，匹夫不可夺志。"这是梭罗在《瓦尔登湖》里第10次引用儒家经典。孔子这段话的重点在于强调一个人要有坚定的意志。有人说这句话表明孔子已经发现人的自我意识及其不可战胜的意志。自我意识是自我修养和自我完善的起源，一个人的志气在其自身。梭罗的《瓦尔登湖》从本质上说是一部关于认识和改善自我的著作。他告诫人们要了解自己，探索自己的高度和深度，管好自己的事情，努力去做天生自己该做的事情。世界以努力取得自我完善的个人的意志为转移。这是梭罗援引孔子这段话的原因。

梭罗在《瓦尔登湖》中引用儒家经典，每条都恰到好处，之所以如此，是因为他和中国哲人所见相同，都相信人性善，对人的修身前景充满信心。梭罗相信一代新人将在地上花园里定居，对未来充满希望和憧憬。他认为，对于没有自我意识的人来说，光天化日也无异于黑暗，但他相信人们会醒悟，光明就在前面。他满怀信心地说："天亮的日子越来越多，太阳不过是一颗晨星而已。"

梭罗深刻了解孔子思想的务实性。他在19世纪50年代末说过:“我不记得孔子说过什么关于人的起源、目的和命运的话。他更讲实际。他充满了关于人际关系、个人生活、家庭、政府等方面的智慧。按照他自己的说法,他的教导的主要内容是‘己所不欲勿施于人’。”梭罗读书的目的在于获取智慧和知识。他阅读孔子及其他一些东方智者的书籍,目的在于寻找解决搅扰他一生问题的办法。他要真正地生活,要在当时新英格兰不择手段发财致富的环境里找到自我,找到自己的生活。他发现孔子是自己的精神向导,孔子教导人们如何生活,即心善才能快活。这是二者极其相似的地方。

当然,应当指出,从严格的哲学意义上说,梭罗和孔子并不属于一个哲学体系。孔子主张入世,有些像一个专注于社会运转整体问题的政治学家。梭罗虽然极其关心美国南北之间的矛盾以及奴隶制问题,但他有明显的离世倾向,多专注于每个个人的完善与独立。梭罗不会去寻求什么政府职位,孔子也不会到瓦尔登湖畔独居。总的说来,孔子的儒家思想属于现实主义范畴,而梭罗则是一个浪漫主义者、理想主义者,两者的思想“交往”确属有些偶然。据 19 世纪波士顿图书馆的记录记载,梭罗曾借阅过从欧洲传来的儒家经典译文,梭罗阅读的可能是柯大卫的英译文本。但是,梭罗和孔子两个人在一点上具有相同或相似的观点,即人需要自我修身和自我完善。这是《瓦尔登湖》引 10 条儒家经典的根本原因。

于是,有些评论家说,梭罗如果读到老庄的著作,反应会更强烈。这只是一种悬揣,没有什么意义。记得有一位评论家曾发表过一篇题为《论庄子和梭罗》(“On Chuang Tzu and Thoreau”),说得头头是道,当然具有一定的比较文学研究价值。但是,梭罗没有接触过老庄的作品,这就降低了这篇文章所论证的观点的可信度。另外,熟悉老庄作品的人们也会知道,老庄作品里也包含有相当篇幅的“入世”论述。老子的《道德经》里就有许多章节接触到修身、仁政等问题。

还有评论家说梭罗之所以对儒家思想表现出兴趣，可能是因为孔子有过表现“出世”倾向的言论。例如梭罗曾抄写但未发表的一段较长的《论语》：

> 子路、曾皙、冉有、公西华侍坐。子曰：“以吾一日长乎尔，毋吾以也。居则曰：‘不吾知也。’如或知尔，则何以哉？”
>
> 子路率尔而对曰：“千乘之国，摄乎大国之间，加之以师旅，因之以饥馑；由也为之，比及三年，可使有勇，且知方也。”
>
> 夫子哂之。
>
> “求（冉有之名——笔者），尔何如？”
>
> 对曰：“方六七十，如五六十，求也为之，比及三年，可使足民。如其礼乐，以俟君子。”
>
> “赤（公西华之名——笔者），尔何如？”
>
> 对曰：“非曰能之，愿学焉。宗庙之事，如会同，端章甫，愿为小相焉。”
>
> “点（曾皙之名——笔者），尔何如？”
>
> 鼓瑟希，铿尔，舍瑟而作，对曰：“异乎三子者之撰。”
>
> 子曰：“何伤乎？亦各言其志也！”
>
> 曰：“莫春者，春服既成，冠者五六人，童子六七人，浴乎沂，风乎舞雩，咏而归。”
>
> 夫子喟然叹曰：“吾与点也。”
>
> 三子者出，曾皙后。曾皙曰：“夫三子者之言何如？”
>
> 子曰：“亦各言其志已矣！”

曰:“夫子何哂由(子路之名——笔者)也?”

曰:“为国以礼,其言不让,是故哂之。唯求则非邦也与?安见方六七十,如五六十而非邦也者?唯赤则非邦也与?宗庙会同,非诸侯而何?赤也为之小,孰能为之大?”

这段话引自《论语·先进》,表现孔子和弟子们随便谈话的情形,这一方面表现出孔子作为老师的教学风格,一方面表现出晚年孔子的内心状态。当时有四位弟子在场,孔子一一询问他们的志向。子路要治理一大国,冉有要治理一小国,公西华要做宗庙仪式的主持,而曾皙则希望轻松地生活。很明显,前三者都是遵循孔子的思想,要以礼乐治国,唯有曾皙不同,他的心志表达出对静谧、快乐生活的向往,可以看出他对世外桃源的憧憬。孔子的“吾与点也”(意为“我同意点的想法”)表达出孔子内心向往的两个侧面。一方面孔子渴望全国通过实行礼仪达到天下太平、万民快乐的大同理想,另一方面孔子的这一表态也表现出孔子某种渺茫的出世思想。孔子一生遍走各地,希望有个诸侯国能认同和采纳他的“克己复礼为仁”主张,但处处遭到冷遇,最后沮丧地回到家乡鲁国,喟叹自己的“道”不得以实行,表现出一些失望甚至消极的情绪。他与弟子们的这番交谈可能发生在他的晚年(在场的四个弟子中的公西华小孔子 40 多岁),老夫子此时可能有过隐居的思想。诚然,孔子的儒家一贯是主张入世的。

但是,公平地说,梭罗也并非主张“出世”。他爱大自然,乃是他的天性使然;他认为大自然对人及人生会产生积极的健康的影响,这是典型的西方浪漫主义的观点。此外,他也不像某些评论家说的,是一个苦行僧。准确地说,他倒像一个“美食家”,尽量品赏生活给人带来的各种体验:“保持全面的清醒和高度的敏感。”就是说，不要放过一个体验充实生活的机会。他在谈到自己决定离开瓦尔登湖时曾说，他已经体验过一种生活，他要开始新的生活了。

活在这个地球上的人在思维和表达上具有许多相同之处。人们甚至可以说，作为地球人，在思想方面同大于异。只要接触，相互影响是必然的。梭罗与孔子思想的碰撞是人类文化交流的一个杰出例子。

（原载《多种视角：文化及文学比较研究论文集》，天津：南开大学出版社，1995年，第195—230页）

庞德与儒家思想

在西方文学史上，庞德是一个极富争议的人物。他在20世纪初欧美文艺界的革新运动中，曾经发挥过领头羊的作用；因此，尽管他在“二战”中站在法西斯一边，坚持反犹思想，抗拒反法西斯阵线，在罗马电台进行反对英美的广播，以致战后被捕，险些被判处叛国罪，但由于他在20世纪二三十年代欧美文坛革新运动中的影响，还是躲过了这一劫难，未被钉在历史的耻辱柱上。庞德从本质上讲是个文学艺术家，他跨越界线，涉足他不擅长的政治和经济领域，最终不可避免地铸成大错。历史原谅了他，这是他不幸中之万幸。

庞德的长诗《诗章》，是他在长达半个多世纪里写下的“思想日记”，这使得这部诗作注定成为诗人在文学、哲学、社会、历史、政治、经济等诸方面的思考的记录。尽管这部作品的文学价值值得商榷，但它为世人了解诗人的心态提供了一把钥匙。在这部长诗里，作家多次提到中国文化，并且多次提供中文文字，为读者做旁注。庞德之所以对中国文化感兴趣，是因为他要从中国文化汲取精华而竭力拯救他的文化母体——西方文化。应当说，他的初衷是好的。

在20世纪初，庞德初出茅庐，极目四望，所见皆为文化荒原，西方和美国在经历着“黑暗的时代”：处处黑暗、混乱，毫无文明和秩序可言，个性受到残酷的压抑，文明成为枷锁的代名词。所以，庞德一出道，就对西方文明采取了坚定的否定态度。

《诗章》的主要题材是对西方现代文明的全面否定，这包括政治、经济、艺术和哲学。《诗章》所描绘的乃是一个黑暗可怕的世界，实际是对西方现实的一种隐喻。第 1 诗章就写地狱里“见不到阳光的死者”，第 3 诗章写西班牙的英雄鲁伊·迪亚士（Ruy Diaz，1519—1602）被驱逐逃走、以及在一所文艺复兴时代的公馆里发生的谋杀。在第 4 诗章及第 5 诗章里，人们会看到陆上的荒芜和海上的巨浪。第 7 诗章描写当代社会，不是巴黎就是伦敦，像艾略特的《荒原》里一样，充满幽灵与幻影，“走动着的高度的冷漠”，“纯粹的喘气的躯壳”。第 8 诗章述说统治意大利里米尼城达 200 年之久的马拉泰斯塔家族的兴衰，第 14—15 诗章描绘各阶级的生活都呈现出变态和“无意识的黑暗”。这是一个地道的地狱，它的肮脏的细节，它的臭气熏天、腐烂、污秽、愚蠢，它的可恶的政客和投机者，以及最大的恶魔——100 条腿的野兽——“高利贷”，它毁灭了人们所珍视的一切，这包括爱、生命和光明。就是在第 16 诗章，人们可以见到一丝人间天堂的光亮时，他们也同时看到了一个欧洲被毁掉的画面。

《诗章》的主要题材之一是讲高利贷，在文本里占了很大篇幅。第 12 诗章揶揄银行（对财产）分配不利，第 30 诗章讲金钱如何贬低威尼斯的艺术和习俗的价值。第 34 诗章记录美国银行遍地，压制一切经济原则。第 37 诗章谴责美国银行的倒行逆施。第 45 诗章鞭挞高利贷（第 51 诗章重复鞭挞高利贷和犹太人），第 46 诗章抨击英格兰银行的倒行逆施。庞德认为西方的病源是高利贷和纸币。《诗章》的前 50 诗章为读者描绘出西方的堕落和罪恶。所以他认为他要担负起拯救西方的重任。这里顺便说一句，庞德在这里陷入一个对他来说极其陌生的领域——

经济领域，不论他的用意如何，这最后导致了他和墨索里尼沆瀣一气，而犯下难以饶恕的罪行。

他首先求救于基督教。他看到日益加重的信仰危机，他和罗素一样，认为上帝已经无济于事。他认为基督教是“污水坑”，《圣经》是“一个野蛮民族的记录，充满邪恶”“毒药”，基督徒是“撒谎者”，认为有组织的宗教的作为好少恶多，总是形成一种危险。庞德在他的《诗章》里使用了污秽的语言咒骂所有的宗教。另外，他对希腊文学和哲学也失去了信心。他认为希腊思想极不负责任，对人民没有感情。但丁和索福克勒斯是伟大的，但他们并不是孔子。亚里士多德可能也伟大，但他没有真理，他都没有资格为孔夫子刷鞋。

在西方文化这两大支柱被推倒之后，西方世界呈现出一片精神与思想的荒原。庞德环顾四周，看到了东方的孔子可能是救世主。孔子的《大学》里包括了“善”与“仁”的思想，给病入膏肓的西方开出了一副良药。庞德相信孔子能够给西方带来启蒙和文明。《大学》的智慧是取之不尽、用之不竭的，它的46个字词说明了一个道理：秩序与安宁，及其带来的光明。秩序与安宁来自开明的治理，开明的治理表现在平均财富和减轻赋税。这些思想体现在《诗章》里的《中国诗章》（第13、49、52—61诗章）里，而且从整体上讲，也贯通了全部《诗章》。第13诗章强调秩序；第49诗章营造出一种宁静气氛，而第52—61诗章则表现出庞德对开明统治及开明统治者的钦羡和推崇。

我们先看一下第13诗章。人们在这一诗章可以见到一线光明。庞德以高度压缩的方式介绍儒家学说的本质特点——和谐。这一诗章的开始部分刻画了孔子与其弟子们闲谈的富有诗意的场面；这幅暮春咏归图所描画的是孔子的人生理想，是对大同社会的一种理解。之后讲到孔子关于“秩序”（“order”）

的思想：

> 如果一个人心里没有秩序
> 他不能在其周围传播秩序；
> 如果一个人心里没有秩序
> 他的家庭不会按照秩序行事；
> 如果一个国君心里没有秩序
> 他不能使他的疆土内有秩序。
> （*Ezra Pound: The Legacy of Kulchur.* Eds. Marcel Smith et al. Tuscaloosa, Al.: Alabama UP, 1988: 91.）

庞德的这些诗行实际是对《礼记·大学》里“修身齐家治国平天下”思想的意译。《礼记·大学》所阐述的这一思想内容丰富，但庞德读后只得出一个结论，即孔子唯一重视的是“秩序”。应当说，庞德抓住了重点。在第13诗章里，庞德也提到孔子的“中庸”思想，虽然他的立场激进、极端，他一定觉得中庸是很难做到的，但是他还是提到了这一点。

第49诗章虽然夹在关于高利贷的第45诗章和第51诗章之间，但它和第13诗章一样，也为庞德笔下灰暗的西方世界带来一丝光亮。庞德运用中国著名古典诗人李白的抒情诗歌来营造一种宁静而稳定的氛围。李白的名字没有在诗章文本里出现，但细品这一诗章里出现的语言、意象及情调，人们便可识别出李白的独特风格。例如诗章里有这样的诗行：“山后和尚钟声随风飘”（“Behind the hill the Monk’s bell/ borne on the wind”），这极可能是李白诗作《听蜀僧浚弹琴》的浓缩。李白的诗作是这样的：

蜀僧抱绿绮，西下峨眉峰。
为我一挥手，如听万壑松。
客心洗流水，余响入霜钟。
不觉碧山暮，秋云暗几重。

前两行为庞德提供了“Monk”（“和尚”）和“hill”（“山”）的诗材，颔联提供了“wind”（“风”）的来源，颈联提供了“bell”（“钟声”）的素材。李白的诗歌，尤其是后期的诗作，充溢着一种平和的气氛，体现出他对自然美和宁静的热爱。庞德借助李白诗歌所提供的和谐的框架，通过对比以抵消《诗章》所描绘的西方混乱世界所带来的痛苦，也为他后来把多种不同成分和素材塞进《诗章》这个庞大的架构中铺平道路。

第 49 诗章也表明，庞德对儒家的“圣王”思想极感兴趣。圣王为人民谋福祉，不把人们逼向债务和高利贷的深渊。这一诗章引用了两首歌颂圣王的中国诗歌，一是中国古代舜帝时期的诗作，将舜帝的开明统治比作日月之光明，表达人民希望这种圣王统治宛似太阳日日来临一样永远继续；第二首诗表达人们希望没有税负和暴政干扰的平和的农耕生活：“日出而作/ 日落而息；/ 挖井而饮/ 掘地而食/ 皇权是什么？对我们来说它为何物？”这一诗章的最后两行诗读来有些艰涩：

第四；静止的维度。
以及控制野兽的力量。

这可能是指中国传统文化所说的“德”与“无为而治”思想。施之以德，如同舜帝和商汤那样，圣王可以做到无为而治（见第 53 诗章）。庞德认为，儒家经典里的“德”具有一种神奇作用，可产生一种超人的力量，使天下有秩序，使人变得文明与高尚。如此看来，第49诗章具有承先启后的作用，它呼应第13诗章的精神，连接后面《中国诗章》的内容。庞德在20世纪40年代误入歧途，在《比萨诗章》里表达出忏悔和苦楚，在《磅钻》和《列王》诗章里，诗人在对人间天堂做最后一瞥时，会重现第49诗章的精神。从某种意义上说，第49诗章表达出《诗章》整体的意义和目的。

人们把第52—61诗章成为《中国诗章》。第52诗章是《中国诗章》的开首。这一诗章是以《礼记》为底本而写成，读起来颇似关于天体运动及季节变化的诗章，与诗作其他部分好像不太合拍。细品文本，其实不然。如果人们考虑到庞德执着建立秩序的心理，可能会理解，太阳作为天体的一部分随大自然周而复始地轮转，恰恰说明了“秩序”存在的重要性。庞德可能想表明，人需要仪式或礼仪为自己的生活提供“秩序”。他们要通过膜拜自然神而为自己的举止提供一个合理的架构。他们要习惯于季节的规律性变迁，这为他们的生活制定出规矩和界限。秩序存在于大自然里，可以制约趋向于混乱的人性。换言之，大自然对人的言行举止可以发挥安全阀的作用。人、兽及其在和谐世界中运转的画面，和现代西方人在混乱、无序中生活的现实，不仅形成鲜明的对比，也无疑是对后者的一种矫正。此外，季节的嬗变也在某种意义上暗示出《中国诗章》的“天下大势，分久必合，合久必分”的纲要。

《中国诗章》以及约翰·亚当斯诗章的基本思想是关于儒家与秩序的。应当指出，庞德在这些诗章里所叙述的中国历史很不准确。在这些诗章里，庞德像坐在山顶上的波斯王居鲁士，俯瞰下面川流不息的人群和事件，以及人世无休止的起伏沉浮，在竭力找出一个放之四海而皆准的模式来。庞德认为他发现了一个，即孔子所说的“君子之德风，小人之德草，草上之风必偃”。在第53诗章里，庞德还说：“一个好的统治者（应）减低税负。”庞德在这里引用孔子关于德与税的言论，“政者正也”，一个关心税负的仁德的统治者会为国家带来和平与秩序。在这一诗章里，庞德说到周朝的成王，认为他建立的周朝之所以能维持几百年的统治，是因为他能让穷人在税负方面有发言权，能够严格管制官员、管制货币。庞德认为，一切都以德政—赋税为转移。当周朝皇帝只顾射猎、贪图财宝时，这个王朝也就要寿终正寝了。

同样，庞德说到摈弃儒家思想的短命的秦朝，以及推崇儒家思想的汉朝刘邦，免税一年，全国平和、富饶。四百年后，历史悲剧重演，汉朝灭亡，隋朝短命，唐朝重视儒家，降低物价，在一个饥荒地区免税五年，恢复了国家的和平与秩序（第54 诗章），但最后依然是亡于朝廷赋税名义繁多，造成国无宁日，民不聊生。在第55诗章，庞德说到宋朝开国皇帝掌控税负，但是他的后人贪婪不已，引起人们揭竿起义，要求贫富均等，重创了宋朝的元气，就是王安石出来变法，调整市场，恢复农耕，最后也于事无补。后来的元朝因为违反孔子的思想而倒台（第56诗章）。

在17世纪，庞德称为“鞑靼”的清朝入主中原，这些“野蛮人”接受儒家的雅驯威力，使自己的举止文明起来，结束了战乱，恢复了秩序（第58诗章），外表文雅，内心仁德（第59诗章），清朝统治者们反对高利贷（第 60 诗章）。庞德还说到雍正和乾隆皇帝，指出乾隆执政60年里最突出的事件是免收农耕税负一年（第 61 诗章）。庞德的中国历史简述到此为止。庞德认为，约翰·亚当斯以及其他美国早期领袖们的执政生涯、他们的高尚品格以及他们的正义感体现出美国早期最优秀的品德。

从一定意义上说，《磅钻》和《列王》两个诗章系列的主题思想仍然是《中国诗章》的继续。《磅钻》诗章系列主要讲高利贷，《列王》诗章系列主要谈论圣王。庞德在第 85 诗章的一个脚注里说，孔子关于执政的基本原则都包含在《书经》里面。这一诗章是对《书经》的一种意译，继续歌颂圣王和仁政。诗章在开始处，讲到周文王和周武王德高而受命于天，继之回顾 600 年前商朝的名臣伊尹教导商君照其祖父成汤的榜样行事，成为一个贤明的君王。此章的重点是讲德，汉字的“德”字反复出现在诗章里。庞德同意《书经》的观点，即一个圣王要正心，要日日新。

第 86 诗章简介欧洲历史，但儒家思想贯穿其中。诗章里提到俾斯麦（Otto Von Bismarck，1815—1898）、塔列朗（Talleyrang，1754—1938）的思想，简述巴比伦历史，讥讽 F. D. 罗斯福，诗中加入许多中国字。例如表示儒家思想主旨的“恤”（compassion）字位于此章的开始，其精神贯穿全章。这一章里有俾斯麦等人的引言，都透露出仁慈的主旋律。诗章里还提到周穆王教导他的皇子关于忠诚的道理，以及阴险、失信于民的商纣王被杀的情况。庞德在这一诗章里把高利贷和谋杀等同，进一步说明他把高利贷视为万恶之源，因此痛恨犹太人。这表明他对恶、对历史的了解是很肤浅的。

在高利贷处于明显位置的第 87 诗章里，庞德显然想到了孟子关于税收及仁政的思想。孟子在与滕文公的一次谈话里，讲到管理土地的税法问题。他首先说到“为富不仁”的道理，然后提及古代夏、商、周三个朝代的经济史，提出“彻”（分摊）与“助”（互助）两种制度，百姓都缴付收入的十分之一（“什一”），指出“助法”最好。他请滕文公考虑在农村实行九分抽一的助法，在都市自行交纳十分抽一的赋税，这样一来，“乡田同井。出入相友。守望相助。疾病相扶持。则百姓亲睦”。孟子实际在对滕文公说，贤王要关心百姓。关于“利”的问题，孟子在与梁惠王谈话时说，“王何必曰利，亦有仁义而已矣……王亦曰仁义而已矣，何必曰利”。在这一诗章里，诗人还嵌入一个中国字——“利”，并译之为“the grain cut”。庞德引用《孟子》的这段话，旨在强调贤王必须弃利而重仁义。在此后的几诗行里，庞德说到“process”（“or even the use of process?/ That fine old word.”）。在庞德的语汇里，“process”相当于儒家所说的体现仁义的“道”。

孟子的“什一”税主张仍体现在后面的第 88 及第 89 诗章里。这两个诗章内容有些重复，都是鞭挞欧美银行金融制度的弊病的。前者揭露美国银行的垄断行为，其中有一行（“Mencius on tithing”[“孟子论什一”]）虽然突兀而简短，但包含了这一诗章以及整个《诗章》长诗的一个主要内涵，即反对高利贷。庞德认为高利贷是万恶之源，而孟子关于井田及什一税的思想是取得财富平均分配的重要途径。关于孟子的井田思想，在《孟子·滕文公章句上》里说得很清楚：“方里而井。井九百亩。其中为公田。八家皆私百亩。同养公田。公事毕。然后敢治私事……”庞德从中国经典里看到了光明：

> 中国，时间最长，官僚百分比
> 　　　最低，
> “二百年里，”皇帝说，“没有麻烦。”（第 89 诗章）

应当指出，庞德对中国的政治和经济史的理解是有偏差的，但重要的是，他在儒家经典里看到了西方金融制度（美国银行等）的弊病以及理想的修订方法。一行简约的“孟子论什一”

在这里发挥了第13诗章及第49诗章在《诗章》上下文里所发挥的作用。

庞德本人曾说，《列王》谈及那些除个人举止外仍负有治国责任的人们的心态。他称这些人为“贤王”。庞德从罗马、拜占庭、中国及英国等不同文明史里选出一些贤明的君主，诸如拜占庭皇帝查士丁尼大帝、罗马皇帝戴克里先、古罗马皇帝韦斯帕芗、法国的查理曼大帝、英国的爱德华三世以及许多其他人都在他的《列王》名人殿里就座。在这一诗章系列里，第98和99两诗章被称为“中国双联”，主要讲述清朝皇帝康熙和雍正的诏书内容，简介儒家的政治主张。第98诗章是总论，第99诗章是详述，两诗章以对皇帝及其皇后的喝彩而结束。纵览会发现，两诗章里说到的康熙的16份诏书，其所谈内容不外乎有关执政的两个要点：教百姓做好人，对他们施行仁政。百姓要成为君子，遵从孝道，举止自然，守法维稳；政府要制定法律，执法严明，税负得当，做到让百姓都安居乐业。听起来这一切很像理想的社会契约。

庞德在第99诗章里说，雍正继承了康熙的指令，坚持德政，让百姓享受秩序和丰衣足食。他所强调的品德和《诗经》所阐明的相同：文雅、诚实及公平。庞德认为，“贤王们/ 亲切地关注着事态的发展”（第99诗章）。庞德在这一诗章里描画了理想生活的蓝图：

小鸟合唱，
枝叶搭配适宜
如昭。
怜悯，树根和溪水；
社稷：在一范围内，秩序；

法律：互动。
没有互动何其为社稷?
一个村庄有秩序，
一片谷地会通四海。

在庞德看来，理想社会是充满怜悯、秩序与和谐的社会。上面所引的最后两行表明儒家的基本原则，即个人完善是理想社会的必要条件。它们也表明庞德对西方和美国所存痼疾的诊断，使他认识到儒家思想的智慧和理智，使他觉得他发现了医治西方病症的良药。庞德在 20 世纪 20 年代末就曾在其文章《绪论》里说过:“美国生活的阴霾与可怕可以追溯到两个该死的根源去，也许只是一个根源：1. 公家与私人事务全然混淆。2. 自己的事情和思想尚未厘清就干涉他人的事务。”这实际体现出《大学》里“正心修身齐家治国平天下”思想对庞德的影响。这一点庞德在《绪论》里说得更清楚了:“完美的原则由孔子确切界定出来：它体现在自身建立秩序上。这种秩序或和谐会不必费力而得以传播。”1928 年 T. S. 艾略特在其《孤立的优越》一文中向庞德发问道:“庞德先生相信什么？”庞德在其《日界线》一文中自信地回答说:“我相信《大学》。”

庞德是一个有见解和使命感的艺术家。他的本意是好的。他看到西方文明所存在的问题，于是就到他心目中远古的黄金时代去寻找灵丹妙药。他要旁征博引，造就一种合成文化、一种新文化，以引导人们去克服异化，掌握自己的命运。他要创作一部诗作，帮助读者做新人，做一个在世界上感到怡然自得的人。很明显，他承担的是相当于救世主一般的责任，虽然应当指出，他本不该这样眼高手低，志大才疏。

应当说，庞德和孔子之间是具有共同点的：他们都怀念理想的过去，都希望救世济人。好也罢，坏也罢，对也罢，错也罢，庞德一生大部分时间都忙着把儒家思想作为灵丹妙药介绍给他认为已经病入膏肓的西方。他眼里的好人都是儒家信徒，好事都体现出某种儒家品德。《诗章》长诗所包含的一百二十几首诗歌就内容和形式来看是多种多样、特点各异的，要对这样一个花色斑斓的庞然大物进行分门别类，可谓难于登天。但是，如果我们把儒家关于伦理道德、政治、经济的思想作为连接这些诗歌的线索，就可以毫不夸大地说，孔子的思想极可能是庞德坚持创作这首长诗的精神向导。

儒家哲学对庞德的影响并非总是健康的、正面的。儒家经典和世界上任何经典一样也有其瑕疵。伟大的学说都有缺陷，孔子的哲学思想也不例外。例如孔子强调圣王的作用，强调“君君臣臣父父子子”，他的本意或许是欲在春秋战国时代的乱世中通过制度和服从以求得秩序，但他可能没有料到，这种制度和服从为日后的封建专制建立了理论基础，铺平了道路。因此，这些因素都在后世屡屡受到利用，而逐渐完善，成为我国两千余年封建专制的理论支柱。这有可能在某种程度上违背了孔子的原意，但是如果一种思想成为日后一种不理想的制度的基础，那它本身必然存在着促使这种不良制度诞生的因素。

这一点对庞德产生了显而易见的影响。在《诗章》的第 8 诗节就出现了“独裁者做事效率最高”的诗句。之后长诗对理想君王的颂扬表明庞德对专制的赞同态度，这也很可能是他支持法西斯的原因之一。再如，显然，庞德把均分作为一种理想，他反对高利贷的坚定立场也是他涉足他所不熟悉领域而铸成大错的原因之一。他认为高利贷是西方社会所患疾病的根本原因。这当然是片面的看法。高利贷只是西方现代文明弊病的一种表现而已。与此相连，他认为公平分配是打破财富垄断的唯一途径。“贤王分配（财富）/ 昏君乱派（赋税）”（第 52 诗章）。他赞成孟子主张的“平均分配”，欣赏商王成汤对金钱的分配作用的了解。从某种意义上说，他对“分配”的这种沉迷导致了他接受墨索里尼的计划，使他对墨索里尼法西斯政权在意大利所犯的滔天大罪竟视而不见，还在第 72 及第 73 诗章里歌颂墨索里尼在意大利北方建立傀儡政权后所犯下的最后的暴行。这两诗章已被从《诗章》长诗里删除，它们是庞德犯罪的证据之一。再次，儒家经典里存在的一些不良因素，可能呼应和加强了庞德思想中的相似的倾向。比如儒家对种族的看法就是一个醒目的例子。孔子称边远地区的少数民族为“夷”，或曰野蛮之族，对此庞德在其《磅钻》诗章里就有回应（见第 86 诗章），令人不由得联想到庞德对犹太人的轻蔑和敌视，甚至仇视。当然，庞德的反犹思想在西方是具有普遍基础的，他只是比较极端而又善于表达的一位而已。

第二次世界大战后，庞德被美军逮捕，囚禁在比萨铁笼里，饱受风吹日晒之苦，之后在华盛顿的伊丽莎白精神病院被关押长达 13 年之久。庞德经过这些严峻的体验学到了谦卑和怜悯，在《比萨诗章》及其后的诗章里表达出忏悔的心情：“我是无名之辈，我的名字叫无名之辈”，“日光不再惠顾的人”（第 74 诗章）；“除慈爱品行外没有要事”，“真相存在于仁慈之中”（第 77 诗章）。在第 117 诗章，诗人感到疲惫不堪，认识到自己一生的失败：

> 我的爱，我的爱，
> 我喜欢什么，而
> 你又在哪里？
> 我与世界博弈

失去了中心
梦想碰撞
被粉碎了——
我为创造一个人间天堂
努力过。

他要说明，他爱过，梦想过，战斗过，在一定意义上说，失败了。他的《诗章》可能表明，他的本意是好的。

关于庞德的中文翻译

庞德是诗人，也是翻译家。他的诗作和翻译相互影响和浸染。他对中国文化情有独钟，对中国文字也很有感情。这是他满怀兴致长期坚持翻译中国经典诗歌和散文著作的缘故之一。庞德对中国文化和儒家思想的认识，我们在《庞德与儒家思想》一文里略有阐述，这里不再赘述，只简介一下庞德的中文翻译。在庞德的翻译中，对中文作品的翻译比重很大。他翻译了一些中国古诗、《诗经》以及《四书》的三部分——《大学》《中庸》和《论语》等散文经典，他的长诗《诗章》里也有不少中国字及其译文出现。

翻译不言而喻牵涉到两种语言。庞德译文的质量以他对中文的理解为转移。中文文字看上去有些符号与象征的模样，符合庞德的意象主义思维模式。现在已经有人撰文说明，庞德的意象主义思维也确实源于他对中国文字的粗略理解。西方不少学者研究中国文字，其中有两位和庞德有密切关系。一是美国东方文化学者费诺罗萨，他把庞德引入对中国文化和中国语言的研究领域。费诺罗萨曾经写过一篇文章，名曰《作为诗歌媒介的中国文字》，提出见解说，中国人智力的质地是由根植于中国文字里的实体意象纱线编织成的。他还指出，“（中国的符号）基于对自然界活动的一种速写式描绘”；“我们阅读中文不像是在玩耍抽象的筹码，而是在观看事物完成它们自己的注定的轨迹”；“这些字的早期形式是象形的，它们对想象的掌控没有受到动摇”。费诺罗萨的这篇文章里充满了这类的泛泛之论。另外一位评论中国文字的美国诗人是艾米·洛厄尔，她在著作《冷杉花匾》里说：

> 我们在很早的研究中就发现，中国文字的组成部分在诗歌创作中比迄今一般所承认的作用更大；诗人选择一个字词而不用另外一个意思几乎相同的字词，主要是考虑所选字词结构表现出的描绘性暗示；一首诗恰是因为此字结构的内涵而变得充实。

这些评论都有其道理，对庞德的认识也都产生了一定影响，但是他们对中国文字的认识有失偏颇。至于中国诗歌，它的意象鲜明、词语简约、内涵深邃，这些特点也引起了庞德的注意，最终构成他主导的西方意象主义诗歌的基本特点。

语言和文字是交流工具。它与人的思维直接相连。中国语言虽然因其象形特征而在一定程度上增加了它的表达力度，但像庞德等西方学者与作家那样过分强调这一特征，就是歪曲事实真相了。在远古时期，中国文字是象形、会意的一种符号，具有随实物画图的特点，可能是对实际生活的一种速记性质的描绘。但是经过长时间的演进，中国语言已经抽象化，可以用以表达任何深奥的抽象概念。换言之，中国人的表达已经像世界其他地方人们的表达一样抽象化了。例如中国字“日”“月”，最初出现时可能具有浓郁的象形性质，但随着时间的流逝以及表达的演进，人们说到“日”时就未必仅仅想到天上的红轮，同样说到“月”时，也未必仅仅想到夜空的望月。同时有些字词随着语言的演进也变为虚字，在表达中只发挥支撑语言结构的作用，而失去了它们曾经有过的一些实意，例如“所”字，在不少场合，它已经不再具有“住所”的实意，而只发挥一种虚字作用了。庞德忽略了中国语言的抽象性以及中国语言的发展过程。他以其“意象主义”的目光分析和翻译中国字词，这不可避免地会出现错讹甚至笑话。这些常常出现在他的中国散文翻译中，在中文诗歌翻译中也时有表现，所以，这可能是庞德的中文翻译的通病。这里只举几个明显的例子。

庞德的中国诗歌翻译值得一读。他的指导思想显然是运用意象主义诗歌的创作原则。如上所说，中国古诗用字简约，充满意象，所以有些诗歌就是意象主义诗歌的典范。庞德翻译中国古诗时会觉得得心应手。但中国的古诗毕竟不是西方的意象主义诗歌，所以他的《诗经》译文诗行里有绝妙，也有平淡和错讹。例如他翻译的《诗经·邶·绿衣》，这首诗内容是说作者看到自己身上的衣服，不由得想起缝衣的亡妻，心里充满了怀念与悲伤。这里让我们欣赏一下译文的第 1 节：

绿兮衣兮，
绿衣黄里。
心之忧矣，
曷维其已！

Green robe, green robe,
Lined with yellow,
Who shall come
to the end of sorrow?

这 4 行诗中的前两行译得很得体，后面两行就稍逊风骚了。又如他翻译的《国风·陈·泽坡》，这首诗共 3 诗节，写古时诗人在池边看到一个美丽的女子，便以池中的荷花形容她的美貌，同时抒发不能与之再会的难过心情。在这里选其第 1 节：

彼泽之坡，
有蒲与荷，
有美一人，
伤之如何？
寤寐无为，
涕泗滂沱。

这一节共 6 行。庞德依照英国诗歌四行诗的式样，将其译为一首四行诗：

Marsh Bank, lotus rank,
and a ladye;
Heart-ache and to lie awake
and a-fevered.

这种译法合乎意象主义原则，但给人一种削足适履的感觉。读者如果不看或不懂原文，或庞德不以英文作为译文而作为一首独立的诗作出版，人们可以忽略对原文的忠诚，可以不计读者的反应。读者可以仁者见仁，智者见智。但要作为译文，以《孔子编辑的经典选集》的名称由哈佛大学出版社出版（Ezra Pound, trans. *The Classic Anthology as Defined by Confucius*. Cambridge, Ma：Harvard UP, 1954），那就需要分析一下了。首先，诗作的精神变得模糊，或缺乏联结。第 1—2 行尚可通过，但是它们和第 3—4 行就失去了联系。读者会问，是谁在心痛、失眠和发烧（“发烧”没有忠于原文——笔者）？此人为何心痛、失眠和发烧？此外，在原作里此人夜来辗转反侧、不能成眠，还“涕泗滂沱”，但在译文里却不见了。所以庞德可能像T. S. 艾略特所评论的，他在“创造”中国诗歌，而不是在翻译。翻译是一件很特殊的工作。翻译者站在原文和读者之间，首先考虑的是如何传达原文的精神，再就是读者的接受效应，而自己最好是扮演好中介的角色，做到“在而不露”。庞德在翻译中过于突出自己的存在，这样翻译的结果是，自己越看越爱，但却拉长了读者与原文的距离，常常导致读者读后感到迷惑不解。

庞德的中国经典散文著作翻译也存在一些问题。中国字的组成常常分作两部分：一为形旁，会意，表示此字的含义，这部分可译；一是声旁，与会意无关，只负责发音，这部分不可译。庞德对此了解不足，导致他在翻译中文时对一些字词的处理方式不很恰当。例如他对“德”字的翻译。这个字是儒家思想里至关重要的一个概念，所以在儒家经典里出现的次数也很多。庞德在动手翻译此字以前，显然认真观察了它的构成情况，于是把它译为“What results, i.e. the action resultant from this straight gaze into the heart”。这个译文首次出现在他译的《孔子》（*Confucius*）一书第 21 页上。“德”对中国人来说已经成为一个抽象概念的符号，表示“道德”“美德”“心地善良”的意思，这是个概念，可能但不一定和行动有关。但在意象主义诗人庞德看来，这个字不仅是抽象概念的象征，而且充满了值得剖析的意象。他的思路应当是这样的：此字由两部分组成，左偏旁表示行动（“action”），右偏旁表示“直心”，而“直”字当中部分仿佛是横写的“目”（“eye”）字。所以，他的译文是：“结果是，即这种直视内心所产生的行动”。

庞德在翻译《礼记·大学》里关于“修身齐家治国平天下”

思想时，把文中的“诚”字译为“precise verbal definition”（*Confucius, The Great Digest, the Unwobbling Pivot, the Analects*, tr. Ezra Pound, Nerfolk, Conn.: New Directions, 1928: 22），其原因也是他对此字进行了外科手术式的剖析。“诚”字左偏旁为“言”（“word”），右偏旁是“成”，此字为表音部，对“诚”字的含义没有影响。庞德可能认为“成”是“成人”（“adult”）之意，错译就出在这里。“成”字的部首为“戈”，意为“斧”“杵”，在古代都是武器，意思是有了武器，就能做成事情，所以“成”是“做成”“成就”的意思。庞德可能把“成”字的右手看成“人”字，于是他认为在中国古代，“成人”的标志是能够扛起长枪（“spear”）。于是他把“诚”字里没有含义的“成”也考虑进他对“诚”字的译文里，“诚”就被译为“the son's lance coming to rest verbally on the precise spot”。

其次说说他对“新”字的翻译。“新”译成英文就是“new”的意思。庞德的意象主义目光在这个字里看到了常人看不到的东西。他大概查阅了这个字的历史，注意到此字右边的“斤”，查其根源发现意为砍柴的斧子一类的工具，而左下的部分包含着“木”，即“树木”的意思。于是人们发现他在《诗章》第53章写道：

Tching (Cheng, the first emperor of Shang) prayed
on the mountain and wrote Make It New
on his bath tub
Day by day make it new
Cut underbush
pile the logs
keeping it growing（斜体为笔者所加）

第53诗章实际是诗人庞德对《礼记·大学》里一段文字的翻译。《大学》的原文是："汤之《盘铭》曰：'苟日新，日日新，又日新。'"《大学》这段话的意思是：如果能每天除旧布新，那就每天都更新，不断地更新。商汤把这段话刻在浴盆上作为座右铭，告诫自己保持天天新。在庞德诗章的前4行，"Make It New"出现了两次，强调《盘铭》里"新"字的含义；之后"make it new"也被引进英语，成为"革新""创新"的代名词。对"新"字的强调按理说到此为止恰到好处，但是庞德的诗人想象意犹未尽，于是他又加上3行诗，对此字的含义做进一步阐述，以期获得更加鲜明的强调效果。现在来细看一下这3行诗的意思，这3行实际是对"新"字的翻译。"新"在中国语言演进过程中已经发生了变化。它的最古老的意思是"取木"，后来逐渐演变，在现代汉语的表达中已经抽象化，上面说过，它的含义就是英文的"new"。如果一定要做追根溯源性的翻译，那可能会闹出大笑话来。因为，"新"初为象形字，根据甲骨文，左偏旁是木，右偏旁是斧，本意是用斧子砍伐木材。于是，在庞德诗章里就出现了"Cut underbush"；"underbush"一词的出现可能是因为诗人看到左手的"木"是在左下方，"pile the logs"应当是考虑到了"新"的古字之意，至于"keeping it growing"就可能是诗人对"苟日新，日日新，又日新"的形象性引申了。这3行诗不仅画蛇添足，而且令人捧腹。

翻译以透彻理解文本为基础。翻译中文著作亦不例外。庞德对他所翻译的中国诗歌和散文著作有时显然没有做到透彻理解。比如他在处理《桃夭》一诗时把"桃"字译为"omen-tree"就很不合适。《桃夭》是《诗经·周南》里的一首庆祝一个姑娘出嫁时人们赞美她、祝福她的诗歌。全诗共3诗节、12诗行，每诗节的前两行都是形容桃树花朵火红繁茂、美丽妖娆、果实累累、枝叶郁郁葱葱，显然都是比喻姑娘婚后美满幸福生活的。可是，庞德为什么把“桃”译为“omen-tree”呢？这可能说明他没有完全理解这首诗的含义。庞德大概在动笔翻译之前审视“桃”的组成成分了。他大概发现，此字由“木”和“兆”两部分组成，他把“木”翻译成“tree”（树）当然可以，但他不了解“兆”字在这里只表音而不表意这一点。在中国语言进化过程中，有些字在一个新字组成时，成为新字的声部，只发声，而失去了原意。“兆”字的原意译为英文为“omen”也算得上正确，但在“桃”字里它只负责发声，已经失去了原本的含义。庞德的译文“omen-tree”不仅是误译，而且不很符合中文文本的含义：英文的词语“omen”多有“不祥”的内涵。

庞德对“所”字的翻译也有令人啼笑皆非之处。此字是量词（如“一所学校”），也指“住处”（如“居所”），但它也是个虚词。例如在《大学》里有一句话“君子无所不用其极”，“所”字就没有什么实际意义。庞德注释了这个字，看到了它的两个组成部分：左偏旁的“户”（“house”）及右偏旁的“斤”（“axe”），于是他在《孔子》（*Confucius*）里把“君子无所不用其极” 译为“Hence the man ... cuts no log that he does not make fit to be the roof-tree”（第 39 页）。

我们在这里评论庞德译作的短长纯属学术性质的讨论。我们从一般翻译的角度，把他的缺陷说得很仔细。的确，庞德虽有费诺罗萨的指点，也抱着中文字典苦苦学习中文，但他对中文的理解依然不足，所以他的中文翻译作为译作授人以柄之处不少。

但是笔者没有否定庞德中文译著的意思。事实上，如果离开中文原作去读他的译文，人们会发现，庞德可能是在“创作”诗歌。这是因为，他本是一个不折不扣的优秀诗人。所以，庞德的中文翻译虽然不太合乎翻译的一般标准，有时也可能给人一种荒诞感，但是他的译文可读性较强，对于中外读者，他的中文译著都有一种可圈点的猎奇性。也很可能是出于这个原因，他的翻译在一定程度上向西方人传递了中国诗歌（古诗）和儒家经典的核心思想。此外，他为翻译者开拓了一条新路——翻译+诗歌创作。这条新路并不好走，试走者必须像庞德一样有点思想、才气和文学功底，还需要有不露声色的幽默感。这是包括笔者在内的不少读者喜欢他的译作的原因所在。

庞德对中文和中国文化的兴趣是他学习中文、翻译中文诗歌和经典散文著作的动力，而且他心中的读者是欧美人，他把中国文化介绍给西方的初衷和效果值得褒扬。有人说他在介绍过程中歪曲了中国文化，这虽然在一定程度上也有事实证明，但我们不可过于求全责备。

第二部分

英国文学的三支伏流

好的文学作品读后总是给人一种余味犹存的感觉。所谓余味，就是让人感到需要反复推敲，需要进一步透过细节，琢磨出其中的道理来，琢磨出柏拉图（Plato）所说的“世界的形式（或架构）”，或亚里士多德（Aristotle）所说的“图案”“设计”，或他认为艺术所竭力把握的、存在于个别事物或现象中的“具有普遍性的典型”（罗素 119—132）。文学艺术创作与欣赏和这些模式具有密切关系。文学艺术家们努力发掘和表现生活中的模式和原则，而读者则努力发掘和理解他们作品里存在的这些生活模式和原则。不论是文学艺术家，还是读者和欣赏者，都需要借助于宏观型的观察和思维功能，来达到把握本质的目的。所谓世界的形式或普遍性典型，实际就是世界的骨架、生活的脉络、决定世界本质的因素，诸如生活内在的大框架、大画面、粗线条等。这些常常通过典型的人或事物表现出来，它们成为卡尔·荣格（Carl Gustav Jung，1875—1961）所说的“原型”（archetypes）（张中载 93）。

“原型”蕴藏于生活之中，蕴藏于表现生活最贴切的神话与传说中。它们出现在文学作品里就是象征物；运用象征物的艺术手法就是象征主义。象征主义是人们实现交流和表达的最有效手段之一，对于文学艺术来说尤其如此。象征主义还是人们观察世界的一种方式，它的作用是让人能删刈枝蔓，追溯根源，透过细节而看到本质。英国文学和西方文学具有明显的象征性。

西方文学包括英国文学的象征性与它们的文化背景有关。人的想象力需要浇灌，文学之花更需要浇灌。文化的铺垫非常重要，作家从那里汲取必要的滋补。这种文化铺垫宛如大江大河，为作家创作提供取之不竭的源泉。英国作家柯勒律治（Samuel Taylor Coleridge，1772—1834）在他的名诗《忽必烈汗》（“Kubla Khan”）里称之为“圣河”：

忽必烈汗颁圣诏，
在上都建华丽宫，
那里圣河阿尔弗
穿过无数深隧道，
汇入幽冥大海中。

西方文化传统这条河流，主要由三条支流汇合而成，这就是希腊神话、《圣经》和亚瑟王传奇故事。它们是英国文化与文学的三支伏流。前两者从一开始便浸润着西方文学的成长，人们都习以为常了。至于亚瑟王传奇，它在英国古代史上名震一时，也为后世遗留下一些蕴含深刻、浸染了神话色彩的传奇故事，长期以来对英国和西方文学也产生了深远影响。

神话传奇故事常以具有一定历史真实性的人或事件为基础，这些故事都无一例外地深刻反映出人的基本欲望、品性、处世为人的原则以及判断善恶是非的标准等。也就是说，它们简括而准确地披露出人的基本性质。希腊神话、《圣经》及亚瑟王传奇里的故事都反映出人类生活和举止的基本形态和特点，最后结晶成为显而易见的基本模式。这些模式进一步渗透进人们的思想意识而形成特定反应。这种每逢提到神话与传说中某神、某事或某人时，便在人头脑里引起特定的反应，是一种文化传统业已成熟的标志。这些都是信息容量很大的知识板块，通常都是人们平日思维和表达时所必需的捷径。不言而喻，也是作家利用神话传奇故事达到某种艺术效果的必备条件。诺斯洛普·弗莱（Northrop Fry）在荣格学说的基础上又进一步把这些基本模式称之为“神话原型”（mythic archetypes）（张中载113—114）。这些神话原型模式在西方业已成为人们每日呼吸的空气，业已成为头脑结构的一种自然组成部分，西方人无法摆脱它的掌控，敏感的作家尤其如此。

作家们发现，利用这些“神话原型”或“典故”说理叙事，更易为人所接受，效果比运用当代语言更好。倘使作家在不知不觉间以神话传奇故事作为自己作品的铺垫，他的作品底气就更足，人们读起来就更觉得回肠荡气。西方的文学家大多都善于从神话传奇故事里汲取创作素材，有意识地为作品搭设神话支架。不少现代作家在文学创作过程中，试图把自己的故事安排在一定的环境和气氛中，使自己的人物遵照一定的模式行动，因而使作品具备独特的风格。他们开创了使用神话传奇故事的新传统。作家在作品里体现出自己的神话系统是作家对生活有明确观点、自己有明确洞见力、作品已经成熟的标志。这无疑是神话对文学创作的最高影响形式。诚然，西方人并不是这种模式的专用者，或对这些拥有某种专利。他们只是因为受到神话、《圣经》和亚瑟王传奇故事的熏陶而运用得多些罢了。

希腊神话当初是古代希腊人的宗教信仰。它体现出多神论的特点，延续了许多个世纪之久。后来圣保罗以通信方式和古希腊文化界沟通，把一神论的基督教信仰传布到古希腊和古罗马，使之最后代替了古代信仰里的多神传统。希腊神话的起源、演变和发展，经历了一个漫长过程。在它诞生以后很久，仍然只是民间口头文学。后来经过历代作家的惨淡经营，最后终于成为一个完整的体系，使它由民间口耳相传的文学逐渐过渡到书面的文学。

在西方文艺史上，希腊罗马神话曾经发挥了重大作用。古希腊的艺术、史诗、悲剧、雕刻和绘画等，无不采用神话为题材，这一事实对西方文坛巨匠的选材倾向颇有影响。在欧洲文艺复兴运动以后，希腊罗马神话在文学中的地位更加明显和重要。人们在拜占庭帝国覆灭时被拯救出来的古希腊语手抄本中，在从古罗马的废墟里发掘出来的古代雕像上（其中最闻名的要推维纳斯的断臂半身塑像，它让人洞见到人自身的肉体美），突然惊讶地发现了一个全新的世界，一个体现人的美、尊严和理想的世界。于是，对古代希腊和罗马文化的兴趣又复活了。作为这种文化重要组成部分的希腊罗马神话，又开始成为文学艺术家们所喜爱的创作素材。

以神话作为题材的作品在西方和英国文学里比比皆是。不少时候，神话故事不是作为作家直接引用的写作题材出现在作品里，而是以含蓄巧妙的方式，经常在不知不觉中去激发作家的“灵感”。

历代欧美作家有意与无意之间一直在利用人类元初时期遗传下来的神话与传说，来解释后世以及现代人的作为。诚然，人们不能认为人的一切行为都是基于自有人类以来便存在的某种模式，认为这些模式在不同时代、不同社会制度下都大体不变。但是，神话所表现出的一些思想和行为模式却都具有某种永恒性，即便是在今天也无疑依然在发挥着作用。人们在阅读英国和西方文学时，有必要时刻记住这一点。

谈到《圣经》，不少中国读者常常会有一种神秘感。我们也会因为它是基督教的经书而敬而远之。诚然，《圣经》有其神秘成分，让在“不语怪力乱神”的传统熏陶下成长起来的中国人觉得荒诞无稽。但是，细读一下便不难发现，《圣经》既是一部记录古希伯来人（即犹太人）历史的史书，同时又是一部内涵深邃的哲学著作。爱因斯坦曾评论说，《圣经》里面包含许多迷信、童稚般天真的成分。这位科学大师的话虽然不无道理，但人们也不可忽视，在西方文化传统形成的过程里，《圣经》的影响是独一无二的，它的思想和哲理已经成为人们意识的重要组成部分，它的语言已渗透到人们的日常语言中。它已成为西方、英美文学作品最基本的素材宝库。因此，有人称西方文明为“基督教文明”。

西方及英美作家以《圣经》故事为素材进行写作的人很多。英国文学作品运用的《圣经》典故俯拾即是，不熟悉《圣经》的人，读起来会感到吃力。其中直接引用《圣经》的例子是不胜枚举的。西方作家取材于《圣经》的另外一种方式，比起直接引用要隐晦得多。他们把《圣经》故事的寓意融会到作品的情节或人物性格里，使这些故事发挥有力的陪衬和烘托作用。因此，我们中国读者如果不太了解《圣经》，就无法欣赏这些作品的深层内涵。而且，《圣经》的精神不仅影响一本书或一个作家的全部创作，而且可以为一个国家的某个阶段或其全部文学作品提供指导思想和表现手段。说西方文学作品无不体现《圣经》精神的这个或那个侧面，并非言过其实。

亚瑟王并不是一个神秘而虚幻的人物。有历史证据表明，他是一个真实的历史人物。公元 7 世纪的一首威尔士诗把他描写为一个勇敢的武士。9 世纪的一位史家说他是一个凯尔特军人，和撒克逊入侵者作战 12 次，皆获全胜。有史可考的英伦三岛最早的居民是古凯尔特人的一个分支——不列颠人，亚瑟可能是凯尔特王，或一位强悍的军事首领，公元 5 世纪或 6 世纪生活在康沃尔（Cornwall）。当时，他的国家日渐强盛。他在自己周围集结了一批骁勇善战的武士，并立志把他的野蛮、残暴的国家转变成一个以真理、法律和正义的原则与理想为指导的王国。后来国内发生了变故，王国开始分裂，至 7 世纪便灭亡了。

最初的亚瑟王传奇把亚瑟描写成凯尔特人的民族英雄。随着时间的流逝，亚瑟王的形象愈益高大，逐步具备了宛如荷马史诗人物般的神话传奇性质。亚瑟王的故事曾是中世纪欧洲封建时代精神和原则的光辉体现，直到今天仍在继续打动人们的心弦，引起读者的共鸣。多少世纪以来，亚瑟王故事的各个侧面和细节都被欧美作家用作创作题材。其间经过无数妙手的雕琢，情节愈益完满，包蕴也愈益丰富，一个故事的多种含义被发掘得愈益淋漓尽致，整个传奇故事也已成为西方人思维过程中不可或缺的传递知识的媒介。

【参考文献】

罗素著，《西方哲学史》，伦敦：西蒙与舒斯特公司，1945 年，第 119—132 页。

张中载等著，《20 世纪西方文论选集》，北京：外语教学与研究出版社，2002 年，第 93、113—114 页。

（原为南开版《英国文学通史》的《前言》）

认识论与美国后现代小说

一

长期以来，自我与社会的矛盾这一主题构成了诸多作者的基本关注之一。自从人成为一种独立的实体以来，自我意识便不断发展，人与世界之间相对的关系随着时间的流逝也经历了不同的阶段。

首先我们来界定一下自我与世界这两个概念。自我可以指独立的个体、独立的个性、自主权、独立的意愿和志向，或者独立的空间，等等。而世界则指宇宙、人类世界、社会、任何范围的团体、不论组成人数多寡的群体（例如只由丈夫和妻子两人组成的家庭），简言之，任何一个由超过一人构成并由一系列既定价值和规则所主导的组织。无论何时何地，只要存在人与人之间的接触，自我与社会的相互作用便会随之发生。

个人与社会的关系涉及个人对他所处的世界的理解，从本质上讲，这是一个哲学的与认识论的问题（Russell xiii）。在人类的自我认识过程中，他与社会之间关系的变化经历了三个主要的阶段。第一阶段是“服从”，即缺失自我的阶段，在这一阶段中，两者之间是控制与被控制的关系。此时自我的丧失会引发不同程度的苦痛，其程度的深浅取决于自我意识的水平。在这个时期，社会与个人之间的关系，和谐属于常态，个人的悖逆属于个例。关于这个阶段的起始，从历史时间框架的角度来讲，它始于人类的元初时期，一直延续到中世纪。

第二阶段是人对自我身份的认知阶段。在这个阶段，人开始觉醒，认识到自我的存在，于是开始发声，提出个人的诉求。这时人的欲望增多，开始选择以自己喜好的方式来掌控自己的生活。个人试图突出个性，凸显自己的形象，社会则压抑或掠夺人的个性，将人变成社会机器的一个螺丝钉。在过去几个世纪中，现代文明便是以这种方式对待个人的。社会与个人之间的这种对峙在20世纪上半叶变得尤为明显。因此，在这个时期，人产生了沮丧、压抑以及失望的情绪，这一时期的文学，特别是现当代的文学作品，由于深受这种情绪的影响，便多显现出阴郁的色调。按照西方的编年史，这个阶段开始于文艺复兴时期，一路持续到现在。当代西方社会依然处于这个阶段中。

第三阶段是正在出现的人类生活的理想阶段。这是个人和社会达成妥协的阶段。个人和社会都后退一步，以丧失自身部分实体身份，来换取二者间和谐、平衡与快乐。此时，个人和社会都终于认识到，二者是相辅相成、相互界定的。这就是说，舍其一方，另一方便会失去存在的依据。对于个人而言，社会是其扮演角色的平台，他的生活需要社会的存在；但是，他只要在社会中扮演角色，他的个性必然受到一定程度的损害。换言之，他没有完全的自由可言，他所希望的完美的自由根本不存在。对于社会而言，它也慢慢地意识到，没有谁还能一手遮天、控制一切，因为那样的社会体系再也无法有效地运作了，尤其是在现当代的背景下，每个人都十分清醒，再也不会盲目地听从命令。正是由于两个方面都提高了认知，两者间的合作开始变得比对抗更具吸引力，而合作也使得两者更为快乐。这一阶段从整体来讲尚未出现，但其朦胧的影像已经开始出现在一些文学作品当中，虽然这些作品仍然为数极少。从长远角度看，这种和谐景象作为人生常态广泛存在，显然还需要很长很长的时间，还需要人们做出很多很多的努力，经历很多很多的磨难，付出很多很多的非凡智慧。在文学的范畴中，人们熟悉的《哈姆雷特》所刻画的哈姆雷特王子，就其性格和举止特点来看，属于人类文明发展史的第三阶段，或理想阶段。但是莎士比亚没有点明。在 20 世纪中期，出现了一部作品，开始呼唤和预告着这个时期到来，这就是拉尔夫·埃利森（Ralph Ellison，1914—1994）的《看不见的人》（*Invisible Man*，1952）。人们认真阅读此书的《跋》与《序》便会发现，这部小说的主旨不在于讲种族关系或人际关系，而在于表明作家的一个认识，即个人与社会要建立新型的关系。这是哈姆雷特王子和隐形人虽然隔着三百多年的时空却表现出相似之处的原因。

在这里需要提及一点，这三个阶段并非按照时间顺序一个接着一个地发生，事实上，它们通常同时存在，一个阶段附于另一个阶段之上或者只是简单地混同在一起。人们在世界这头大象面前只能感受其中的一个小的方面而不能看到其全貌（Russell 157—159）。这是对人类截至目前为止认识世界历史过程的简单勾勒，它本身成为一个主题，充分地体现在文学以及人类其他的艺术创作中。

人类认知世界的三个阶段大致上决定了个人对社会的三种主要的反应方式，即顺从于外在世界、与外在世界做斗争以及在一个更高的自我意识基础上与外在世界达成某种形式的妥协。由于生活是流动的，人也不断发生着改变，所以这三个阶段也处在不断的变动中。它们既可以出现在人生的不同阶段，也可以出现在人生的不同经历当中。这里所说的“个人”不仅仅限于某个个人，也可以指一个团体，一个经历历史变迁、兴衰演进的时期。文学大致如实地再现了人类行为的这些典型方式。这些方式在不同的历史时期、人生的不同阶段里反复上演，它们在文学作品中的表现一直在延续。这其中美国的后现代小说也不例外，值得好好讨论一下。

二

美国后现代小说中重要的主题之一是个人自我的丧失。在这些作品里，“个人”或“自我”显得非常被动，在残酷的生活现实面前不得不采取绝对屈服的态度，在精神上受到严重的折磨与煎熬，结果便会患上精神分裂症。这类人通常都极为敏感，因此很容易受到伤害。如果他们的感觉能稍微迟钝一些，对于周围所发生的事情能够做到泰然处之，他们或许更能在生活的艰险境遇中顺利存活下来。但是他们的头脑过于敏锐，对生活的变故做不到视而不见，而见到了又感到束手无措，因此心理非常脆弱，急需寻找一个可以逃脱与喘息之处。在这种情况下，精神分裂症就在他们的下意识中成为一种无可奈何甚至为之陶醉的选择。从医学角度看，精神分裂可能有助于患者应付困境，而继续生存下去，所以对于这些人来说也算得上一种精神补偿。

一个非常典型的例子是库特·冯内古特（Kurt Vonnegut）的作品《第五号屠宰场》（*Slaughterhouse-Five*）中的主人公比利·皮尔格林（Billy Pilgrim）。这部小说是作者对于自身战争经历的回忆，特别是 1945 年盟军对德国文化城市德累斯顿进行炮轰，导致 135000 人死亡，超过美国对日本广岛的原子弹轰炸所造成的伤亡，而且盟军发动这场进攻没有什么战略意义，无非是降低德国人的士气而已。小说的作者在“二战”中曾是一名战俘，被关在德累斯顿市的一处地下室中，即第五号屠宰场。在当时的情况下，这种关押却成为一种“塞翁失马焉知非福”：

它保佑主人公逃过这场轰炸的浩劫，活着在战后返回家乡——美国。但是，他虽然最后得以回到祖国，却不能像正常人一样生活，战争的苦痛萦绕在他的心中，让他不得不寻找一条忘却痛苦、继续生活下去的出路。《第五号屠宰场》就是在这种背景之下创作出来的。冯内古特认识到人对于所处环境的无能为力，人的自我和个性的完全丧失，人类在社会生活中所经历的艰难、痛苦和绝望，因此他在作品中将这番心路历程做了栩栩如生的描述。冯内古特的作品记录了他个人的大量经历（Vonnegut 1—22; Klinkowitz）。

作品里的主要人物比利·皮尔格林可以被视为小说作者的复制品。比利与小说作者一样，参加了战争，成为战俘，被关押在德累斯顿的地下室中。整部小说充满这样的情景，可怜的比利总是任由周围环境随意摆布：比如，他在敌人的战线后方被踢来踢去（Vonnegut 32），成为战俘后在运囚车前往德累斯顿和第五号屠宰场的路上差点命丧黄泉（Vonnegut 80），战后他又患上精神分裂症，不断地述说外星人的第四维度的感知模式。比利始终无法忘记盟军对德累斯顿的轰炸，在轰炸中死去的战友，还有一个被无故处死的美国士兵，此人参战之前是一名教师，他的“罪行”是出于好奇而从轰炸的废墟中捡起一只茶壶。让比利感到震惊的是，这么一个在前一分钟还是一个充满生气、幽默、笑容满面的活生生的人，在下一分钟就被德国兵因为一个所谓的“偷盗茶壶”的罪名而枪杀，躺在地上，宛似一块石头一般死寂（Vonnegut 1，83）。对此比利承受不了，接受不了，他无论如何也想不明白，人类对待同类怎么能够如此残忍。

比利从战场上返回，上学，找到工作，结婚生子，他本应安定下来享受平静的生活。但他不能。对于战争的记忆一直困扰着他。生活中处处都存在着有关战争的鲜活的记忆，他的思绪总是不停地返回到战时德国那个活生生的人间地狱去。他开始了他的时间旅行，宣称他曾被一种叫作“特拉尔法莫多”的外星人绑架，他们教给他用一种全新的方式审视生活，一种四维方式（Vonnegut 30）。显然，他患上了精神分裂症，小说暗示，这种症状会一直伴随着他到生命的尽头。

这个纯真却饱受煎熬的人慢慢学得聪明起来，而最终成为一个类似美国电影《阿甘正传》里主人公阿甘一样的先知人物。他为人们传递的信息只有一个，那便是人类需要更多的空间，需要比三维思维更好的思维方式；人们需要更多的自由意志来做出决定，这种自由是身体与心灵双方面的自由，唯有如此，我们才能在复杂的现代生活中生存下来；另外，在对待这个地球上的其他居民时我们需要更加和善，更富有同情心一些。

这显然是小说作者冯内古特想要传达的信息，表现出他态度的认真与执着（Stone 78+）。不过，作者非常清楚，从本质上说，人既然是人，就很难变得贤达和聪明，很难具备自我批判的精神。这就是作者选择一个精神分裂者来作为他的代言人的原因。正如作者所预知的，没有人会严肃地对待这个头脑不正常的人所说的话。所以，故事的结尾充满悲观的情调（Vonnegut 1，215）。冯内古特对人类的走向心存焦虑，他写出《第五号屠宰场》，说明他在绞尽脑汁，迫使人们对自身和人性进行由衷的自我反省，以使之变得好些。但他也知道，他的这种努力终归是徒劳无益的，个中痛苦是难以言表的。

三

面对社会的压力和控制，人们不得不决定自己的最佳应对方式。一些人或许像比利·皮尔格林那样选择无能为力的顺从；而另一些人则可能选择其他的方式，例如凸显自我、自己做主。这种方式可以表现为不同的形式，逃逸就是他们可能采取的不错的选择。当社会压力过大、对个人的要求过多或过于严苛时，不少人会感到应付不来，而又束手无策，别无选择，他们会自然而然地想到一走了之，以寻求一种解脱或者一个庇护所。人们逃跑的途径很多。人们可以逃向空间，譬如逃到大自然的怀抱，也可以遁入时间的轨道，逃向昔日曾经度过的美好时刻，或就索性沉湎于自己的想象当中。无论何种方式的逃脱，都表达出人们对社会的反感或叛逆心理。

美国后现代小说中所刻画的凸显自我的人物，大多希望通过逃到大自然里去实现自我价值。J. D. 塞林格（J. D. Salinger，1919—2010）创作的《麦田里的守望者》（*The Catcher in the Rye*，1951）中的霍尔登·考尔菲尔德（Holden Caulfield），就是一个很好的例证。这个正读高中的男孩儿因在学校表现不佳而被开除了，照理他必须在学校规定的时间之前回家，但这会暴露真相，而让对他抱有很大期望的父母失望。所以，他必须先在外面游荡几天。这样，这个男孩儿就糊里糊涂地闯入了成人的世界。尤其不幸的是，他进入的是纽约。纽约是个堕落的城市，到处充斥着腐败、变态（Salinger 167—169）。在这个梦魇般的现实面前，霍尔登很快失去了自己的纯真。他变得极度悲伤绝望，不止百次地充满绝望地呐喊。他曾经五次考虑过结束自己的生命，甚至一度认真地思忖过自杀。他厌恶看到童稚像他一样跌入地狱般的成人世界，因此他期盼自己能够成为一位“麦田里的守望者”（Salinger 173）。最终，他被送进精神病院，在那里他讲述了自己成长过程中的这一段悲惨的故事（Salinger 1）。

作品里最显著的一个情节是霍尔登决意离开这个成人的世界逃往西方，但他并不知道“西方”在什么地方，而只是模模糊糊地意识到那是一个好地方，距离他现在生活的世界很远。他想要找寻一个空间，里面存在着已经失落的一切，以及他在现实生活中不可能获得的一切（Salinger 200—213）。弥漫在 20 世纪中期的这种逃离现实的观点，不禁令人回忆起 100 多年前文学作品里描绘的性质相似的逃离现象。诸如以马克•吐温（Mark Twain，1835—1910）的作品《哈克贝利•费恩历险记》（*The Adventures of Huckleberry Finn*，1884）主人公哈克贝利•费恩为代表。同类的作品还有华盛顿•欧文（Washington Irving，1783—1859）所刻画的瑞普•凡•温尔克（Rip Van Winkle），以及詹姆斯•范尼莫尔•库柏（James Fenimore Cooper，1789—1851）所刻画的纳蒂•班波（Natty Bumppo）。因此，我们可以这样说，这些作品的主题反映出美国文学乃至西方文学的一种传统。

索尔•贝娄（Saul Bellow）的作品《赫索格》（*Herzog*，1964）也值得在此推敲。摩西•赫索格失去了工作和婚姻，他感到十分沮丧，身心不宁，濒临崩溃的边缘（Bradbury 35—47）。这位中年教授所经历的是离婚后综合征。他曾恶劣地对待第一任妻子，现在他受到第二任妻子玛德琳（Madeleine）的恶劣对待。他觉得年轻的玛德琳骗他与她结婚，一手操控了他们的婚姻，如今又背弃了他，并与他最好的朋友瓦伦丁（Valentine）厮混在一起。此外，她还带走了他们的女儿琼。女儿的离开像是让他失去理智的最后一根稻草，他在很快地失去理智。他开始给不同的人书写长信，无论他们是活人还是死人，是名人还是普通人，但却从未将这些信件寄出去过（Bellow 7，19—20，47—49，56—116，160）。在这些信件中，他谴责现代文明，怒斥它的弊端，并将自己视为人类赖以生存的人物。他将自己视为救世主，一个摩西一样的人物，一个社会生活里不可或缺的人物。这些冗长的信件表明，这个身处困境已经黔驴技穷、以自我为中心的人选择了以逃离为其存活的手段：他的头脑成了他的庇护所。这避免了他的精神的彻底崩溃。他的想象力聚焦于一些深邃但无多少实际用途的智力活动，他对面前所处困境的注意力得以转移，他的痛苦也随之有所减轻。他得以在某种程度上保持了自己头脑的清醒。

但逃离毕竟是暂时的，现实还需要面对。赫索格遇到一场车祸，幼女和他自己都受了伤。这场车祸使得他认识到自身的不足。他开始了解并关爱他人，包括他的敌人，逐渐沉迷到大自然的健康的滋补性影响中去（Bellow 413—416）。他结束了逃离行动，而以自己满意的方式与玛德琳和整个社会和好。就这样，他在混乱中找到了秩序。小说在充满希望的氛围中结束（Rodrigues 9—10）。

另一种逃离的方法是让自我消失在一个不同的、通常是反主流文化的环境里，以求在其中让自我随意生活和享乐。这是在空间和想象共同提供的境遇里寻求解脱。这些反对主流的人物形象在杰克·凯鲁亚克（Jack Kerouac，1922—1969）和威廉·伯勒斯（William Burroughs，1914—1997）两位属于“垮掉的一代”作家的作品中都有明显的体现。这些人是一批自认受到现代美国严重欺骗的年轻人，他们出现在 20 世纪 50 年代和 60 年代早期，在当时的美国文学界发出了一种喧闹声，并开启了一场看起来貌似运动的活动。这些人后来在文学史上被称为“垮掉的一代”，这里的“垮掉”意味着“反主流”。这些人都是瘾君子，认为通过吸毒可以达到精神高度兴奋而朦胧看见幻象，看透“生活的本质”。

凯鲁亚克和伯勒斯的作品描绘了许多他们本身的生活经

历，在作品中以自己为原型刻画了众多形象。凯鲁亚克的《在路上》（*On the Road*）描绘了两位“垮掉的一代”作家试图一直停留在路上，这是在表达他们拒绝接受居于主导地位的现存生活方式的姿态（Campbell 451—459）。伯勒斯最著名或曰最为臭名昭著的作品《裸体午餐》（*The Naked Lunch*）描绘了一个地下世界，在那里，人们奉行一整套与现有世界完全不同的价值标准，遵循一套与现行世界截然不同的言行举止模式。在那里，个人不必迎合社会标准，或者获得社会的认同，个人就是自身的参考框架，不存在任何的禁忌和束缚。或许可以这样说，这个世界好似一面镜子，照亮了人性的另一面，这一面是人类羞于揭示、耻于谈论，但确确实实存在的一个侧面。那是一种对脱离社会力量控制的绝对自由的期盼。从主流社会的角度来讲，那是一个不可思议的世界，它充斥着堕落和腐化，瘾君子、吸毒者、罪犯、暴虐狂、受虐狂和性变态者，对于大众的口味来说，他们显得极端恶心和可憎。但“大众口味”的憎恶并不意味着这些会消失，也许伯勒斯想要传达的信息正是，这些邪恶的种种仍会存在下去，人性存在多久它们便会存在多久。作者也许正是要借此让人类更加清晰地认识自我。

四

现代社会经常给个人提出过分的要求，让生活变得异常痛苦，最后竟连逃跑也无济于事了。在这种情况下，人们会被“逼上梁山”，反叛成为一种无可奈何的选择。所以，反叛行为多产生于社会环境的暴虐与压迫，个人失去了喘息的空间。反叛同时表明，自我在觉醒。当人们对自我身份、欲望和权利有所认识时，他们就会停止对社会的顺从，或从社会中逃离。他们会坚定地站在原地，直面这个社会。通常来讲，社会不会动摇、让步，它会变本加厉，给人带来更大的痛苦。于是个人就开始反抗了。在美国的后现代小说中，个人对抗社会、二者相争至你死我活的情景，比比皆是，而到最后蒙受伤害最严重的总是个人。

其中的代表作品之一是肯·凯西（Ken Kesey）的《飞跃疯人院》（*One Flew Over the Cuckoo's Nest*）。这是一部创作于20世纪60年代的著名小说。凯西的小说以一个疯人院（事实上是一个病房）为背景，一场激烈的对抗在这个疯人院中上演，其中一方是“大个儿护士”和她的管理体系，另一方是病房里的一位病人兰德尔·帕特里克·麦克莫菲（Pratt 112）。大个儿护士希望获得的是完完全全的顺从。她对病人实行绝对的控制，欲使他们完全失去个性。这种状况一直持续着，大个儿护士的欲望几乎就要实现了。但是恰在这时，一个新病人——兰德尔·帕特里克·麦克莫菲出现了。这个精力充沛的人很快注意到，疯人院中的病人在受到不公正的对待，他觉得这种情况应该有所改变。麦克莫菲好似一个完美的酒神狄俄尼索斯的形象，他试图在大个儿护士终其所有所建立的太阳神阿波罗的体系中引发一场革命。起初他这样做的目的只是觉得有趣，之后他开始越来越认真地对待自己的行动：他要将这些奴隶拯救出来。令大个儿护士大为光火的事情是麦克莫菲将笑声、音乐、红酒和女人带入了疯人院，病人们渐渐地康复了，他们觉得自己慢慢变回了正常人。绝望的护士策划了一个圈套，她激怒了麦克莫菲，使得他失去控制，而袭击了她的人身。大个儿护士抓住这个机会，对麦克莫菲进行强制性的脑白质切除术，致使他瘫痪，并将他“陈列”在病房中作为一种警示，提醒那些想要反抗她的体系的人。麦克莫菲的朋友——印第安头领布洛姆顿夜间将他闷死，免得他继续遭受大个儿护士强加给他的耻辱（270—271）。在小说中，麦克莫菲被刻画为一个耶稣基督的形象、一个救世主的形象。在他的激励下，大部分病人最终都离开了疯人院，布洛姆顿也克服了自己的精神障碍，身心恢复健康。反抗以麦克莫菲个人的悲剧和整个疯人院的胜利为结局。小说看似用乐观的结局收尾：布洛姆顿返回了他的老家——一处印第安人的保护地。

五

关于自我与社会之间的对立问题必须得到解决。如果双方都不让步，那就必须找到一个平衡点，让双方都能相安无事。这个问题始终困扰着一代代苦苦思索的人们。在后现代的美国小说中，有些作者已经朝这个方向做出值得称道的努力，并尝试提出一些解决方案，其中颇有成就的两个杰出作家是拉尔夫·埃利森（Ralph Ellison，1913—1994）和爱丽丝·沃克（Alice Walker，1944— ）。他们两人都是非裔美国作家，这个特殊的身份使得他们更能理解这个问题的本质，并提出积极的看法。

埃利森的《看不见的人》（*Invisible Man*）不是一部简单的抗议小说，或者确切地说，它本质上并非一部抗议小说，虽然小说中的确有不少篇幅述说非裔美国人和种族歧视与偏见的斗争，但隐形人的问题要远远超过这些。他所面对的不止是非裔美国人所面临的问题，而是一个更广泛的社会群体所共同面临的处境。隐形人（或埃利森本人）发现了自我在社会生活背景中所面临的艰难处境：首先，社会拒绝承认个人；其次，社会对个人只有索取，没有回馈，个人在与社会的关系中向来是一个失败者。“隐形”这个词可以有多层意思，不过它最主要的内涵在于表明，在社会看来，人的自我其实并不存在。于是，隐形人所面对的问题被延伸，其范畴甚至可覆盖所有个人所承受的痛苦，而隐形人也不再是简单的一个非裔美国人，他代表的是所有的现代人（Graham and Singh 35—51）。

隐形人是个善于思考的人。他用1396个灯泡点亮的地下室象征人的清晰思考的头脑。实际上，这部小说本身是一个大的隐喻，整部小说的结构呈环形：作品的开头和结尾都是被灯泡照亮的地下室，中间所嵌入的是小说的情节。这似乎表明，这个人在努力思考着他生命的经历，期望从中能够总结出某种关于人类生存的真谛。

隐形人通过认真而严肃的思考，似乎发现了一个一直困扰着社会与个人之间关系的问题的实质。《看不见的人》的《跋》记录的是隐形人的思考过程和结果，值得认真关注。《跋》所提出的思想全面而正确地涵盖了生活、社会和个人之间的关系，以及社会与个人应当采取的正确行动等诸方面的准则。隐形人认为，自我应当放弃自己的部分个性，或曰"死去"一点，以在社会中扮演一定的角色，发挥一定的作用；而社会则应更加宽容一些，少一点咄咄逼人和苛求（Ellison 496—503）。中庸之道或许是最好的选择。归根结底，个人与社会相互依存，缺一不可，两者相互间都应更谦让、更尊重一些。所以，隐形人在经受过社会的唾弃、忍受了痛苦的煎熬之后，仍然愿意走出地下室，重新为社会服务，只不过这次他是按照自己的想法，出于自由的意愿，以提高了的自我意识为基础，而为社会出力的（Ellison 503）。

爱丽丝·沃克的作品《紫色》（*The Color Purple*，1982）也是一个类似的例子。小说提供了这样一个典型的范式：自我经历不同的阶段，最终与世界达成了难得的和谐。小说中的女主人公茜丽（Celie）在自我意识的成长中经历了三个明显的过程（Heglar 13）。在很长一段时间里，女主人公饱受男性的控制和种族的歧视。她的继父强奸了她，丈夫无情地虐待她，她的一切痛苦都源自白人动用私刑处死了她的生父。她不知道，她作为一个个人，拥有自己的权利，她也没有为自己的权利而斗争。她的生活就是无休止的辛勤劳作、一场地地道道的噩梦。她唯一能做的就是向压迫者屈服，饱受伤害，心中凄风苦雨，给上帝写信哭诉她的命运，这实际上是她在无处申述时而在内心进行的“自言自语”。这是她生活经历的第一阶段。

之后，人们会发现，茜丽的生活进入第二阶段。这是她认识和伸张自己作为一个个人的存在的阶段。这时，她对一切都感到不满，丈夫、家庭、生活的氛围，等等。她开始发怒了。这与莎格·艾弗里突然进入了她的生活有关。莎格·艾弗里教她如何在命运面前挺起胸来（Walker 48），教她如何认识生活、爱情、信仰和个人权利。茜丽开始感觉到她个人的存在，认识到爱情的含义，开始向自我独立的方向迈进一小步（Walker 79—80）。她变得果断，进而具备了一定的斗争精神：有一次在一个场合，她甚至险些割断丈夫的喉咙（Walker 134）。在这第二阶段的结尾，她离开了“家园”，开始了自己独立的生活（Hankinson）。对于个人成长来讲，这是很大的进步，但并不是最佳的举动，因为还是觉得生活缺少了某些东西，还是有些美中不足。

随着时间的流逝，茜丽进一步成长，她迈入生活的第三阶段。这是她与社会逐渐和解与妥协的过程。她认识到个人虽然重要，但是社会也同样重要。个人和社会是无法分割的统一体。她开始接纳曾在长时间内虐待她的丈夫，让他重新回归到她的生活中来，当然这一次他们之间已经不是昔日的夫妻关系，他们相处的原则是性别平等和相互间的尊重与认同。在社会关系方面，她变得宽容，能够允许白人雇员在她的店铺里工作（Walker 245）。

有关个人与世界之间关系的主题仍然需要寻求一个更好的答案，很多思想敏锐的人在一直致力于完美地处理这两者间复杂而又微妙的关系。人们相信，随着时间的流逝，一定会出现更为深入而细致的考虑，但这个过程无疑是漫无止境的。个人与社会间现存的这三种基本行为模式将会不断重复，每次重复都会较之以前有所改进，但是二者间的对立会一直持续。换言之，只要有个人存在，这种矛盾就会存在。因为我们谈论的不是一个什么特殊的社会，而是一个由一个个个人组成的世界；我们所谈论的个人也不是什么特殊的个人，而是受到社会框架限定和束缚的个人。这两者会一直互动，并为双方寻找共存的最佳出路。而妥协对双方而言可能是最明智的一种途径，唯有如此生活才会更有意义。

【参考文献】

Bellow, Saul. *Herzog*. New York: Fawcett Publication, Inc., 1964.

Bradbury, Malcolm. *Saul Bellow*. London: Methuen, 1982.

Burroughs, William. *The Naked Lunch*. Paris: Olympia Press, 1959.

Campbell, James. "Kerouac's Blues." *Antioch Review* 59.2 (Spring 2001): 451-459.

Ellison, Ralph. *Invisible Man*. New York: Signet, 1952.

Graham, Maryemma, and Armritijit Singh, eds. *Conversations with Ralph Ellison*. Jackson, MS: University Press of Mississippi, 1995.

Hankinson, Stacie Lynn. "From Monotheism to Pantheism, Liberation from Patriarchy in Alice Walker's *The Color Purple*." *African American Review* (Spring 1992). <EBSCOhost>

Heglar, Charles J. "Names and Namelessness: Alice Walker's Pattern of Surnames in *The Color Purple*." *ANQ* (Winter 2000): 13.

Kerouac, Jack. *On the Road*. New York: Viking, 1957.

Kesey, Ken. *One Flew over the Cuckoo's Nest*. New York: Signet, 1962.

Klinkowits, Jerome. *Vonnegut in Fact, The Public Spokesmanship of Personal Fiction*. Columbia, SC: University of South Carolina Press, 1998.

Klinkowits, Jerome, et al., eds. *The Vonnegut Statement*. New York: Doubleday, 1973.

Pratt, John Clark, ed. *One Flew over the Cuckoo's Nest, Text and Criticism*. New York: Penguin, 1973.

Russell, Bertrand. *A History of Western Philosophy*. New York: Simon and Schuster, 1945.

Rodrigues, Eusebio L. *Quest for the Human: An Exploration of Saul Bellow's Fiction*. London: Bucknell University Press, 1981.

Salinger, J. D. *The Catcher in the Rye*. Boston: Little, Brown and Company, 1951.

Stone, Brad. "Vonnegut's Last Stand." *Newsweek* 29 Sept. 1997: 78+.

Vonnegut, Kurt. *Slaughterhouse-Five*. New York: Dell, 1969.

Walker, Alice. *The Color Purple*. New York: Simon and Schuster, 1982.

（原载《外国文学研究》，2008 年第 3 期，第 15 页—32 页）

从认识论看《哈姆雷特》

一、认识论的三个阶段

虽然治莎学者做出了长期的艰苦努力，《哈姆雷特》（*The Tragical History of Hamlet: Prince of Denmark*，1601）在不少方面依然是一个猜不透的谜。比如，我们都知道莎士比亚（William Shakespeare，1564—1616）这部悲剧的素材取自托马斯·基德（Thomas Kyd，1557—1595）的一部剧作，而基德是当时描写复仇题材的著名悲剧作家。莎士比亚的《哈姆雷特》和基德的原剧相较，究竟有何区别？这部作品真是“伊丽莎白时期最出色的复仇剧”吗？果真如此，它可能就不一定值得人们这样厚爱了。再比如，哈姆雷特为什么会受到世人这样青睐？他究竟做了什么出色的事情而使他成为历史上这样出色的文学人物？人们细读文本会发现，他在复仇或拨乱反正方面其实是一事无成的。人们对他的钦佩可能常常出于某些自己并不真正理解或可能竟是误解的原因。

如从认识论的角度阅读这部剧作，人们会发现，这些疑难问题可以得到解决。认识论是研究知识和人的认识的哲学学科，其中一个重要组成部分人类认识论是对人本身的研究。人类认识论研究的主要题目是人和世界的关系以及与之相关的人对世界的反应和所采取的行动模式。所谓“世界”这个概念在文学作品中称谓很多，诸如社会、宇宙、命运、神祇、天地、上帝、老天爷、偶然性等，这些词语实际是异名同谓，所表达的大体是同一概念，即一种处于个人之上、控制人生的“外力”。它和人生的关系极其紧密，是人生喜怒哀乐、沉浮成败的决定因素。在《哈姆雷特》里，它多表现为“命运”（Fortune），所以本文就姑且运用“命运”来表达“外力”这个概念。

人类对世界的认识迄今业已经过一些发展阶段。第一阶段是“顺从”（submission）阶段，即人类出于无知及无助，完全听从命运的安排，屈从于它的意志。从西方历史的宏观角度看，这个阶段应始自元初，而延续到中世纪。第二阶段是“强调自我”（self-assertion）的阶段，这时人类业已意识到自己的力量、意志和期望，不再服服帖帖地听从命运的摆布，而开始和它进行抗争。抗争导致对立和争斗，人不是命运的对手，便常败下阵来，于是痛苦、失败或死亡便在所难免。这个阶段从历史上讲大体源于文艺复兴阶段，迄今已有几百年之久，目前仍在延续着。莎士比亚和他的悲剧的主人公哈姆雷特就生活在这个阶段的开端时期。至于人类文化发展的第三阶段，即个人与社会相互妥协与和谐的阶段，或曰人生的理想阶段，尚未作为一个阶段出现，但是它的某些特征已经在现实和文字记载里略显端倪。在这个阶段里，社会和个人都认识到相互间的依赖性，因而都后退一步，而决定相互容忍和妥协。

这三个阶段并非一定按时间、分先后出现。由于人类认识和行动本身的性质所决定，从历史微观角度看，具体到个人、团体或地域，人对世界认识的各个阶段有时会同时出现和存在，有时也会并列或重叠，在其中一个阶段为生活主体存在的情况下，其他两个阶段也可能在某个个人生活、团体或地域范围内并存。

很久以来，尤其从文艺复兴时期开始，随着欧洲宗教改革运动的普及与深入，人在思想方面开始得到一定解放，大大加强了对自己在宇宙间地位的认识，于是开始和命运争夺对生活的控制权和决定权，这在人类认识的发展史上乃是一大飞跃，它产生出巨大的能量、勇气及自信，使人充满进取精神，在文艺复兴时代以及其后的各个领域内取得重大成就。与此同时，人过于“强调自我”也带来一些负面后果，人和比他强大得多的命运抗争常使人生充满难以置信的灾难与坎坷。以英国文学为例，从伊丽莎白时期开始迄今，文学作品所表现出的各种悲剧可谓连篇累牍，令人触目惊心；加之现实生活中不断出现的悲剧现象，引起了思想敏锐的人们的高度注意。他们开始认真思考，寻找比“强调自我”更好一些、更有益于人生福祉的应付命运的行动模式。莎士比亚便是这种人物之一，哈姆雷特则是他的思想的一个典型代表。

二、两种矛盾，两个哈姆雷特

我们运用认识论分析《哈姆雷特》会发现，在剧中存在着两种性质的矛盾：一是人与人之间的矛盾，一是人与命运之间的矛盾。一个人采取措施报复另外一个人的复仇行动是前一种矛盾的体现，就性质讲，这是人生表现出的较低一级的矛盾，适合作为低一级的悲剧或喜剧作品的题材。而另外一种矛盾——人与命运之间的冲突——则属于“亚里士多德式”矛盾，适合作为高一级的、亚里士多德式悲剧的素材。

依照这种思路分析，我们又会发现，在《哈姆雷特》剧中存在着两个哈姆雷特王子：一是属于文艺复兴时代的哈姆雷特，一是具有某种先见的哈姆雷特。前者秉性急躁、鲁莽，胸中气恨交加，急于行动，为父复仇、为母正名、为己复位。他信奉文艺复兴、人文主义的思想主旨，言行完全符合他的时代的精神，严格地生活在文艺复兴时代的氛围里而不越雷池一步。从这个意义上说，我们可称他为“世俗的哈姆雷特”。他在剧中主要出现在哈姆雷特采取行动、一心复仇的部分，以及在独白中大骂自己懦弱和拖延的部分里。他体现剧中人与人之间的矛盾，代表莎士比亚思想里忠于其时代价值观的一面。

与“世俗的哈姆雷特”并立的是一个具有某种先见的哈姆雷特。此人视野开阔，能超越眼前而洞察未来，越过弑兄、娶嫂、篡位的克劳迪斯，而和立于其身后的主宰——命运——四目相对，看清自己的真正对手。这个哈姆雷特思想深沉、敏锐，接受高尚精神的启迪，欲超越人和命运之间的“抗衡”阶段，而寻找更益于处理好两者关系、以使人生更美好的途径。恰如有人所说：“这个人物远非那个时代的典型产物，而是大千世界里具有先瞻、憧憬未来的魂灵的一个影像。”（布莱德里 92）所以我们可称之为“超前的哈姆雷特”。在剧中，此人主要出现在剧作里最艰涩玄妙、充满悬疑、迄今仍令学者头昏目眩的部分。他体现上面说过的较高一级的矛盾，即他和命运间的关系。他不像克里斯托弗·马洛（Christopher Marlowe，1564—1593）笔下的浮士德那样，急于强调人的意志和雄心，他不是文艺复兴时期人文主义思想的典型代表（王佐良 132）。他体现莎士比亚思想里忠于人类永恒价值观的一面。

莎士比亚的思想之所以存在两个侧面，是因为他不属于某一个时代。在他的思想里既有他的时代的烙印，也有体现各个时代共同特点的思想因素。两个哈姆雷特合在一起体现出莎士比亚思想的整体面貌。在一定意义上说，莎士比亚在思想上存在着某种矛盾：一方面，他认同文艺复兴、人文主义的思想与主张；另一方面，他对这种思潮过分强调人的威力感到困惑。

三、超前的哈姆雷特

超前的哈姆雷特是《哈姆雷特》剧的主导人物，人们可从剧中两个哈姆雷特人物形象之间的互动清楚地看到他的本尊。他和世俗的哈姆雷特在立场和言行上都显示出截然不同。二者相互作用的一个典型场面出现在第三幕第四场，当时“戏中戏”已经演完，哈姆雷特应招前去见其母后，途中恰遇克劳迪斯一人跪地祈祷，哈姆雷特即刻拔剑出鞘，但接着又将宝剑撤回鞘内。一个哈姆雷特做出了两个截然不同的动作。很明显，拔剑者是世俗的哈姆雷特，他急于复仇，后者则是超前的哈姆雷特，他在思考更深层的问题。另外，更有趣味的是，人们可从王子的讲话里听出两个迥然不同的声音。如在第二幕第一场，他对两个老同学说：

> 我近来不知为了什么缘故，一点兴致都提不起来，什么游乐的事都懒得过问；在这一种忧郁的心境之下，仿佛负载万物的大地，这一座美好的框架，只是一个不毛的荒岬，这个覆盖众生的苍穹，这一顶壮丽的帐幕，这个点缀着金黄色的火球的庄严的屋子，只是一大堆污浊的瘴气的集合。人类是一件多么了不得的杰作！多么高贵的理性！多么伟大的力量！多么优美的仪表！多么文雅的举动！在行为上多么像一个天使！在智慧上多么像一个天神！宇宙的精华！万物的灵长！可是在我看来，这一个泥土塑成的生命算得了什么？人类不能使我发生兴趣……（朱生豪 187）

这一段话的前半段是说人类的居所——天和地，后一段是说人类本身。前半段的讲话模式始终如一：每句话的前半句都是赞美，而后半句则总是以否定语为终结。后半段话的模式也大体如此，尾随在大段溢美之词之后接踵而来的则是诋毁之词。显然，以赞美语气说话的是世俗的哈姆雷特，而以否定语气说话的则是超前的哈姆雷特。一个人在说话，却表达了两种思想，这在一定程度上也表示出剧作家本身思想上的矛盾。事实上，王子已觉察到在他思想里存在着的矛盾因素，他在奥菲莉亚的葬礼上对雷厄提斯说：

> 我这人虽然不急躁、不轻率，
> 可性子里有点儿危险东西，
> 让你的睿智也要让三分。（第五幕第一场第 213—215 诗行；下文中引文除另作说明外皆为笔者所译。）

“不急躁、不轻率”者显然是指超前的哈姆雷特而言，而性子里的“危险东西”者则是指世俗的哈姆雷特。王子已觉察到他的分裂的思想意识。在第五幕第二场里，他对霍拉肖说：

> 在我的心里有一种战争，使我不能睡眠；我觉得我的处境比锁在脚镣里的叛变的水手还要难堪。我们应该知道，我们乘着一时的孟浪，往往反而可以做出一些为我们的深谋密虑所不成功的事；从这一点上，我们可以看出来，无论我们怎样辛苦图谋，我们的结果却早有一种冥冥中的力量把它布置好了。（朱生豪 284）

他在这段话里所说的“孟浪”是指他头脑里存在的世俗的

哈姆雷特而言，而意识到“冥冥中的力量”存在的人则是超前的哈姆雷特。

迄今关于《哈姆雷特》的评论谈世俗的哈姆雷特多，而说超前的哈姆雷特少。虽然也有人说到哈姆雷特“具有先见”（哈兹里特 74），或指出剧中存在着某种“至高无上的力量”（布莱德里 173），但不是蜻蜓点水，就是笔锋旁骛。关于《哈姆雷特》的不少疑难，多源于人们对哈姆雷特其人的双重身份重视不够、而把二者视为一人之故。

四、坚实的幻象

依照认识论的思路进行分析，人们会发现，《哈姆雷特》是一出具有双重文本、双重含义的剧作。一是它的“字面文本”（surface text），显示出它的表面意义；一是它的“潜在文本”（embedded text），蕴含着它的潜在内涵。“字面文本”是我们阅读的文本，“潜在文本”隐蔽在“字面文本”里。对读者和观众而言，前者比较显豁、确定，后者则比较隐晦，因而对它的评述常常众口不一。关于《哈姆雷特》的表面意义，虽然人们持有各种不同见解，如有人认为剧作是写母亲的不轨对儿子所产生的影响的（艾略特 5），也有人提出剧作是写“子母情结”的（琼斯 72—113），等等不一，但多数人倾向于认为“复仇”为剧作的表面主题。我国译者为此剧的电影版所提供的中译名《王子复仇记》，也为这种看法提供了一个醒目的注脚。从认识论角度看，在《哈姆雷特》的“字面文本”里，主角是世俗的哈姆雷特，此人一心为父复仇，恢复朝纲。

《哈姆雷特》的“潜在文本”及其含义不易确定。“潜在文本”常是作家的下意识在创作过程中发挥作用的产物，所以作家本人常常并不确知自己作品里存在着“潜在文本”。另外，“潜在文本”也常常是读者发现的，是读者对“字面文本”进行分析后得到的文本，人们常说的“潜在内涵”是读者在仔细研究“字面文本”中词语、句法及各种表达媒介间复杂的关系后发现的。因为它包含了读者的反应，于是对一部作品的“潜在文本”的确认就仁者见仁、智者见智了。一般说来，好的“潜在文本”的脉络应当贯穿于“字面文本”的始终，其含义可与“字面文本”的意义并立，有时甚至能代替或竟推翻文本的表面意义。

从认识论角度读《哈姆雷特》就会发现，它的“潜在文本”是由剧作的表达手法清楚地透露出来的。这部作品运用了一种特殊的艺术表达手法，我们可称之为描绘“坚实的幻影”（solid illusion）的技巧。“坚实的幻影”这一词语听来有些自相矛盾，既为幻影，又谈何坚实？但二者在剧作中却巧妙地结合在一起，突出了剧作的“潜在文本”。人们阅读《哈姆雷特》常会得到一种印象，即哈姆雷特仿佛一直在穿着紧身衣度日，一直被关闭在一间狭小牢房里，紧锁双眉，凝视着眼前的一片空白，宛似在与一个无形的对手进行一场无声的对话。这是读后常在人们头脑里出现的一种印象、感觉，一种似乎难以“字面文本”证实的幻觉，但它又是实在的、逼真的、挥之不去的，故曰“坚实的幻影”。它可能是“潜在文本”的表征。读者以此为线索，跟着感觉走，仔细搜索“字面文本”，顺藤摸瓜，便可能找到让幻象得以名正言顺的证据——“潜在文本”。在此过程中，读者切记阅读原文，这是可以据以得出令人信服的结论的唯一文本。

人们沿着所得到的“坚实的幻象”步步深入，便会发现，这部杰作的“潜在文本”所讲述的乃是一个成长与探索的故事。所谓成长，是指哈姆雷特在思想上逐渐成熟，而全面认识到命运在人生中的作用；所谓探索，是指王子努力探讨一种行动模式，其效果比起人“突出自我”会更好一些，更益于提高人的生活幸福度。“潜在文本”剧情的发展表明，它的主题不是复仇，而是探索人与命运相处的最佳模式。在此过程中，超前的哈姆雷特不断深入地观察命运对人生可能产生的正负作用、人本身的不足与局限、以及人对抗命运可能带来的负面效果。与此同时，世俗的哈姆雷特在竭力与命运抗争，其行动的负面效果对超前的哈姆雷特在发挥着一定的教育作用。这一“潜在文本”里的主角是超前的哈姆雷特，他的心思不在复仇上面，很长时间以来学界所研究的“拖延”一事说的就是此人。

五、《哈姆雷特》不是复仇剧

《哈姆雷特》的字面文本从头到尾讲复仇，加强了人们对“此作乃是又一部复仇剧”的印象。哈姆雷特也确实做了几件事情，他的意图也很可能在于引导人们相信他在完成复仇大业。例如装疯、设计和导演“戏中戏”（《贡扎果谋杀案》）、杀死波罗尼亚斯及克劳迪斯等。但其目的和效果表明，这些都不以复仇为其真实目的，结果也无益于复仇。它们说明，《哈姆雷特》其实不是一出复仇剧。

首先说他的装疯。在第一幕，哈姆雷特见过父王的亡魂后，决定佯装疯癫。这一行为出现在这一幕的第五场。他这样做的原因和动机无论何在，他无论怎样诱导波罗尼亚斯与克劳迪斯相信他的“古怪”表现源于他的失恋，但从效果看，装疯都应当说是他所做的最愚蠢的事情之一。依照文本公正地说，克劳迪斯在哈姆雷特杀死波罗尼亚斯之前，对王子并未采取过什么明显的防范措施，也未给他制造过什么明显的麻烦；他还表示过希望侄子能够过好平静的日子。当时王子在宫内可以佩剑自由行动，这极利于他完成复仇事业。但是，他的“疯癫”行为却即刻引起国王及其重臣的关注，他们开始采取侦探措施。这样，哈姆雷特为自己完成父命设置下了路障。

说到“戏中戏”，王子强调这是为复仇而周密设计的，但有些问题值得认真思考。首先，在“戏中戏”达到既定目的以后，王子却坐失良机，该出手时拒不行动，还编织出一些莫名其妙的托词为自己的拖延进行辩解；这从根本上否定了王子为这一行动所界定的目的。再者，王子设计的“戏中戏”的戏文内容值得推敲。它的绝大部分由扮演国王和王后的两个演员之间的长篇对话组成，主旨在于讥讽女人的不守贞操；而另一方面，表演罪犯的演员的戏词却只占一极小篇幅。至于戏中下毒的中心情节，舞台表演却只采取哑剧形式，并无戏词相伴；这一情节在文本中以提示（directions）的形式出现，呈斜体字被置于括号之内；这些都无疑减轻了它在“戏中戏”里的分量，降低了观众及读者的注意力。第三，哈姆雷特完全没有必要花费时间和精力来设计这出“戏中戏”。首先，他早就猜到他的叔父是凶手了（“啊，果然给我猜着了！我的叔父！”）。而且，克劳迪斯之心在丹麦似乎早已路人皆知，比如武士马塞勒斯说：“丹麦国有点儿腐烂了！”（第一幕第四场第90诗行）此外，霍拉肖和王子的对话亦可为证：

> 哈姆雷特：全丹麦没有过一个恶棍像他（指克劳迪斯——笔者）这样穷凶极恶！
>
> 霍拉肖：阁下，我们不需要一个鬼魂从坟墓里出来告诉我们这个。（第一幕第五场第129—13诗行）

这些揣测虽然不无依据，但终未超越揣测的范畴。如凭铁证定罪，人们对克劳迪斯看戏时的异常表现，最多也不过定性为“更有力的揣测”而已，在法律上是没有任何证明力的。

“戏中戏”使克劳迪斯满腹狐疑，决定把王子派往国外。这样，哈姆雷特又为自己完成父命设置下一个更加难以逾越的路障。

至于哈姆雷特杀死波罗尼亚斯之事，它与“戏中戏”紧紧相连。他的本意在于刺杀克劳迪斯。他以为立在王后寝宫帷幕后面的偷听者只能是国王，所以那里传来的呼声就立刻引起他性格里“危险东西”的发作，波罗尼亚斯于是就这样一命呜呼了。这个行动纯属失误，打草惊蛇，树立死敌，从根本上摧毁了复仇事业的任何希望。哈姆雷特此次为自己设置的不是路障，而是坟墓。

关于哈姆雷特最终在危急时刻杀死克劳迪斯之事，这不能被视为他复仇大功告成（布莱德里 147）。首先，这纯属偶然之举。从动机看，这是一个完全没有经过任何周密思考与计划的鲁莽行动。王子事先没有杀掉克劳迪斯的想法，他在现场采取的行动纯属感情冲动和迫不得已。他被逼到绝境，没有任何选择余地可言。从结果看，敌手确已被铲除，但王子也与之同归于尽，使国家最终落入一个始终觊觎丹麦国土的异国人手中。这一结局恰恰事与愿违，悖逆了复仇的初衷，即由王子继位，重整法纪与朝纲，使国家走上正轨。这是哈姆雷特作为丹麦王子最大的失职与失败。

以上这些行动主要是世俗的哈姆雷特所为。

六、哈姆雷特和命运邂逅

《哈姆雷特》的潜在文本映现出超前的哈姆雷特的言行举

止。此人受到亡父失母的震撼，似乎发现了一个令他惊诧不已的力量——命运。《哈姆雷特》的潜在文本的内容是关于王子对命运的认识过程的。

超前的哈姆雷特对命运的认识经历了一个循序渐进、铢积寸累的艰苦过程。最初他只是朦胧地感觉到，世间存在着一种左右人生的无形力量，但他不清楚它的性质和威力，甚至不知如何称呼它。他首次与这种力量邂逅时，毫无思想准备。父王突然驾崩，叔父突然登极，母亲突然改嫁，王国突然陷入混乱，这些显然让他不仅感到惊惑，而且感到绝望和畏惧，甚至产生轻生念头。这从他的第一个内心独白里可以清楚地看出来：

> 啊，但愿这一个太坚实的肉体会融解、
> 消散，化成一滴露水！
> 或者那永生的真神未曾制定禁止自杀的律法！
> 上帝啊，上帝，人世间的一切在我看来是
> 多么可厌，陈腐，乏味而无益！
> 哼，哼，那是一个荒莠不治的花园
> 长满了恶毒的莠草！（朱生豪 146）

这意味着，王子此时身心几乎达到解体程度。这几诗行清楚地表达出他的厌世情绪和求死愿望，透露出萦绕在他内心的耻辱、绝望、无力、无助以及对事件突发所感到的骇异与恐惧。

这一段独白曾引起不少人的困惑。比如 18 世纪英国著名作家奥利弗·哥尔斯密（Oliver Goldsmith，1728—1774）认为，莎士比亚的独白充溢着不少荒谬之处(转引自威廉森 10—13)；艾略特（T. S. Eliot，1888—1965）则断言，《哈姆雷特》不是莎士比亚的最佳剧作，因为在他看来，剧情未为王子所表达的

强烈感情提供充分铺垫，或“客观相应物”（1—8）。的确，一个年轻有为、前程似锦的王子尚未真正踏入生活，怎么就想到死与自杀呢？就是一个至亲母亲的不轨所带来的奇耻大辱，也不至于让儿子感到这么万念俱灰、痛不欲生，除非他是年届而立却依然绕在妈妈膝下的一个废物（布莱德里 118—119），而文本显示，哈姆雷特绝非那种等闲之辈；他是一个顶天立地的人。所以他在这里所表达的这种感情着实令人不可思议。

但从人类认识论的角度分析，哈姆雷特的这种“奇异”表现就容易解释一些。从一般心理看，人大凡出现这种情绪和表现时，很可能是遇到了某种迈不过去的“坎儿”。这个“坎儿”很可能是难以对付的人或物；这种人或物常会令人产生无能为力感及随之而来的畏惧和绝望。在哈姆雷特的情况下，谁能让他这样害怕、无望，竟至于寻死觅活呢？剧作告诉我们，哈姆雷特广受王国子民的爱戴和崇敬，智力超人，武艺高强，奥菲莉亚说他是——

> 朝廷人士的眼睛、学者的舌头、
> 军人的利剑、国家的期望和花朵、
> 风流时尚的镜子、文雅的典范，
> 举世瞩目的中心……（朱生豪 206-207）

就连篡位的克劳迪斯也不得不承认，在只看表面、不用理智的丹麦人心目中，王子占有一席崇高的地位（第四幕第七场第 17—22 诗行）。这样看来，哈姆雷特应当是天不怕地不怕的。当然，从权势角度看，在丹麦唯一能让他感到畏惧的人理应是国王，亦即他的叔父克劳迪斯。但通观剧作人们便会发现，哈姆雷特一向鄙视叔父，从未把他视为值得尊重的敌手，他每提到此人就嗤之以鼻。所以，使他产生这样畏惧、绝望和轻生念头的不应该是克劳迪斯。然而，此外就没有其他人选了。排除掉人，就剩下物了，于是人们只能揣测这是一种物，一种不可小觑的庞然大物，极可能是一种超人的力量。但王子没有明说，或许他尚未看清。

接着他在独白里抱怨王后，蔑视叔父，蔑视自己不是“赫克里斯”。他突然把这位古代英雄从历史和神话里挖掘出来，仔细琢磨，这是有其充分原因的。赫克里斯和其他古代神话英雄虽然也受诸神的左右，但他们仍享有一定的个人空间，仍有做出决定的一定自由。哈姆雷特说自己不是赫克里斯，除表明自己平庸之外，实际也可能是在下意识地抱怨，他已不是一个自由的人。但他没有点明是谁剥夺了他的自由。

在第一幕里，他还要经历两次令他惊心动魄的场合：一是在他见到他的父王的幽灵时，一是在幽灵离开以后。幽灵的出现之所以使哈姆雷特感到如此惧怕，竟而至于呼天抢地（“诸位慈悲的天使与神明们啊，请保佑我们！”），极可能是因为它让哈姆雷特认识到，在宇宙间确实存在着超人的空间，确实存在着超人的力量。因此，在幽灵离开之后，他的身心几乎再一次解体：

> 天上所有的神明啊！大地啊！还有什么呢？
> 我还要加上地狱吗？啊，呸，坚持住，坚持住啊，我的心，
> 而你，我的筋骨，请不要一下子变衰老，
> 你要硬挺起我呀！（第一幕第五场第93—96诗行）

他的心脏开始衰竭，他的肌肉开始变得羸弱无力，他几近

瘫痪，于是便向天、地、鬼的三界神仙求救，足以说明他竟目瞪口呆得周身麻木，面临崩溃。这也再次证明，他的麻烦与凡人无关。

在第一幕的结尾，哈姆雷特沮丧而愤愤地说，

世道已经支离破碎！可恨的敌意
我竟生来以整顿乾坤！(第一幕第五场第 97—98 诗行)

“可恨的敌意”这一说法含义深邃，值得深探。人们对这一诗行“可恨的敌意/ 我竟生来以整顿乾坤！”可以做出不同猜测。其一，其意可为“我生来竟为做此事，这是可恨的敌意的意图”，重点在于“选我做此事”上。其二，其意可为“生我做此事是可恨的敌意的意图”，重点在于“生我做此事”上。两者的共同点在于，“可恨的敌意”在注意“我”。它究竟指谁的敌意而言，竟让王子这样大动肝火地诅咒？答案集中在一点上，即“选我”或“生我”的主使者。哈姆雷特显然在指一个可以赋予人以生命而又左右人生的力量。虽然“命运”一词已到嘴边，但他仍未点出其名。这两诗行第一次提出“人为工具”说；它们也暗含“生命来自命运，人非命运之对手”的意味。“工具”及“对手”两说乃是理解《哈姆雷特》的钥匙。第一幕清楚而细腻地记录了哈姆雷特认识命运所经历的、从无知到依稀可辨的过程。

七、人是命运的工具

到第二幕，哈姆雷特终于为这个超人的力量命名了：他称之为“命运”(“Fortune”)。在第一场他和两个老同窗谈话，坚持要他们承认是被命运派来见他的：

> 请允许我再问细点。我的好朋友们，你们交了什么好运竟让命运把你们送到这里的牢房来？（第二幕第二场第 226—228 诗行）

三个人都知道，后来王子也明说出，这两个人是国王克劳迪斯派来的。王子之所以坚持“受命运派遣”之说，是因为他在强调“人是命运的工具”这一概念。在这次谈话里，他还把命运称之为“婊子”。“人为工具”说再次得到强调。

在此幕稍后一些，哈姆雷特在和一个演员谈话时，隐晦但毫无疑问地第三次点明了这一想法。当时他请这个演员背诵一段戏词，它取自“埃涅阿斯对黛多讲的故事”（第二幕第二场第 386—387 诗行）。这段戏词说到古特洛伊城老国王普里阿摩斯惨遭希腊武士披勒斯野蛮杀戮之事。在这段话的结尾，戏词没有指责披勒斯，却把责任一股脑儿地推到命运身上：

> 命运你这个婊子，你给我滚，滚！所有的天神哪
> 同心协力剥夺她的权利吧！
> 砸碎她的命运之轮的所有辐盘吧，
> 把那个圆轴心推下天堂的山去
> 使之低到如同魔鬼那儿一般！（第二幕第二场第 430—435 诗行）

这几句诗词说明，哈姆雷特之所以鼓动演员背诵这个段子，可能怀有两个用意：其一是进一步强调“人为工具”说，即披勒斯只是命运诛杀普里阿摩斯的工具而已；另外一个用意则可从普里阿摩斯国王与老哈姆雷特王均遭残害这一相似点上看出。王子可能认为，杀害他的父王的真正凶手是命运，而克劳

迪斯则和披勒斯一样，只不过是扮演命运的工具角色而已。值得注意的是，在这位演员开始表演之前，王子自己率先背诵了这一长段戏词（第二幕第二场第389—402诗行）。这说明这篇戏词乃王子之最爱，而它体现的“命运乃首恶、人为其工具”的思想可能从一开始就在王子头脑里产生、扎根了。这从一个侧面为王子的言行做了注脚，说明他为何在第一个内心独白里就那么悲观、为何放弃杀死克劳迪斯的最佳机会。至于命运选中老丹麦王作靶子，人们不必追究原因，因为“命运之轮”本来就是盲目的。当然老丹麦王强占挪威国土，导致两国交恶、人民受难等不当行为，在第一幕就交代得比较清楚了，也无须赘言（第一幕第一场第82—110诗行）。

到剧情发展到第三幕，哈姆雷特对命运的认识更加明确。他在著名的独白“是生还是死”里，把矛头直指命运，称它为“残暴的命运”，指责它制造人生的“苦海”，是产生“肉体生来就要承受的痛心及千万种异常打击”（第三幕第一场第64—65诗行）的万恶之源。与此同时，王子也把矛头指向死神，谴责它以地狱迷惑人的头脑（第三幕第一场第80—81诗行）。这说明王子也有可能在下意识地把命运和死神视为一体；对于这点，到第五幕他才最后明确地点出来。

而且，在此幕终结以前，他进一步认识到，他本人就是命运的工具。在“戏中戏”表演开始之前，他称赞霍拉肖说：

有福的人是
感情与理智相吻合的人，
他们不是任凭命运的手指
随意按下音符的一支笛子。（第一幕第五场第53—56诗行）

言外之意，霍拉肖不属于这种人；而他自己的感情与理智并非一致，因而成为命运玩弄的笛子。更有甚者，他进一步认识到，他是命运惩罚人的工具。在第四场，他在和母后谈话时一时冲动而把波罗尼亚斯杀死，之后他说，

> 至于这位老爷，
> 我必须忏悔；可上天这样乐于
> 以他来惩罚我，也以我来惩罚他，
> 那我就得做其鞭子与执行者了。（第三幕第四场第80—82诗行）

他后悔了，但他吃一堑也长一智。他意识到，命运将他和波罗尼亚斯玩弄于其股掌间，巧妙地收到一石二鸟的效果。至此，他的“人为工具”思想已经确定不移。

八、哈姆雷特对命运的全面认识

超前的哈姆雷特通过自身经历对命运开始取得全面的认识。

首先，他慢慢悟出，人与命运抗衡常会带来不幸，这是人生痛苦的根源。比如他在装疯之后立刻引起国王等人的注意，立刻招来两个老同学以及奥菲莉亚打探他的秘密。这些显然让他感到极其不安，而发出“是生还是死”的自白。“是生还是死”表达出哈姆雷特的危机感和悲观情绪。他感到命运在向他发起新攻击，认识到命运握有人的生死大权。这种所谓“生也在尔，死也在尔”的无奈局面使他感到手足无措，喘不过气来。“是生还是死”这一独白从头到尾充满了忧郁、压抑、在生死

间拼命挣扎的窒息感。又如“戏中戏”的直接后果是，国王精神受到强烈刺激，虽然尚未起杀机，但已决心把王子赶出朝廷：

> 朕不喜欢他，而且让他继续疯癫
> 对朕也不安全。
> 因此尔等准备一下。
> 朕将立刻发诏委派
> 尔等带他同去英国。
> 朕的身份不容有
> 其头脑随时会产生的
> 危险存在于身边。（第三幕第三场第 43—50 诗行）

再如，误杀波罗尼亚斯的行为给王子带来了严重后果。一是危及他本人。克劳迪斯乘机从中渔利，将他从重发落，决心借刀杀人。王子通过海上九死一生的经历，应已体会到自己为此所付出的昂贵代价。令他始料未及的应当是，他险些搭上性命。二是激怒雷厄提斯，使之成为国王的利刃，使他最终未能逃脱“杀人偿命”的劫数。三是伤及奥菲莉亚。奥菲莉亚在失去父亲之后，又目睹哈姆雷特惨遭流放，于是，在她年轻生命里最重要的两个男人突然消失。这使她无法承受，因而悲伤过度，精神失常，最后不幸溺水身亡。哈姆雷特本人虽然不在奥菲莉亚受难的现场，没有目睹她的痛苦和死亡，但人们可以确信，一直担当他的报信者的霍拉肖定已把实情告诉了他，这一定使他感到极度悲伤、懊悔和内疚；这一点可从他在奥菲莉亚葬礼上的表现清楚地看出。他当时面对奥菲莉亚之兄的谴责感到气急败坏，声嘶力竭地表达他对奥菲莉亚的爱情：

我爱奥菲莉亚。就是把四万个
兄弟的爱都加起来
也顶不上我的爱。（第五幕第一场第 223—225 诗行）

在他来说，这无疑是他真情的表露。从心理上分析，他实际是在以攻为守；他虽在外表上咄咄逼人，实际上他的内心却在自责，处于守势。而且，奥菲莉亚之死对哈姆雷特的影响远非如此而已。这时的哈姆雷特已经今非昔比。他业已饱经风霜，似已看透事理。他心爱的人恰在这个关节转瞬踏上黄泉路，这对已经开始心灰意冷的他无异于雪上加霜。可以想象，从他得知奥菲莉亚受难开始到剧终，奥菲莉亚之死和死亡这两件事就一直萦绕在王子的脑际。超前的哈姆雷特一定会感到，他和命运抗衡的结果唯有痛苦和死亡，人文主义所主张的和命运对抗或许不是度过人生的最佳途径。

第二，哈姆雷特认识到命运也可能是正面的力量。作为一个思想缜密的人，哈姆雷特力求全面地观察和对待一切人与物，包括命运在内。一方面，他在认识命运对人生所产生的负面作用的同时，也注意观察它的其他侧面。换言之，他也不忽略命运对人生可能发挥的正面作用。如果读者注意他的一贯言行就会发现，在他的下意识里，已经存在着“命运也是一种抑恶扬善的力量”的看法。比如他评论母亲的再嫁时说，这不是一件好事，也不会有好结果（第一幕第二场第 156—158 诗行）。又如他在听到父亲的阴魂在夜间露面时说，人做了坏事，无论如何也是要暴露的（第一幕第二场第 262—264 诗行）。这些都说明他相信宇宙间存在着一种执掌因果报应的道德力量。这是他能全面评价命运作用的思想基础。于是，他在看待命运时，力戒极端与偏见。比如在第四幕，他向霍拉肖讲述他的海上冒险经历时说，在前往英国途中，他发现了叔父谋害他的阴谋，因而需要修改叔父写给英国国王的信件，这封信令英王处死他。他要成功地修改信件，就需要玉玺，但他手中没有这个印鉴。在这危急时刻，命运似在帮他一样：他发现他身上恰好带着父亲的印章，这枚印章与玉玺的作用恰好相同。于是他修改成功，得以死里逃生。这种巧合使他觉得命运在眷顾他。他对霍拉肖满心喜悦地说到这件事：

> 哎，便是在这点上也有天意在，
> 我钱包里恰有我父王的印章，
> 它是丹麦国玉玺的模本，
> 我然后把文件照原样叠好，
> 签上字，盖上印，放稳妥，
> 永远无人会知道内容的变动。（第五幕第二场第 47—52 诗行）

他通过自己的经历体会到，命运也会做出有益于人的事情。这种认识为他寻求人与命运之间妥协或合作的可能性铺平了道路。这是他超越他所处阶段的重要标示。遗憾的是，他的时代局限了他，命运让他迈出最后的关键一步。

第三，他也认识到了命运的威力。比如在第五幕，在教堂的墓地里，他和死神相遇。他首先见到父皇朝中弄臣沃里克的头颅，想到当年这位聪敏、机智、受人宠爱的朝臣，到头来竟落得头颅任人戏耍的地步，他感慨万千（第五幕第一场第 143—150 诗行）。由此他的想象又开始腾空，联想到曾经不可一世的亚历山大大帝和恺撒大帝，他们死后的结果看来也不过如此。他对霍拉肖说：亚历山大死后，复归为土，变成人们用来堵啤酒桶的粘泥，恺撒大帝死而复归为土，人们可能会用它堵洞挡风（第五幕第二场第151—167诗行）。

哈姆雷特在其意义重大的探索中，已经到达第三阶段的门外，本应最后得出“个人应与命运妥协”或和谐相处的结论，但他最终没有超出他的时代，没有迈入第三阶段。他成为命定论者，而死于对手设下的“剑术比赛”圈套。人们有理由相信，这其实是一种近乎心甘情愿的自杀行动。尽管如此，他还是把人们带到了第三阶段的门前。虽然，他可能不很清楚他这一作为的历史贡献，但他依然朦胧地觉得他有话对后人讲，所以他在死前的短暂时间内，两次要求霍拉肖把他的故事告诉世人。这也表示，他对自己探索的结果并不满意，不希望人们仿效他的“失败榜样”而放弃探索。

由此看来，《哈姆雷特》故事的叙事者是霍拉肖。美中不足的是，霍拉肖是一个“天真的叙事人”（innocent narrator），他照本宣科，并不完全理解这一故事的真谛。因而，哈姆雷特的故事也就随之成为“砍不断的绳结”（萧伯纳）了。

九、求索：沉思与提问

人们会问，哈姆雷特故事的“绳结”究竟是什么呢？关键可能在于，哈姆雷特注意到了人与命运两者间关系。哈姆雷特在他的臣民中宛似唯一的觉醒者。他有些像老子所说的“众人熙熙……吾泊焉不兆”（周春生 32）。哈姆雷特是一个沉思型人物，《哈姆雷特》是一出沉思型戏剧。这位年轻王子一直在思索，让他百思而不得其解的是人如何与命运相处的问题。他总在“小心翼翼地考虑”，从不停止提出问题，有些是直接提出，有些则隐藏在他的一些陈述性句子中。

比如在他的第一个内心独白里，他说“不料情况竟以至于此”，这是个惊叹性陈述句，但他实际却是在问：形势为何竟变得如此混乱，是什么力量在背后操纵，使得局势如此不可收拾？这表明他的想象业已超越人的一般思维范畴而自由驰骋。

再如在第二幕中，他和两位同窗谈话时说到，他不知道近来“为何”对一切事物都提不起兴致，为何改变了自己的世界观和人生观；这表明他在深入思考导致他情绪低沉的真正原因，开始认识到其根源并非主要在于人世的炎凉和人的诡诈行为。他的想象正在远距尘世而展翅翱翔。在同一谈话稍后一些时候他说“这一个泥土塑成的生命算得了什么”，表明他的思虑已经脱离了当下，在探讨人生的玄奥，在努力预见命运将会如何左右人生；这个问题直到第五幕他面对死神时才会得到回答。

又如在第三幕里，他那“是生还是死”的独白表明，他深沉的思想正横跨生死两界，同时洞察生活的本质及来世的状貌，提出目前“该如何办”的问题。

在第四幕，他在考虑命运和人在人生里所各扮演的角色，学会如何恰切地掌握两者关系的分寸。他直白地提出“下面该怎么办怎么办”的问题，不知自己为何一再拖延复仇：“……是为了鹿豕一般的健忘呢，还是为了三分怯懦一分智慧的过于审慎的顾虑。”（朱生豪 250）所谓“过于审慎的顾虑”是指他在思考对策。与此同时，他在进一步认识命运的作用以及人和命运对抗的悲剧后果。

在第五幕，他思考着生命周期的玄妙，进一步认识人和命运之间力量的对比以及命运在人生里所发挥的不可小觑的作用。

从对这些潜在问题的深入思考，他悟到一个道理，即人的局限性以及命运威力的不可抗拒。就这样，他的视野逐渐扩展，将考虑重点首先聚焦在人生的根本问题上：究竟谁是生活的主宰？人应当如何行动为最好？剧作表明，王子从一开始就超越自身，超越人的思虑范畴，而进入形而上的领域，承担起在他的时代几近无法完成的探索重任——人与命运如何相处。

十、理想的行动模式：居中

那么，哈姆雷特所探寻的、人在与命运的关系中应遵循的较好的行动模式究竟是什么呢？简而言之，哈姆雷特主张人与命运妥协，和谐相处，而不希望两者交恶。

这一点和他的性格与为人具有紧密的关系。总的说来，哈姆雷特是一个性情适中的人，他的举止很少表现出极端的现象。例如他虽对母亲和叔父讲话很不客气，但他知道拿捏分寸。他不赞成暴力，乐于平和地解决问题。在一次独白里，他吁请自己的心不要失去本色：“啊，心啊，不要失去你的本性！”告诫自己不要走极端而开杀戒（第三幕第二场第338—344诗行）。

这样一个人的头脑只能设计出他的内心能够认可的一种策略。人们会问，哈姆雷特的策略是什么呢？其实王子的一系列言论已经标示出他的策略的轮廓，这是他所钟情的理想的行动准则。例如在第三幕第一场他的“是生还是死”独白里，这一准则的基本状貌业已初露端倪：

> 是生还是死，这是个问题：
> 是忍受残暴命运射来的弹丸与
> 箭头，思想更高尚呢，
> 还是面对苦海挺身而起
> 通过反抗而解决那一切呢。（第三幕第一场第57—61诗行）

在这里，哈姆雷特提出了欲“生”就必须面临的两种艰难选择：不是忍受（submission），就是对抗（assertion/confrontation），两者都属于极端，显然都不合乎他的理想准则，于是他接下去就讲到“死”作为另外一种选择，但发现死也并非理想。

他希望能在这两极中间找到一种不偏不倚的折中方案。这一点在他和一个演员的谈话（第二幕第二场）中表现出来。在这次谈话里他说到，演员应忌讳“过分的表演”（“overdoing”），对此他提出“居中”原则，即必须做到节制（“temperance”）、圆润，“切不可超出自然的分寸”（“never to overstep the modesty of nature”；卞之琳 339）。最后一句“切不可超出自然的分寸”，亦即“居中”“适中”或“守中”，应当是哈姆雷特对自己苦苦求索的理想准则所做的最佳界定与表达。就是说，艺术表演如此，人生的其他行为也不应例外。

哈姆雷特自己的行为多依“居中”为准绳。他有时会过分尖刻，但能适可而止。他有时会怀有恶意，但不会有意动用机巧害人。他不想在克劳迪斯祷告而全无防备的情况下杀掉他；他对误杀波罗尼亚斯后悔不已；他把两位同学推上断头台，是出于自我防卫的需要；如果他因自身不慎而造孽（例如他对待奥菲莉亚的态度），他会真心忏悔、接受惩罚。

“居中”也是哈姆雷特判断他人言行的尺度，这表现在他对人的看法上。在剧作里，哈姆雷特曾赞扬过两个人——霍拉肖和福丁布拉斯。人们细看他对二人的评价之语会觉得，他对他们的溢美词语里也含有某种贬义。例如，他在夸奖霍拉肖时说：

> 自从我能够辨别是非、察择贤惠以后，你就是我灵魂里选中的一个人，因为*你虽然经历一切的颠沛，却不会受到一点伤害，命运的虐待和恩宠，对于你是都一样*……给

我一个不为感情所奴役的人，我愿意把他珍藏在我的心坎，我的灵魂的深处，正像我对你一样。（朱生豪 210—211；斜体为笔者所加）

哈姆雷特是在说，霍拉肖得益于迟钝，而他自己则过于敏感。他一定在希望，希望自己能在迟钝和敏感间找到一个“中”点。

哈姆雷特对福丁布拉斯的称赞也表现出这种特点。一方面他称赞这位挪威王子为“伸张自我”而不惜牺牲两千人的生命，花掉两万块的银圆，却为一块价值不到五块银圆的荒瘠土地拼命（朱生豪 250）。另一方面，这段话也暗示，这位挪威王子的行为有失中允。

所以，人们细品这两段话会体会到，哈姆雷特一定感到霍拉肖过于隐忍，而福丁布拉斯又过于唐突和激进，他们的行为模式和结果并非完全合乎他的理想标准。他希望人们能够做到言行“居中”。在对待他父王被谋杀的问题上，他认为这是命运的安排，复仇是和命运对抗，他不希望采取这种极端措施。他可能在竭力寻找一条与命运达成和谐的途径。这是人类认识世界的第三阶段的核心思想。

十一、悲剧与永恒

哈姆雷特的悲剧在于，由于他的时代的局限，他未能最后界定“居中”思想的重要性，未能认识到这恰是他所一直追求的核心目标，因而竟未赋予它以必要的重视，未做进一步探求和阐述，结果竟白白让它从手中溜走了。他走了，他的“居中”主张也就悬在那里长达几百年之久。人类认识世界的第三阶段的核心思想一直就悬在那里，供思想界有识之士观察与思考。

就这样，他没有完成加在自己肩上的使命。但他一定觉得自己最后对命运的顺从实际悖逆了他的“居中”原则，衷心希望后来者理解他的想法，把他的未竟之业继续下去。所以他在闭目之前恳切要求霍拉肖把他的故事讲给后人听，希冀有人能从他的经历中得到某种启迪。历史证明，他的苦衷终于得到了后人的理解和认同。他通过霍拉肖而遗下的“居中”思想，果然随着时间的推移，逐渐受到后代的重视，他的核心思想宛似一个灯塔，照耀着后来者。

就这样，他像一个殉教者一样，在死前为后人指出了正确的方向，在失败中为后人播下了走向成功的种子。人们在经历了长时间的痛苦之后终于发现，个人的悲痛多来自与社会的矛盾。生活愈现代化，人的个人意识愈清晰，个人的欲望愈强烈，个人与社会之间的斗争便愈白热化。这是人类认识论第二阶段的明显特点。第二阶段是人生最难过的阶段。社会和个人双方都不肯退让，社会动乱和个人悲剧就不断发生。这些在世界文学与文化史上都多有记载。以文学为例，《包法利夫人》《安娜·卡列尼娜》《土生子》等这种作品可谓屡见不鲜。但是人们一直在思考着避免发生这种悲剧的途径，《哈姆雷特》作为人们喜闻乐见的不朽作品之一，其内在思想一直无疑在无形或有形中激励着思想敏感、苦于思考的志士仁人。当代非裔美国作家拉尔夫·埃利森（Ralph Ellison，1914—1994）和爱丽丝·沃克（Alice Walker，1944— ）就是明显的例子。

埃利森的小说《看不见的人》（*Invisible Man*，1952）的中心思想和哈姆雷特的“居中”思想如出一辙。这部作品问世之后立刻引起广泛的注视，人们都似乎感到一部经典作品已经问鼎美国及世界文坛。但在长时间内，不少人把它作为一部非裔美国作家的“抗议小说”力作加以阅读，而忽略了作家创作的真正意图。这部小说分为三大部分——序、小说情节及跋。不少人注意到小说中间部分——小说情节——的“抗议”特点，而对序和跋两部分的内涵没有给予充分重视。实际上，作家的核心思想恰在这两部分里得到了充分表达。至于小说的中间部分，即小说情节部分，细读人们会发现，它其实是上接序的主旨、下为跋的思想所做的细腻铺垫。这里只以跋为例。细读跋会感到，它本身并非小说，确切地说，它是一篇深邃的哲学论文，它的文字表达具有哲学论文的艰涩特点。读后人们会体会出埃利森的一个重要发现和主张，即如何处理个人和社会之间的关系问题。埃利森认为，个人和社会相反相成、相互依赖而又相互界定，两者缺一不可，唯有个人与社会之间的合作才能保证减少或避免人生悲剧。合作意味着双方都要让步。个人要在一定程度上牺牲自己的个性，而“扮演一种社会角色”（589）；社会也要认识到，在现代生活中，人们不可能再唯命是从，社会也不再具备一手遮天的独断权，社会要扩大民主，与人民“合作”，给人民以空间，而不是一味的压制从而引起“冲突”。社会和个人都朝中间靠拢，相向而行，而不是各行其是，相互对立。这其实体现出一种“居中”的思想，体现出人类认识世界的第三阶段的核心思想，亦即哈姆雷特的言行所体现出的思想。

爱丽丝·沃克的小说《紫色》（*The Color Purple*，1982）里主人公茜丽的经历表明，个人必须觉醒，争取和伸张自己的权利，同社会争斗，以减少苦痛，但是真正的幸福感来自个人与社会之间的相互妥协与和谐。埃利森和爱丽丝·沃克的作品都描绘了人类理想社会的画面，即个人与社会间的相互容忍和包容。这个画面显示出人类认识论的第三阶段即合作与妥协阶段的到来。哈姆雷特、“看不见的人”以及茜丽都是这个阶段的代表人物。

这可能是几个世纪以来世人这样喜爱和敬重哈姆雷特这个文学人物的主要潜在原因。

【参考文献】

卞之琳译：《哈姆雷特》，莎士比亚著，杭州：浙江文艺出版社，2002年。

布莱德里（A. C. Bradley，1851—1935），著名治莎学者，在其所著《莎士比亚的悲剧作品》（*Shakespearean Tragedies*，1904年第一版，伦敦：企鹅出版社，1991年重版）里也曾提及在《哈姆雷特》中存在一种束缚哈姆雷特王子手脚的无形力量，但他说这只是无法佐证的印象而已。

艾略特：《哈姆雷特和他的问题》，收入《圣木：诗歌与评论文集》，伦敦：梅休恩出版社，1922年。

埃利森：《跋》，《看不见的人》，纽约：1952年。不少评论家认为《看不见的人》的中心思想是反种族主义、反对社会无视个人身份的伟大小说，这很有其道理。但另一方面，如果人们通观小说的3个部分——序、中间的故事及跋，尤其是跋，便会发现，夹在序与跋之间的故事主要在于证明，人与社会发生冲突，人总是败者。跋特别强调，人与社会两者间的相辅相成关系，合作和妥协是改进人类生活的最佳途径。

哈兹里特（William Hazlitt，1778—1830），19世纪评论家，在其《莎士比亚的剧中人物》（*Characters of Shakespeare's Plays*，1817年，伦敦：邓特父子公司，1930年，第4卷第234页）里说过，哈姆雷特是“具有先见的”，但他甩出这个重要词语以后就笔锋旁骛，转而回到历数无谓的细节上去。

琼斯：《以子母情节诠释〈哈姆雷特〉之奥秘：动机研究》，

《美国心理研究杂志》，1910 年 1 月 10 日，第 72—113 页。1949 年，作者将论文扩展为《哈姆雷特与俄狄浦斯》一书。

马洛：《浮士德博士的悲剧史》（*The Tragical History of Doctor Faustus*，1589），from the quarto of 1604.

文艺复兴时代这部名作的主人公浮士德气概豪迈地说：

> 啊，多么好的一个世界——一个利益和欢乐、
> 权力、荣耀和万能的世界，
> 答应给了勤勉的学者啦！
> 在静静的两极之间移动着的一切
> 将会掌握在我的手中……（第一幕第一场第 53—57 诗行）

浮士德是文艺复兴时代的典型文学人物，而哈姆雷特则不是。

萧伯纳：《回到玛土撒拉·后记（1945）》，纽约：1921 年。

王佐良等主编：《英国文学名篇选读》，北京：商务印书馆，1983 年，第 132 页。

威廉森（Claude C. H. Williamson）编选：《关于哈姆雷特的性格的解读文集：1661—1947，引自 300 多处论述》，伦敦：乔治·艾伦及安文有限公司，1950 年，第 10—13 页。

周生春编著：《白话老子》，西安：三秦出版社，1990 年，第 32 页。

朱生豪译：《莎士比亚戏剧集（第四册）》，北京：中国戏剧出版社，1954 年。

（原载《英美文学研究论丛》，2011 年第 1 期，第 11—31 页）

在象征主义目光的审视下

一

具体和抽象是生活的两个相辅相成的侧面。人类生活在具体中，需要抽象的指导，哲学与宏观性思考于是产生。但过多的抽象又会导致混乱、乏味，文学艺术与形象性表达于是产生。批评家和读者的责任在于观察和分析文学艺术作品的细节，发现其中的抽象与原则，或曰本质与架构。这要求人们具备一种象征主义的目光、象征主义的思维头脑和观察角度。

象征主义是人们交流和表达思想最有效的手段之一，它对于文学艺术表达尤其重要。艺术目光比较锐利，善于发现表现人生本质的图画、意象或模式；文学艺术作品利用这些作为象征物，来表达抽象思想。

象征物的种类很多。它可以是任何能够表达抽象概念的人、物或地点；它还可以包括普通的常识、深奥的知识、神话、寓言及宗教的约定俗成的概念，等等。这些都是信息容量很大的知识板块，因而通常都是人们平日思维和表达时所不可或缺的捷径。我们就是常以这些大块的知识作为载体而进行交流的。由于这些知识为人所共有，表达和交流起来就省了力气和时间。比如我们中国人听到说某人是个“陈世美”，就立刻知道这个人是喜新厌旧、抛弃糟糠的人；听到说“牛郎织女”，就立刻知道是夫妻两地分离。于是，“陈世美”和“牛郎织女”就成为中国人表达思想的象征手段。这样的例子很多，中外皆然。比如在西方，许多概念也是由类似“陈世美”这样的象征手段加以表达的。诸如“罗密欧与朱丽叶”“浮士德”“灰姑娘”“十字架”等等，都是表达某些既定抽象思想的好例证。

二

欧美作家运用象征手法非常普遍。象征来自生活，用到文学作品中时，又反过来反映生活。一切文学作品都是生活的象征。严肃的作品象征性深刻些，肤浅的作品象征性浅显些。完全没有象征色彩的作品是很少的。

这令人想起英国 19 世纪著名作家萨克雷（William Makepeace Thackery，1811—1863）。他和我国文学爱好者所熟悉的作家狄更斯（Charles Dickens，1812—1870）是同代人。萨克雷在评论狄更斯时表示，他不欣赏狄更斯的一些叙事手法；对他本人来说，外衣就是外衣，铲子就是铲子。意思是，他是钉是钉，铆是铆，不用什么象征等手法。这当然是他的本意；可是作家在艺术表达中，是无法摆脱象征手法的。就是发表宣言的这个萨克雷也不可能例外。他的名作《名利场》当然是一部现实主义作品，但是它的书名就是象征主义的。在这部作品里，萨克雷把人世视为名利场，批评人为名利奋斗而折腰。这种对生活本质的深刻分析使得小说的主要人物和事件都成为后世作家所仿效的象征物。

其实，这部小说书名的中译名“名利场”不一定很准确。萨克雷的书名是从17世纪作家班扬(John Bunyan，1728—1788)的名著《天路历程》（*Pilgrim's Progress*）中借来的。班扬的书里描写一个市场，可是那里买卖的不只是名和利，还有许多其他东西，如财产，地位、国家、妻子丈夫，包括灵魂在内，都标价上市出售；而且，一切丑恶，包括盗窃、奸淫等等，也都应有尽有。萨克雷的小说所描绘的也不只限于名利两项，他的《名利场》描绘了大千世界形形色色的人和事，矛头所指的是人们终日忙忙碌碌、尔虞我诈，到头来细想想，终究逃不过“白茫茫大地一片真干净”的命运。班扬和萨克雷所用的“Vanity”这个字可能是“虚无”的意思；两个人可能都是遵循《圣经·旧约全书·传道书》的本意运用此字的。《旧约全书·传道书》第一章第五节内有一句话说：“日头出来，日头落下，急归所出之地。”《传道书》不少章节和这一节所说的相似，它的意思很显豁，讲人生虽忙碌不堪，但注定到头来是无所作为，一切都虚无缥缈，回首往事会味同嚼蜡。《圣经》的这一节讲人生如梦幻泡影，世间一切有而若无，实而若虚，很有虚无主义的味道。所以，萨克雷的书名有点像我们的《红楼梦》里说的“太虚幻境”，如能译成“虚幻人间”“虚荣世界”，可能会更贴切一些。

比狄更斯和萨克雷稍后一些，有个作家叫特罗洛普，有不少评论家说他遵循严格的现实主义表现方法，没有运用象征等手法。特罗洛普可能是这样写作的，但是他的作品，特别是他的关于巴彻斯特教区的小说系列，读来宛如人世的又一个大象征。现实主义手法和象征主义手法并不矛盾，现实主义作家同样必须运用象征手法。

三

从历史角度看，象征手法的使用和文学表达几乎是同时出现的。也可以说，它是文学艺术表达的一个胎记。在欧美最早的文学作品里，象征手法就已在发挥作用了。《圣经》或荷马史诗或其他古希腊、古罗马的文学作品，都是运用象征手法的很好的例子。

《圣经》是人类历史上运用象征手法最古老的作品。它是由多名见深识广、知识渊博的写作者在长达千余年的时间里（约从纪元前9世纪到公元2世纪）写成的宗教著作，也是集自然科学和文史哲等各种学科之大成的综合性作品。作为文学作品，它运用象征手法的例证比比皆是。人们倘若具备象征主义的目光，这部古书读来就不是只讲宗教和神学的著作了。人们会发掘出很多对人生富有普遍指导意义的原则和行为模式。

以开首的《创世记》为例。这部分中亚当和夏娃失乐园的故事就很让人回味。这个故事讲，男人听女人的话，中了魔鬼的圈套，偷吃了禁果，结果事情做坏了，两人都被赶出了伊甸园。这个故事的象征意义很深刻。仔细考虑一下，我们会发现，书写《圣经》这部分的作者很有可能是在试图再现和模拟人类的童年生活及其成长的过程。作家的想象多么丰富，也超越不过生活的限囿。《圣经》的乐园画面应当有人类实际生活作其张本。试问在人类生活的各个阶段中，哪一个阶段最美好呢？无疑是童年时期。这时候有父母的护佑和爱抚，无忧无虑，男人如伊甸园中的亚当，女人如那里的夏娃。但人总要长大，总要独立或反叛，总有一天父母指东，儿女向西，成人生活于是开始，生活的一切烦恼、苦难、罪孽一一接踵而来，乐园随之也就消失了。人生的这个变化，势在必行，无法抗拒，人类只能欣然面对，无怨无悔。英国诗人弥尔顿（John Milton，1608—1674）称之为“失乐园”，用词再恰当不过了。

此外，亚当和夏娃之间的关系，也表现出夫妻间关系的本质。在人的生活里，夫妻之间究竟怎样互动，究竟是谁当家，男人还是女人，这些问题听来似很多余，其实不然。从根本上讲，就是在大男子主义盛行的社会里，男人也是非常重视女人的建议的；更不用说实际生活里存在着那么多的“妻管严”了。归根结底，还是女人当家的多。这是生活的本质，天经地义，无法否定。至于男人听了女人的话是否把事情做糟了，《圣经》字面上是这个意思，可是细想，其实也不一定。亚当和夏娃的确把好端端的一个乐园给失掉了，这里牵涉两个问题需要考虑：一是，失去乐园是好事还是坏事？二是，上帝是否愿意让他们失乐园而“堕落”？首先，从宗教观点看，“堕落”或失乐园当然是坏事，失了乐园不说，后代都背上了“原罪”的黑锅。但是“堕落”的含义究竟是什么？从实际生活看，亚当和夏娃在乐园里虽然快活，但那是没有意识和知识的儿童般的快活，没有成长起来的快活。有研究成果说，亚当和夏娃在乐园里只是同伴而已。人们其实并不欣赏和留恋那种生活。人们愿意长大，去经历和体验生活的苦辣酸甜、喜怒哀乐。所以失乐园或“堕落”其实是人告别童年、走向大千世界的第一步，是成人充实生活的真正开始。这不是坏事。人们阅读上面说到的弥尔顿的史诗《失乐园》（*Paradise Lost*），可能会体会到，这首长诗的结尾虽悲壮，却并不悲观。亚当和夏娃手拉手离开伊甸园，走向大千世界，很有令人感动的气派。

这个故事牵涉的第二个问题是，上帝愿意让他造的人“堕落”吗？这个问题很棘手。上帝对亚当和夏娃的背叛非常震怒，把他们赶出伊甸园还觉不够，还判亚当一生劳作，夏娃生育痛苦，撒旦变作令人讨厌的蛇，永远伏地而行。这说明《圣经》的一层含义是，如上所说，“堕落”是不好的。可是，《圣经》的文本也提供了人们对此做出不同理解的可能性：“堕落”本身是上帝一手导演的历史“冤案”，既“冤枉”了人类，也“冤枉”了撒旦。根据《圣经》，伊甸园中有棵苹果树，上帝告诫亚当和夏娃别吃它的果实，吃了不好。既然不好，你就别在那儿种它，一切不就万事大吉了。而上帝既然种它，就必有其战略意图。而且，上帝无所不在、无所不知，上帝对撒旦的破坏行动，自始至终一直看得一清二楚。可以看出，上帝自造人起，便已计划好他们的“堕落”（或成长）了。亚当和夏娃的“堕落”其实是上帝的大计的一个组成部分。上帝对他们的越轨，早有预料，毫无惊讶之意。这里还有一个令人费解的问题，即撒旦的作用。撒旦狰狞、可恶，可他无疑也是上帝的造物之一。上帝为什么造出这么一个魔鬼来和自己对抗？原来，他也是上帝的大计的一个组成部分。上帝要他当工具，当替罪羊。我们读德国作家歌德（Goethe，1749—1832）的诗剧《浮士德》（*Faust*）的序言，就会发现，歌德理解了上帝的这个意图，在他的作品中把它表现出来。他说上帝和魔鬼打赌，让魔鬼去尽其全力引诱人的灵魂使之堕落。于是，浮士德就出现了。在这个意义上说，浮士德就是全人类的代名词，而魔鬼是为上帝的意图服务的工具。在这里，“失乐园”的象征意义非常显赫：人必须经过吃一堑长一智的成长过程。

综上所述，“堕落”属必然。上帝、撒旦、亚当、夏娃所有这些人物都是表现世界和生活的这种本质的象征物。上帝代表不可抗拒的自然法则，撒旦代表大千世界里的恶，亚当和夏娃象征成长中的人类。世界和生活的本质是，人们必须经历善恶，增加见识，长大成人。所以说，从一定意义上讲，《创世记》讲的是人成长的故事。

四

古希腊诗人荷马在他的作品里也经常运用象征手法。读者倘用象征主义的目光来读这些史诗，这些古书读来就不是只讲神话和古代战争的著作了，人们会从中发掘出很多对生活具有普遍指导意义的原则。比如他的史诗《伊利亚特》中对阿喀琉斯的盾的描写，笔墨那么浓重，就很让人费解。《伊里亚特》所写的是数千年前发生在小亚细亚的一场旷达十年之久的战争。希腊人借口它的一个王国（斯巴达）的王后海伦被劫持，对小亚细亚的王国特洛伊发动战争。荷马史诗描写的是这场战争进行到第九年的情况。希腊名将阿喀琉斯和联军总司令阿伽门侬为霸占女俘虏一事发生矛盾，拒不出战，希腊方面损失严重，后来阿喀琉斯的好友被杀，他才又决定披挂上阵。他的母亲忒提斯预感儿子在这场战争里会丧命，她力劝儿子不要出战，儿子不听，万般无奈，她到万神之主宙斯那里求救。宙斯一口答应，叫神铁匠为阿喀琉斯锻造一个刀枪不入的盾。忒提斯也央求神铁匠尽其一切努力。结果，神铁匠确是把天地间的一切都作为这只盾的原料，锻造出一具坚固无比的盾牌。《伊利亚特》全书共 20 章，作家用了将近一章的篇幅专写这只盾的始末和内涵。锻造这只盾所用的原料包括了天地间的一切，它的保护作用是独一无二的，可是结果阿喀琉斯也未逃过一死。因为老天叫他死，他就必死无疑了。当初，在阿喀琉斯降生后，忒提斯曾经提着孩子的脚踵，把他放入冥河里涮了一下，因此阿喀琉斯是钢铁之身，刀枪不入的。可是他的脚踵未能泡进冥河，因而成为他唯一的致命弱点。盾再好，也保护不了脚，最后他还是脚部中箭身亡。这个事情很耐人寻味，它的象征意义很强。荷马描绘这只盾所用的手法是典型的“宇宙式反讽”。这种反讽表明，人和宇宙相比是微不足道的。人任凭如何努力，也战胜不过命运。在希腊神话里，宙斯是宇宙之王，他就是宇宙。在宙斯的谋划中，阿喀琉斯注定要死，任何努力都救不了他。人命对于宙斯轻如鸿毛，他把人命当作儿戏，出尔反尔，天下无敌的阿喀琉斯也逃不过他的手掌。荷马生活在纪元前 8 至 10 世纪，然而那时他就具有了这种对生活的悲剧意识。这是一种现代性很强的意识——对生活的悲剧观。

荷马的另一首著名史诗《奥德赛》所描写的，是特洛伊战争结束以后希腊策士奥德修斯扬帆回国的故事。他因得罪了一些神祇而招来灾祸，在海上漂流十余载，遇到无数妖魔鬼怪的干扰，途经盛产忘忧果的安乐乡、力大无比的独眼巨人的岛及凶恶的食人国，经受了妖娆的女巫的挟持、温存的神女和公主的爱抚、水妖石怪的虎视眈眈以及阴森地府的幽灵的纠缠，但他始终不渝，归心似箭，最后终于重返故国，与妻儿团圆。这个故事来自古代一个武士的生活，它所表现出的生活内在的象征性却为后世提供了一些不朽的文学表达人生的模式。其中的一个模式是，人生是一个“赶路—追求”的过程。人生不易，要克服许多艰难困苦，还有许多难以抗拒的诱惑；但是人对目标、理想、梦想等等的追求，给人以勇气和力量，而坚持锲而不舍、勇往直前。对多数人讲，这是人生的意义所在。后世许多作家都在创作中深受这个模式的启发和影响。读者如用象征目光去阅读这些作品，就会增加自己理解的广度和深度。比如我们阅读美国现代诗人庞德的《诗章》这首长诗，就会发现，长诗的主人公竟是一个奥德修斯式的人物。庞德面对以混乱和支离破碎为特点的现代幸福生活的挑战，在诗作中表现出一种寻求秩序和意义的强烈愿望。《诗章》具有史诗般的长度，由 120 章组成，由许多在形式上并无联系但内容却统一的独立部分组成，每部分都表现某种凌乱的经历、事件或情景，其效果宛如交响乐一般。“寻求”的主题在各部分反复出现，给混乱带来秩序，使支离破碎状态呈现为新的整体。诗中讲话人的身份为奥德修斯—庞德，他在一片混沌中上下求索，寻找光明和前进的道路。“赶路—追求”的主题为我们理解艰涩的长诗提供了一把钥匙。

五

古希腊三大悲剧诗人之一的索福克勒斯的剧作《俄狄浦斯王》，也运用了很明显的象征手法。这个故事讲的是古希腊底比斯国王俄狄浦斯弑父娶母的悲剧。俄狄浦斯一出生就受到神谕的威胁，他竭力逃脱这个命运，避免这个悲剧，但最后还是没能摆脱命运的手掌，还是杀了父亲、娶了母亲，并生儿育女，后来真相揭开，他毁掉自己的双眼，在黑暗中漫游，度过残生。

这个故事的象征意义很强。现代心理学家弗洛伊德已经从中引导出他的著名命题——俄狄浦斯（恋母）情结。除此之外，还有很多值得注意的地方。首先，俄狄浦斯本身就是一个象征，他是典型的人的象征。他正直、自信、执着，有个人尊严。他相信自己有顶天立地的能力，相信自己的事业必胜。他努力治理他的王国，给他的臣民创造好的生活。在他的王国出现灾难后，他决心找出原因。他甚至怀疑神启的准确性。但是他终于未能逃过神谕所展现的有关他的命运的预言。这个事实的象征意义在于，神大于人，神玩弄人于他们的股掌之上，在神面前，人是完全微不足道的，人的一切努力似乎都于事无补。这是文学评论所说的“宇宙式反讽”的又一范例，也是很有现代性的对生活所持悲剧观的又一证明。人们会问，神是什么？世间有神吗？仔细观察一下人生，人们会发现，人世间和宇宙里的确存在一种左右人生的永恒而不可知的力量，人们有时称之为“命运”，有些宗教称之为神。

其次，这部作品也对真相（或曰真理）的可知性做出了大胆的论断，即真理是不可知的。世界是昏暗一片，一切皆属偶然，一切不可逆料，远远超越人的左右和认识水平。人对世界的认识远非完美和全面，宛如“盲人摸象”这则寓言所说的那样。所以看完这部剧作，一种近似虚无的感觉在心中油然而生。这也是一种很具现代性的思想，可见古人与现代人在思维能力及认识深度方面区别不大。人类在这方面的进步，便是以 3000 年计也确是微乎其微的。

六

象征手法是把人内心外现的手法之一。作品中的次要人物成为衬托主要人物的心理或性格的象征物。比如莎士比亚的《麦克白斯》里的三个女巫，她们先后出现两次，第一次说麦克白斯将会成为国王，可是他的副将的后代也会成为国王。其实这正是麦克白斯当时心中最担心发生的事情。她们第二次露面时说，麦克白斯的处境非常危险，这也正是麦克白斯当时的最大忧虑所在。前者导致麦克白斯大开杀戒，把本来还算平静的局面变为一个人心惶惑、纷纷背离的境况；后者则让他惶惶不可终日，首先从心理上败下阵来。莎士比亚利用次要人物——三个女巫——反映了麦克白斯的内心。

运用次要人物衬托主要人物的手法，也是美国当代剧作家阿瑟·米勒的剧作《推销员之死》的醒目特点之一。这部剧作的主人公是威利·洛曼。他年过六旬，像许多美国人一样坚信美国梦：人可以靠自己努力获得成功。然而他为一家公司辛苦工作了30多年，到头来反因年老、推销不力而遭解雇。他精神恍惚，但仍相信通过自杀可以给儿子留下一笔人寿保险金，以继续实现自己的梦想。于是他撞车自尽。在这个人物形象的塑造中，剧中几乎所有的次要人物——妻子、哥哥、两个儿子、邻居父子、波士顿女人以及威利的雇主——都对主人公威利的性格塑造发挥了作用。这就是说，每个次要人物都成为作家塑造主人公性格的象征物：他的哥哥和长子比夫显示他的热爱大自然、愿意开拓事业的一面，而他的妻子琳达和幼子海辟则突出他的保守一面，邻居父子表现他的追求和失败，雇主则代表他所处时代的残酷与不正义，这决定了他的梦想破灭的必然性。

另一个好例证就是当代黑人作家莫瑞森的名作《爱娃》(*Beloved*)。这部小说也有效地运用了象征手法塑造人物性格。小说讲的是一个非裔美国女人年轻时杀死女儿的事情。瑟丝19岁时，在逃离奴隶主魔爪的过程中，于绝望中杀死两岁的女儿，以免她长大之后遭受奴隶生活之苦。十几年后，女儿阴魂不散，回来搅扰她。她的名字叫爱娃（如她墓碑上所刻）。阴魂先是无形，然后索性现出人形，扰得瑟丝无法安生，后来在村民的帮助下，经过仪式，把阴魂赶走，瑟丝才得以心地安宁地生活下去。在这个故事里，爱娃的形象具有深刻的象征性，她实际上是瑟丝内心伤疤的外现。瑟丝长期以来无法忘却痛苦的过去，无法正常地生活。这种情况，在某种意义上，是整个非裔美国人种族的共同经历。但他们不能回避过去，他们需要痛苦的"再记忆"过程，以解决内心深处难以应付的"难言之隐"，以和过去做个了断，振作起精神向前看。爱娃在一定意义上代表了这种心理创伤。

七

我们在阅读中有时注意到一个很有意思的现象，即整部文学作品宛似一个大型象征物。这种作品形象专一，内容专一，自始至终说的就是一个道理。阅读这种作品时，抓住这个纲领非常重要，否则会失去洞悉全书要旨的机会。比如乔治·埃略特的《弗洛斯河上的磨坊》，读来仿佛一则寓言，写的是兄妹，实际上说的是人的性格的两个侧面以及对完人的状貌的揣度。作家对两个主要人物的描绘看起来像素描，哥哥汤姆是理智的化身，而妹妹玛吉则是感情的体现。哥哥循规蹈矩，妹妹则“跟着感觉走”。于是二人矛盾重重，最后竟落到水火不容的地步。对这部小说当然有各种诠释，其中一种可能的理解是，兄妹二人的举止都不理想，只有感情和理智相结合而融为一体时，人才能成为完人。然而，完人是不存在的，于是二人最后都被淹死了，而面对死亡，兄妹拥抱在一起，似乎已成为一个完人。如从基督教的角度看，兄妹二人已通过洗礼，冲刷了自己的罪孽，而获得作为完人的新生。

再如当代美国作家埃利森的小说《看不见的人》。《看不见的人》描写一个无名无姓的黑人青年，躲在纽约一家住宅的地下室里，叙述自己从种族歧视根深蒂固的南方来到工业发达的北方大城市，为了寻求自我反而进一步失去自我的经过。小说揭示了存在于人与人、人与社会以及种族之间的种种不正常关系，因而是对不合理社会关系的深刻阐述。小说的主题以“寻求自我”开始，以“寻求自我与社会之间关系的合理解决方法”为结束。小说指出，社会的本质是不承认人的个性，它只看到群体，而看不见个人，因此小说的题目中包括了“看不见”的字样。主人公从南到北，一路寻来，最后在地下室里打开 1369 个电灯，在对个人与社会的关系进行了深刻考虑与分析后，他似乎看到了问题的症结所在：社会与个人原来虽然有矛盾，但两者却互不可分；社会没有个人就不成其为社会，而个人有了社会才能得到自我界定，因此两者要相互靠拢，中间取齐。换言之，人既要为社会服务，又不要忘记自己的个人独立身份，而社会也要做出让步，承认个人的一些权利和要求，两者之间要兼顾，都做出必要的妥协，这才是处理这一关系的准则（如主人公所说，“蛰伏是为公开活动做秘密准备”）。唯有如此，人的理想的社会生活才能实现。这是小说的跋画龙点睛之笔所在，也是小说的高明之处。

“看不见”于是成为一个象征，即个人与社会之间关系的象征。《看不见的人》提出了人类认识论上一个重要的问题，即个人与社会之间究竟应当怎样互动才对双方都有益处。“看不见”一方面表达出社会否定个人的存在，一方面也表示个人已经认识到社会的否定态度。于是善于思考的人们便开始探讨个人与社会的关系问题。《看不见的人》便是这种思考的一种记录。在西方认识论史上，中世纪以前，特别是基督教风行西方以后，个人对社会一般说来是唯命是从。这种“顺从”情况可以算作认识论的第一阶段，它持续到文艺复兴时期（15、16 世纪），这时个人开始强调自己的存在、自己的权利，认识论的第二阶段自此开始。到浪漫主义时期（18 世纪末、19 世纪初）个人意识进一步增长，到 19 世纪后半叶从现实主义到自然主义，后来到现代主义、存在主义阶段，一直到现在，第二阶段仍在持续中。在这个阶段，个人在社会的压力下开始感到极度苦恼，于是出现比较尖锐的对立、反抗、逃避等等现象。这一长段时间内的文学艺术作品对这些现象表现得非常充分。但是，对抗似乎不是对“个人与社会间关系”这个问题所做出的令人满意的答案。到20世纪中叶，埃利森写出《看不见的人》，提出双方应当妥协的理论，要求社会和个人要相互承认。这似乎是比较合理的解决方案。因此，这部小说把人类的认识推到了第三阶段，即最后阶段。这个阶段当然仅仅是开始，它还要延续很长的时间。从这个角度看，《看不见的人》是人类思想发展的一个里程碑。

八

一个象征物有时可以统领一个国家的文学创作。美国文学，尤其是它的早期文学，便是一个很好的例证。比如19世纪的美国（白人）文学突出而集中地体现出亚当在伊甸园的神话精神。这里有梦想，有满腔的热情和希望，之后是失望，最后是绝望。美国早期作家如克里夫古尔、库柏、爱默生、梭罗、惠特曼等，都是表达这个梦想和希望主题的。克里夫古尔在他的《来自一个美国农夫的信》里，描写了新亚当已开始在新伊甸中生活的景象。爱默生对新世界充满无限乐观情绪，他有一句名言：“这里站着古朴率真的亚当，以单纯的自我面对着整个世界。”在他看来，美国像亚当一样，思想纯真，未曾受过传统或世俗偏见的影响。梭罗对新世界的新生活不仅充满憧憬，而且勇于实践。他在《瓦尔登湖》一书中，描绘自己只身伫立在瓦尔登湖畔面对世界的情状，恰是从元初一片混沌中脱颖而出的伊甸园内亚当的形象。库柏刻画了天真淳朴的亚当式主人公、绰号叫“皮袜子”的纳蒂·班波。“皮袜子”是库柏的传世名作《皮袜子的故事》五部曲的主人公，他是亚当在伊甸园如鱼得水、适得其所的意态的再现。《皮袜子的故事》还有一层深刻的含义，它再现了美国神话：美国移民来到美洲，把旧世界的老皮脱落在欧洲，全力开创一个新世界。惠特曼的《草叶集》可以说是“亚当的歌”，他本人则可以被誉为“亚当的歌手”。霍桑深切地感触到开创新大陆的艰巨的历史责任；他认为根除旧世界、旧文化和旧传统的残余已迫在眉睫，势在必行。麦尔维尔的作品从整体上可视为“亚当的题材”最全面、最完整的体现，它描述的是“天真——失天真——复天真”的人类成长过程。

可是到了 19 世纪中叶，特别是美国内战以后，人们开始失望了。马克·吐温的《镀金时代》表达了人们久盼但未能看到黄金时代的失望情绪。豪威尔斯的《塞拉斯·拉瑟姆的发迹》描写出作家对美国文明发展方向的批评。19 世纪末叶，美国现实生活中的绝望情绪逐渐增长，美国思想的发展渐臻成熟。在资本主义垄断阶段出现的人的“无望”状态，使人们开始冷静地考虑问题，爱默生式的乐观情绪或惠特曼式的引吭高歌式文学，逐渐让位于反映绝望情绪的思想模式和文学题材。美国自然主义作品开始问世。克兰、诺里斯和德莱塞等人的作品里弥漫着凄苦和无望的气氛。“美国的亚当”这一形象逐渐为世人冷待，似乎已失去其对文学创作的原动力作用。

当然这并非意味着“美国神话”业已寂灭，“新世界的新人”这一题材已从美国文学中消失。事实上，细读美国近几十年来严肃的文学作品便会发现，“美国的亚当”仍以某种形式影响着文学创作，它依然是美国现当代文学中伟大的永恒性作品的创作动力。菲茨杰拉德的名著《了不起的盖茨比》中的主人公盖茨比、福克纳的《熊》里的艾萨克·麦卡斯林、拉尔夫·埃利森所著《看不见的人》里的“我”、J. D. 塞林格的名著《麦田里的守望者》里的霍尔顿，以及索尔·贝娄的奥吉·马奇的形象，所有这些人都具备一个共同特点，即他们的思想境界都高出周围世界一筹。他们的浑朴气质同他们的19世纪的文学前辈相似，并在客观生活的锤炼中不断成长。

美国文学是多种族文学，不同种族的作家遵循不同的创作原则。白人作家运用伊甸园神话为创作的源泉，而黑人作家（非裔美国作家）则运用《出埃及记》神话作为精神向导。这些当然都是下意识的思想活动，说明不同的社会背景决定作家创作选题的取向。

《圣经》里的《出埃及记》和伊甸园神话虽然同出一书，但基调完全不同。《出埃及记》讲的是古犹太人在埃及饱受埃及法老的奴役长达400余年，最后在面临种族灭绝的存亡的选择中，克服重重苦难而奋起求生。这是一个奴隶求解放的可歌可泣的故事。非裔美国人没有自己的宗教，就以古犹太人绝地奋斗而获重生的神话比喻自己的生活境遇和对未来的憧憬。

非裔美国文学史多以非裔美国作家弗里德里克·道格拉斯为开端。道格拉斯的著作描写自己苦难与奋斗的一生，其基本格局是沿袭《出埃及记》的结构的。20世纪20年代之后在纽约出现的哈莱姆黑人文学复兴，其中包括著名非裔美国诗人兰斯顿·休斯在内的许多黑人作家的作品的基调都和《出埃及记》相吻合。现当代非裔美国作家如理查德·赖特、拉尔夫·埃利森、詹姆斯·鲍德温、托尼·莫尔森、爱丽丝·沃克、玛雅·安吉罗、丽达·多夫等人的作品，无不反映出《出埃及记》的结构特点。

美国白人作家中有不少人创作出同情他们黑人兄弟的作品，其中比较著名的如哈丽特·斯托的《汤姆叔叔的小屋》、威廉·福克纳的《去吧，摩西》、尤金·奥尼尔的《琼斯皇》等作品，都明显透露出《出埃及记》的模式。

《出埃及记》成为非裔美国人民生活基本模式的象征。

九

有人说，中国作家没有雄厚的神话作背景和铺垫，历来多遵循现实主义写作方法，运用象征主义手法进行创作的不多。从表面看，这种说法不无根据；但也不尽然。在我们中国文学创作中运用象征主义手法的例子也不少。象征主义和现实主义是文学艺术家观察和表现生活的两种方式和手法，虽有不同，但是相互间并不矛盾和排斥。比如《西游记》《红楼梦》《阿Q正传》等经典著作，都巧妙地运用象征手法，取得了奇妙的艺术效果。

《西游记》是一部浪漫主义作品。人们对这部小说所讲的故事可以做出不同的理解。一种可能的读法是从佛教角度，把它看成对人自我修炼过程的描绘。人在自我成长、自我进步的过程中，要和天斗、和地斗，也要和自我斗。《西游记》描写唐僧师徒一路降妖除魔的情景，正是这个过程的逼真写照。唐僧一行五人（算上白龙马），几乎每人都体现出常人的一个基本特征。唐僧当然是善良、正直、诚实等等正面品质的化身，他相信人是善良的，因而容易受骗上当。在整个行程中，他掌舵，来不得半点含糊。孙悟空艺高心细，疾恶如仇，心直口快，有些胆大包天，有时立场不稳。猪八戒是自私的典型，他什么诱惑都很难抗拒，陷害好人，打退堂鼓，怨天尤人，色欲十足，但是他不是坏人，他有同情心，能认错、自嘲，有上进心，他是一个"近朱者赤，近墨者黑"的凡夫俗子。沙和尚属无创造性、无多少本领的人，但任劳任怨、吃苦耐劳，听从指挥、安分守己。白龙马虽为马身，但不自惭形秽，他也有悟性，尽力而为，在关键时刻发挥作用。书中这几个人之间、他们和外部的妖魔鬼怪之间的互动，逼真地表现出人为达到某种高尚境界，竭力克服外部的威胁和引诱，清除自身的各种污垢与陋习。书中五个人去西天取经，结果五个人也都修成正果。实际上，读者也可以这样理解，即作品可能是说，只有一个人去了西天，也只有一个人成了佛。这个人是谁呢？他不是唐僧，也不是孙悟空、猪八戒、沙和尚或白龙马。他是他们的总和，即凡人、普通人。这几个人代表了普通人性的不同侧面，或不同组成部分。其中，善（即唐僧）在人性中占主导地位，善能克恶，人是可以变好的，不好的部分是可以克服的。这证明作者是相信人性善的。《西游记》里的人和怪都是象征物，这部书本身就是一个意义丰富而深刻的象征物。

《红楼梦》也是一个很好的例子，书中所描写的每个细节都是现实主义的，但其中的每个人物和事件又都是现实生活的象征。

读这部书，有两个字不能回避——“贾”（“假”）和“梦”，作家似乎在用这两个字来形容人生、人世。小说的宗旨之一可能是，人生是假象，人生如梦幻。人是假的，他所做的一切、所拥有的一切，都是假的，包括爱情、繁华、道德、伦理等等。人们都似在做梦，浑浑噩噩，随波逐流，当一天和尚撞一天钟，真正醒着的人几乎没有，谁也不识事理和真相。可能贾宝玉和柳湘莲有些看破红尘，但他们一旦梦醒，就离开人世，留在世间的还是一个个凡夫俗子。可见作家对生活、对人性是持否定态度的。

如果运用西方神话的角度看贾宝玉的故事，《红楼梦》所讲很有《圣经·创世记》故事的意味，象征人的成长过程。这是一个发生在中国的“创世记”的故事。两个僧人把贾宝玉带入大观园，让他在那里享受荣华富贵 19 载，然后再把他带出去。

大观园象征父母的庇护和供养，有点伊甸园的意味，19年也合乎西方文化所说的“青少年”（teenager）时期。这19年是贾宝玉的成长和成熟的年月，他长大成人，就离家去了。当然在佛教思想指导下刻画出的贾宝玉，不像《圣经》里走入大千世界的亚当，贾宝玉最后出家去了，但那已是书外之事，给读者留有很大的想象的空间。

鲁迅的名作《阿Q正传》，本来是写一个愚昧乡下人对待生活可笑、可悲的态度的。阿Q面对生活的频频打击而手足无措，只好用自我安慰的手段使自己苟活下去。让人打了，他无法还手，就说“儿子打老子”，于是他就变成老子了，他胜利了。在被绑赴刑场杀头时，他逃脱不了，就喊出一句不知从哪里听来的“二十年后又是一条汉子”，于是人群喊好，他觉得自己成了英雄，又有理由觉得获胜了。作家的原意应当是唤醒受列强欺凌的中华民族。鲁迅可能是说，这愚昧、被动的态度会影响社会的革新、国家的崛起。可是，时过境迁，当人们把阿Q这个文学形象从它的创作时空中游离出来，它就具有了一种独立于作家本来意图的普遍性意义。“阿Q”作为一个新词语已被收入《现代汉语词典》，业已成为人的一种精神状态的象征，即“精神胜利法”。

（原载《美国文学研究》，2009年第4期，第5—21页）

美国诗人阿什伯利的后现代主义现实观与艺术观

——评介长诗《凸镜中的自画像》

第二次世界大战之后的美国文坛，特别是在20世纪六七十年代，出现了新的创新浪潮。美国年轻一代作家，遵循美国文坛走出新路的一贯传统，对过去的某些文学传统提出了挑战，认为它们已经过时，主张运用新的表现技巧表现新时代的新生活。在这场反叛运动中，现实主义首当其冲。在当时的形势下，不少作家都感到站队与表态的迫切性。美国当代诗人约翰·阿什伯利（John Ashbery，1927—2017）便是其中的一位。他在1974年8月份《诗刊》上发表的长诗《凸镜中的自画像》（*Self-Portrait in a Convex Mirror*），就清楚表明了他的后现代主义立场，勾勒出他作为后现代主义者的自画像。这首诗是他的代表作。1975年他以该诗为书名出版的诗集连获美国文坛三项大奖——国家图书奖、全国图书评论奖及普利策奖，在西方诗坛产生了某种轰动效应，对年轻一代作家的影响很大（斯塔梅尔曼615，鲁珀454等）。此诗自问世迄今已超过40年，评论界依然对其兴趣盎然，这是近几十年来其他诗作所不能相比的。

关于这部诗作的主题思想，评论家有各种评论。不少人认为，此诗的主旨在于揭示阿什伯利对事物的观察、他作为诗人的自画像，以及语言不能充分表达经历等（伯恩）。美国著名评论家海伦·温德勒（Helen Vendler，1933— ）曾坦诚地说，她常常误会阿什伯利的意图。她认为他的这首诗作是在表明，艺术应背离直录式的模仿。看来她确是误会了诗人的本意。美国诗人、评论家梅根·奥鲁克（Meghan O'Rourke，1976— ）说过，阿什伯利的诗歌大部分没有什么意义，阅读他的诗作最好是不在读懂上面下功夫，而是以观其词语、听其音乐为乐，如此其诗作的意义才有可能透露出来。这种说法不太符合实际。另外还有不少评论虽然才辩无双，但多避重就轻，不得要领，常有误人之嫌。

细读这首长诗，人们会发现，它集中表达了诗人对艺术与现实之间关系的思考。它宣称，艺术不能确切表达现实，古往今来的一切艺术形式都是对现实的歪曲。这部诗作反复、详细地诠释了造成这种局面的原因，表现出诗人鲜明的后现代主义现实观与艺术观。此诗篇幅很长，语言确实难以把握，但绝非“废话连篇”。读懂此诗的关键在于紧紧抓住诗作的主题不放，并以此为线索，进入这座迷宫，锲而不舍，步步为营，最后便能顺利脱身而出。

《凸镜中的自画像》原是16世纪意大利娇柔主义风格画家帕米吉亚尼诺（Parmigianino，1503—1540）一幅画作的题目。这幅画作抛弃了文艺复兴全盛时期所主张的比例协调原则，背离了现实主义的基本理念，在当时显示出一种全新的艺术表达现实的风格。它的精神与20世纪六七十年代美国及西方文坛的反叛氛围有相吻合之处。敏感的阿什伯利感觉到了这一点。1959年他在维也纳看到这幅画作时，内心就受到震撼，十多年后又在美国一个小书店里见到它的复制品，便决心创作一首以此画为题材的诗歌，以表达自己对一些问题的看法。他的诗作也以《凸镜中的自画像》为名，可能是意在表明他的离经叛道及走出新路的态度。

当时美国文艺界关于艺术与现实之间关系的观点正在发生变化。阿什伯利感到，对过去传统和风格的重新认识与评判已经开始。他站在革新一边，认为其他人的理论和品味都无益于解决人们对现实的认识和表达问题（第 499—508 诗行）。现实主义是解释真相的第一步，人们对它曾持欢迎态度，但它已僵化，成为一种将蒸化为空气的传统：

> 模仿自然或许是取得
> 内心平静的第一步，
> 但它只是第一步，而且常常
> 成为冻结的受欢迎姿态，被蚀刻在
> 充盈在它后面的空气上，
> 一种传统。而我们确实已无
> 时间花在这些上了，除非是利用它们的
> 点燃作用。它们烧完得越快，
> 对我们要扮演的角色越好。（第 516—521 诗行；笔者译，下同）

诗人认为，帕米吉亚尼诺的自画像曾经显得完美，但它对人们仍然是“二手知识”；它可能曾是对事物的完美解释，但实际上不是，因为它不可能代表全部真相（第 509—512 诗行）。阿什伯利对现有的理论和传统提出了质疑，认为一切艺术理论虽然可以作为指导，但都易使头脑僵化，令人盲从而不思变，扼杀人们的完美的艺术之梦（第 201—206 诗行）。理想的艺术应当能够超越一切理论和形式的限制。现在没有适合人们需要的理论和形式了（第 3 诗节）。

诗人认为，确切反映现实这一梦想是存在的。人们虽然不能给它以准确的界定，但幻梦却继续存在。诗人觉得自己已被选定阐述和实现这个梦想：

> 这一白日梦
> 虽然受到搅扰，但确存在过，它
> 引起的痛楚永远淹没不了
> 依然草拟在风上的图形，
> 为我选出，为我而画，在我房间内
> 貌似灰暗的亮光里得以实现。（第 535—540 诗行）

这几行诗歌表明诗人强烈的使命感。他是在说，他虽不才，但他见到了真理的端倪，感到有必要提出新的观点。他认为，他的观点要让人们认识生活及各种已经过时的表现方式，作家和艺术家们要成为经典，就必须决定是否站在新的（即诗人的）观点一边（第 281—285 诗行）。现在人们需要革新者出来向旧堡垒挑战：

> 我们现在需要有这么一位不太可能出现的
> 挑战者猛击目瞪口呆的城堡的
> 大门。（第 289—291 诗行）

革新意味着质疑和反叛，这些行动不会随意出现，而是以有条不紊、无意威胁到任何人的方式进行（第 305—310 诗行）。长诗在表达新观点的过程中，对历代艺术风格在确切表达现实方面所做的努力给予肯定，指出历史总是包容一切（第 335—337 诗行）；历代艺术家们都心怀确切表达现实的梦想，这些梦想虽然未能如实实现，但表现出了人们的终极理想（第 51—54 诗行）；一切艺术、艺术美，都是历史长河的一部分，是在昔日代代努力的基础上创造出的（第 326—328 诗行），都发挥过历史作用。

《凸镜中的自画像》表现出诗人对现实以及艺术表达现实等问题的新观点。之所以说其新，是因为这是诗人在经过长时间深思熟虑之后提出的更加系统而明确的观点。如果人们回顾一下诗人早期的有关作品所表达的思想，就会看出诗人在这首长诗里所表达的现实观及艺术观是由来已久的。阿什伯利的早期作品之一《例证》（“Illustration”，1956）所表达的就是典型的阿什伯利诗歌的主题，即人们认识现实的可能性与局限性。此诗第一部分讲一个神学院学生要跳楼，周围的人都极想了解和满足她的要求，以期帮助她渡过难关，大家七嘴八舌，那情形宛如盲人摸象，都不得要领，结果这个学生还是自杀了。显然，在诗的这一部分中，学生自杀这一事件象征现实，人们对它的认识都是片面的。在诗的第二部分诗人开始考虑，学生自杀一事究竟是不是人们要了解的全部现实，因为在她自杀的同时，还有许多其他事情在发生，现实显然具有多方位、多层次的性质，人们对一个学生的自杀尚且认识不清，而这只是现实的一个部分，那么，对全部现实的认识就更加困难了。而且人们本身的观察力因受时空限制也有缺陷，不可能看清现实的全部。就以学生跳楼一事来说，人们便是能够离地升空看她跳下的情景，所见到的也不过是在一个高度、从一个角度的观察结果而已。所以《例证》这首诗在告诉人们，整体现实是不可知的，它并不在乎人们是否了解它；它如同一个奇迹，常人肉眼是看不全的。阿什伯利的这种现实观影响和决定了他的艺术观，他认为艺术不能准确地表达整体现实。我们阅读诗人早期发表的其他诗作如《水时计》（“Clepsydra”）及《大盖洛普舞》（“Grand Galop”）就会感到，诗人的现实观始终是一致的。这是阿什伯利作品的主要主题之一。有人说《凸镜中的自画像》不是阿什伯利的典型诗作，认为阿什伯利与帕米吉亚尼诺之争在于对透视法的看法上，这不符合阿什伯利长期诗歌创作的实践情况（罗伯茨 542）。

《凸镜中的自画像》进一步阐明了诗人关于现实与艺术之间关系的观点。首先，长诗反复提出，艺术歪曲现实，迄今艺术家们所做的一切努力都未能确切地表达出真实的现实。诗人在说到帕米吉亚尼诺的自画像时指出，

> 就像帕米吉亚尼诺所画的那样，右手
> 比脸大，伸向观赏者，
> 自在地弯转，似欲维护
> 它所宣扬的东西。（第 1—4 诗行）

在诗人看来，自画像存在缺陷，因而处于守势，“它所宣扬的东西”需要维护。之后，诗人谈到自画像的创作经过：出现在凸镜中的手显得很大，赫然占据前部，把脸推向中部，至于其他关于衣服、后部等细节就更显得粗略了（弗里德伯格 105）。诗作指出，自画像所表现的不是确切的现实，它与确切的现实之间隔着两层距离：画家所画的“主要是他的映像，画像/ 则是他映像的映像”（第 16—17 诗行）。这就是说，艺术歪曲了现实。诗人认为，艺术歪曲现实的现象总会发生：“这种情况总会/ 发生，像在这种游戏中那样，/ 一声低语在屋里传来传去，/ 最后变为完全不同的意思。”（第 443—446 诗行）

诗人还指出，艺术不仅歪曲现实；它还把现实局限在艺术

品内，束缚了现实的灵魂。诗人在诗作里强调了这一思想。例如在第一诗节里就有几处说到这一点：

灵魂确立起自己。
可是它能通过那眼睛游出多远
而仍能安然返回其巢穴？镜子
表面凸起，距离大大
增加；就是说，足以证明一点，
即灵魂是俘虏，受到仁慈待遇，被拘于
悬而不定之状，无法多么超越你与
画面交叉的目光。（第24—31诗行）

灵魂不得不停在原处，
虽然心地不安，听着雨点打在窗玻璃上，
被风吹打的秋叶的叹息，
渴望自由，到外面去，但它必须待在
这儿摆架势。它要尽可能
少动。这是画像说的。（第34—39诗行）

但那是生命被禁锢在圆球里。（第55诗行）

把现实置入艺术框架之内，则无异于抹杀现实：

锁入空间实乃“死亡本身”，
就像伯格评论马赫勒第九乐章里一个乐句一样；
或引用《辛白林》里伊莫金的话说，“死时的
一掐也不会比这更剧烈，”（第315—318诗行）

之后，诗人详细分析了艺术歪曲、束缚和抹杀现实的各种原因。他提出的重要原因之一是，现实在不断地发生变化，客观与主观都在“以气喘吁吁的速度”“剥落与飞离”（第 118—120 诗行），一切都在瞬间成为过去（“时间在加速，此刻很快成为/许久的过去”，第 134—135 诗行），就是我们身居其中的当下也处于不断变动中，会毫不犹豫地在不知不觉中离开我们而成为过去（162—164 诗行），而这些都超出人的掌控（第 116—117 诗行）。诗人的这些观点都属于后现代主义思维的范畴。后现代主义认为，现实（或时间）在无休止地变化，反复无常，充满偶然性，因此艺术很难准确地把它表达出来。

与此相连，诗作提出了“他者”思想。“他者”思想认为，世间的一切都处于不稳定中，一切都在不停地变成为不同的东西，或曰“他者”。诗人对此做了饶有趣味的描述。例如他在谈及自己观赏自画像的感受时说：

> 除一点外，即我整个人
> 看去已被在其另外画室里工作、
> 截然成为另外一人的画家
> 所取代。（第 237—240 诗行）

这里，诗人在字面上是说，他在观赏一幅画作时，仿佛是被画家大变了活人一样，已变成另外一人。他实际是说，现实里一切都在变化，观赏者自己、画家与画室都在变成不同于现在状态的“他者”。事实上，画家还是同一个画家，画室还是同一个画室，观赏者还是观赏者，只是都在发生着微妙的变化。诗人说三者都在时刻变为他者，进一步强调“艺术无法如实表现现实”的主题。

“他者”的思想在诗作的另外一处得到更为精辟、颇为耸人听闻的描述：

我在这时尽可能
属于我那部分的短暂空间内，
继续向这幅已不属于我的
镜像请教。（第 332—335 诗行）

诗人是在说，就在他观赏自画像的那一刻，自画像已经发生变化，已不再是他在那一刻之前所见到的自画像了。这进一步说明，在诗人看来，没有任何东西会停留在任何水平的稳定度上。

诗人认为，“他者”的思想体现在人们日常活动的各个方面，包括创作在内，它控制艺术创作过程中的一切活动：

除掉这一他者品性
还有什么更值得严肃考虑，
这种品性被包括在最普通形式的
日常活动中，轻微而深刻地
改变着一切，把创作、任何创作、
不仅是艺术创作之事，从我们手里
夺走，置放在某个庞大的近乎
峰巅的去处，近得无法忽视，远得
无法干预？这种他者品性，这种
“不—是—我们”，是在镜中看到的
一切，虽然无人能说
怎么会成为这样的。（第 467—478 诗行）

这种“不停的变化”，或“他者”品性，是客观的、自然的存在，超出人们的理解、诠释和艺术表达能力。

另外，诗人认为，现实的连续性和不可分性局限了人的认识。诗人在诗中多处谈到了现实的连续性：“……它不可能夹在/ 两个相邻的时刻之间，它的弯曲/ 只能导向更多的支流”（第 348—350 诗行）；整体现实不是艺术虚构，它在当前的时间段中也具有其位置，当前是整体现实的一部分（第 387—394 诗行）；一切都是变化中的现实的一部分（第 403—404 诗行）。因此，现实是不可分的，它宛似“一场盛会的冷却的、/ 糖浆般的游行”（第 544—545 诗行），其整体是胶黏不断的。任何一个时间段，例如今天这一个事件，都会结束（“冷却的”），但都是整体现实不可分割的一部分（“糖浆般的”）：

> 今天没有边沿，此事与其
> 边缘平行地来到，属于同一种物质，
> 无法区分。（第 421—423 诗行）

基于这种认识，诗人提出，现实具有各种表现，我们只能模糊地认识和交流对它的某些片面的认识，但永远不会了解它的真相（第 351—355 诗行），人们无法看到整体现实的全貌：

> 那手不拿粉笔，
> 整体的每个部分脱落下去，
> 除在冷却的记忆部位里
> 星星点点、过时的喃喃细语以外，
> 不可能知道它是知道的。（第 548—552 诗行）

这读起来很像天书。“那手不拿粉笔，/于整体的每个部分脱落下去/ …… /不可能知道它是知道的”几行实际是说，整体现实之手不记录发生的事情（“不拿粉笔”），它的每部分在发生后便结束（“脱落”），无法知道自己是否已被整体现实的手（“它”）记录下来。“冷却的记忆部位里/ 星星点点、过时的喃喃细语”可能是指迄今业已存在的各种艺术传统和作品；诗人似乎在说，迄今出现的一切风格和作品所表现出的现实，与客观存在的整体现实相比，以数量计，实在是九牛一毛而已。那些能隐约记下的（或艺术所能捕捉的、表现的）现实不过是些随意、零星发生的个别事件外而已，而这些也会被很快忘掉，成为过时的事情。诗人在强调，人们无法看到确切的、整体的现实的面貌。

与此相连，诗人提出，人的观察和认识整体现实的能力是有限的。首先它受到客观条件的局限：

> 人们只从
> 四月阳光限界内悠闲的
> 静谧中筛选线索，觉得太受
> 局限了。（第 545—548 诗行）

而且，人的观察常常限于表面，看不到没有摆在表面上的东西（如地下室里的塑像，第 409 诗行）：

> 可是你的眼睛却宣称
> 一切都是表面。表面是存在的一切。
> 舍此其他都不可能存在。（第 79—81 诗行）

再者，人的观察和认识能力也受其自身不断变化的影响与局限。外界事物以及我们对外界事物的记忆都会影响我们的思维和观察。例如气球啪地破了、倒映在水洼中的云彩因水的波动而变成锯齿形碎片、前来看过我的朋友们、昨天的情况，都会转移我们的注意力，影响我们的思维走向。帕米吉亚尼诺也不例外。他坐在静寂无声的画室里，以自己为模特，梦想着创新，竭力在确切地反映现实，当他考虑拿起铅笔画自画像时，他的思想也会受到一些特殊记忆的侵扰。人们前来说些轻松或沉重的话，人们的思想会像雾气和沙尘受到光的影响一样，受到这些烙入脑际的话语的过滤和影响。那些已经听不见的话语依然在暗中“以不规则的结晶块状的记忆形式”对人们发挥着作用。久而久之，人们就失去了主见（第 100—116 诗行）。

以上诸多原因所导致的后果是，人们很难捕捉得到现实的全部而真实的面貌，艺术也就无法确切地反映现实了。这是此诗所阐述的核心思想。

诗人也指出，艺术不能准确表达现实的另外一个原因是，语言无法准确地表达现实：

> 这是曲调，但没有歌词。
> 歌词只是揣测而已
> （来自拉丁语 speculum，镜子）：
> 歌词探寻但无法找到音乐的含意。（第 47—50 诗行）

这就是说，语言只是揣测，无法表达出真实的现实（“曲调”“音乐的含意”）。阿什伯利虽然未在诗中强调此点，但这几行诗也充分表达出他的后现代主义语言观。

阿什伯利经过探讨和思索所得出的结论是，他看到了真相：

现实在变化，连续而不可分，现实的大部分在发生过后未留下记录，人们也受本身认识能力的局限，加之语言的局限，因而无法了解整体现实，无法确切地表现现实。他在诗作中强调现实的整体性，这一概念很有“杀伤力”。根据这个观点，自古至今所发生的一切都是整体现实的一部分，艺术自始至终无法表现现实的整体及全面，人们历代在艺术上所做的所有努力虽然可圈可点，但所表现的只是现实的一小部分，而且毫无例外都是对现实的歪曲。

阿什伯利的这一观点，以认识论为发端，从哲学角度考虑，不无道理，它无疑加深了人们对艺术与现实两者间关系的认识，有益于提高艺术表达现实的能力。但是，这种现实观过于绝对，因而表现出一种偏颇。它强调现实的连续性、变化性及不稳定性，但在很大程度上忽略了一个重要事实：现实有其阶段性，有其相对稳定性，否则生活就会变得云谲波诡、不可思议了。现实的这种相对稳定性是艺术创作的根基所在，舍此艺术就宛似诗人在长诗里所说的“安息在真空的支撑上”的地球或“固定在喷泉上”的乒乓球了（第89—91诗行）。没有了相对稳定的现实的基础，艺术也就失去了产生与存在的缘由。这可能是阿什伯利及后现代主义哲学与美学的危机所在。

【参考文献】

Ashbery, John. “Self-Portrait in a Convex Mirror.” In Nina Baym, et al., eds. *The Norton Anthology of American Literature*. 2 Vols. 4th Ed. New York: W.W. Norton and Company, 1994. 2661—2672.

（约翰·阿什伯利：《凸镜中的自画像》，见妮娜·贝姆等编，

《诺顿美国文学选读》，纽约：诺顿出版社，1994 年，第 2661—2672 页）。本文中的译文皆以此版本为准。

Byrne, Edward. “John Ashbery: ‘A Self-Portrait in a Convex Mirror.’” *One Poet’s Notes: John* Ashbery*: “Self-Portrait in a Convex Mirror.”* edwardbyrne.blogspot.com/.../john-ashbery-self-portrait-in-convex.html Jul 19, 2007.

（伯恩·爱德华：《约翰·阿什伯利：〈凸镜中的自画像〉》，见《一个诗人的笔记》，2013 年 7 月 19 日）。

Freedberg，Sidney. *Parmigianino: His Works*. MA: Harvard U P, 1950.

（锡德尼·弗里德伯格：《帕米吉亚尼诺：他的画作》，麻省：哈佛大学出版社，1950 年。）

Herd，David. *John Ashbery and American Poetry*. England: Manchester UP, 2000.

（大卫·赫德：《约翰·阿什伯利与美国诗歌》，曼彻斯特：曼彻斯特大学出版社，2000 年。）

Longenbach, James. *Modern Poetry after Modernism*. New York: Oxford UP, 1997.

（詹姆斯·朗金巴赫：《现代主义之后的现代诗歌》，纽约：牛津大学出版社，1997 年。）

O’Rourke, Meghan. “How to Read John Ashbery”. *Slate*. www.slate.com/articles/news_and.../the.../the_instruction_manual.html

（梅根·奥鲁克：《如何阅读约翰·阿什伯利》，《斯勒特杂志》2005 年 9 月。）

Roberts, Neil, ed. *A Companion to Twentieth-Century Poetry*. MA: Blackwell Publishing, 2001.

（尼尔·罗伯茨编：《20 世纪诗歌阅读指南》，麻省：布莱克威尔出版公司，2001 年。）

Stamelman, Richard. “Critical Reflections: Poetry and Art Criticism in Ashbery’s ‘Self-Portrait in a Convex Mirror.’” *New Literary History* 15 (1984): 607—630; Travis Looper, “Ashbery’s Self-Portrait.” *Papers on Language and Literature* 28.4 (Fall 1992): 451—456; Adam Kirsch, “The Sublime and the Ridiculous.” *New Republic* 219.13 (1998): 38—42; Jody Norton, “‘Whispers out of Time’: The Syntax of Being in the Poetry of John Ashbery.” *Twentieth Century Literature* 41.3 (Fall 1995): 281—305.

（参阅理查德·斯塔梅尔曼：《评论反思：阿什伯利〈凸镜中的自画像〉的诗歌与艺术评论》，《新文学史》1984 年第 15 期，第 607—630 页；特拉维斯·鲁珀：《阿什伯利的〈凸镜中的自画像〉》，《语言与文学论文集》1992 年第 28 期第 4 集，第 451—456 页；亚当·科什：《崇高与荒唐》，《新共和国》杂志 1998 年第 219 期第 4 集，第 38—42 页；乔迪·诺顿：《“过时的喃喃细语”：约翰·阿什伯利诗歌中存在语构》，《20 世纪文学》1995 年第 41 期第 3 集，第 281—305 页。）

Vendler, Helen. *Lyric Intimacy in Invisible Listener: Herbert, Whitman, and Ashbery*. NJ: Princeton UP, 2007.

（海伦·温德勒：《看不见的听者——赫伯特、惠特曼及阿什伯利作品里抒情的亲密》，新泽西：普林斯顿大学出版社，2007 年。）

谈谈庞德的长诗《休·塞尔温·莫伯利》

《休·塞尔温·莫伯利》被认为是埃兹拉·庞德最优秀的作品。它写的是艺术的商业化和贬值、艺术家的失望和失败，以及诗人本人的思想。这首诗里的不少成分说明，它具有明显的自传性质，痛苦地记录了诗人从拒绝写作“为社会服务”的诗歌到最后懂得“唯美主义行不通”这样一个转变过程。下面介绍一下这首长诗的几个侧面。

一、长诗简介

在 20 世纪 20 年代，历史上名声显赫的维多利亚时代已经结束十几年，新世纪正在走出它的阴影，开始在各个方面（包括文学领域）进行反思，许多有识之士都在剑拔弩张、反戈一击的同时，摸索着新路。埃兹拉·庞德便是在这个关键时刻踏入欧美文学界的。这个人在 20 世纪 20 年代欧美文学界的革新运动中发挥了引领性作用，他的长诗《休·塞尔温·莫伯利》就是在那个年代问世的。后来他介入政治和经济领域，犯下了几乎难以饶恕的罪过，这是后话，不在此文论述的范畴之内。

《休·塞尔温·莫伯利》是庞德的优秀诗作，于 1919 年问世。在这部作品里，庞德好像古希腊诗人荷马一样，认真探索着面前的宏伟世界。他创作出 20 世纪 20 年代文学界人物里的一个典型——休·塞尔温·莫伯利，把他描绘成为唯美主义者的代表，以说明一个唯美主义艺术家在当时重视社会标准但忽视激情和创新热忱的英国将会遭遇到的乖舛命运。

全诗由两部分组成。第1部分共有13首诗，主要描写“文学人物庞德”。“文学人物”指在诗中作为一个人物出现的庞德而言，与诗人庞德有别。“文学人物庞德”是《休·塞尔温·莫伯利》的第1部分的主要人物，也隐约出现在第2部分里。第2部分包括5首诗，主要描写一位不向世俗妥协但缺乏创新激情与能力、具有唯美主义倾向的诗人——休·塞尔温·莫伯利——的境况，此人与文学人物庞德既有相同之处，也有很大差别，两位诗人的命运表明，革新者生，退却者亡，革新是现代诗歌发展的唯一生路。

关于诗作的叙事者，虽然作品运用了第三人称，但多以文学人物庞德为叙事的“中心意识”（center of consciousness），情节的发展多以文学人物庞德的举止为转移，读者会以他的目光看待人、物及周围世界，会通过他的头脑进行思考。于是在阅读过程中，读者会逐渐认知文学人物庞德的观点。这样叙事的结果是，叙事人好像是文学人物庞德，而不是某一个第三人称的叙事人，叙事的效果给人一种第一人称叙事的印象。

《休·塞尔温·莫伯利》批判保守的文学界和现代文明，表明诗中人物推崇和追求古典美，决心走出新路。如果把诗作的两部分综合起来，再结合诗人庞德的生平，便会发现，诗人庞德1920年从伦敦转移到巴黎，颇有点劫后余生、英勇奋进的意味。《休·塞尔温·莫伯利》记录了诗人庞德在那个年代的心路历程，表明了他破釜沉舟、革新诗歌的精神。

在两大部分的18首诗里，每首诗又包含不同数量的诗节。全诗共由400诗行组成。为了便于阅读，笔者列出两大部分

18首诗的目录及内容简介，以飨读者（注：【】内的编号皆为笔者所加）：

【第1部分】《生活与联系》

【I】《埃·庞：自选墓颂》：表述庞德的品格和生涯；

II 揭露现代英国阻挠艺术家实现理想的保守势力；

III 商业带来的华而不实的低廉；向钱看的美学标准；迎合出版界及大众的口味；人的自甘堕落；

IV 揭露第一次世界大战中青年死去的史实；

V 为了一个病入膏肓的文明；

【VI】《海水般绿色眼睛》：挖掘艺术堕落的根源——格莱斯顿时代对美的攻击与扼杀；

【VII】《生我者锡耶纳，杀我者马利马》：19世纪90年代艺术家们受到压抑而崩溃；

【VIII】《布林鲍恩》：摒弃自己的传统以迎合社会要求的犹太人；

【IX】《尼克松》：迎合出版界、自甘堕落的小说家；

X 坚持自我、绝不妥协的文体家在贫困中挣扎；

XI 受过教育的女人继承了她不理解的缺乏新意与感情的传统；

XII 庞德评估自己在文学界的无足轻重的地位；

【XIII】《后记》：庞德选择优雅地退出。

【第2部分】《莫伯利 1919》

【I】《莫伯利》

【II】探讨莫伯利为时已晚的觉悟：生活曾给他以认识和表现美的机会。

【III】《时代要求》：表现莫伯利不能顺从时代的要求。

【IV】说明莫伯利离开了现代文学界，来到了热带海岛——摩陆加群岛。

【V】《奖章式项链坠》

二、批判保守的文学界和现代文明

《休·塞尔温·莫伯利》一诗的基调在于诗人庞德通过文学人物庞德对当时伦敦的文化界、文学界的严厉批判，以古典的黄金时代的优雅凸显现代社会的粗陋。

文学人物庞德对英国文坛的保守势力大加挞伐，认为它在竭力阻挠艺术家们实现革新的理想。他发表他对时代的看法，列出他的时代的特点，贬斥它的虚伪的价值观、它的自我欣赏、它的拒绝接受古典作品（包括诠释古典作品的作品）以及它的拒绝永恒的美。

他厌恶现代文明的粗糙、低下、丑陋：

这个时代要求一个它的
加速的怪相的标志，
某种适合现代舞台的东西，
无论如何，不是古希腊的秀丽；（第21—24行，笔者译，下同）

文学人物庞德在说，现代世界不需要令人深思的东西，如古典文学、诗歌作品及其表现出的古典美。现代世界在寻找谎言式艺术，引导人们满足于浑浑噩噩的生活，而不考虑自己如何充实空虚的生活。因此，现代世界对显示真理的经典之作毫无兴趣，包括介绍和诠释经典的现代作品（第 25—28 行）。文学人物庞德指出，现在这个时代通过石膏模型便可大批生产毫无诗意的作品，而不是精雕细刻出艺术珍品——雕塑和诗歌作品。现代世界缺乏或不珍惜永恒美，如古典的大理石雕塑或永恒的经典诗作（第 29—32 行）。他希望诗歌能够恢复永恒的古典美。他贬斥现代文明，以古典理想与现代的堕落相对比，揭露阻碍艺术家无法实现其价值的势力——商业化，以金钱为美的标准，使文学受到出版界的制约，以及由此而来的“华而不实的低廉”：“一种华而不实的低贱，／将会比我们更能存活”（第 43—44 行）。

他比较现代与古代的区别说：

基督追赶上狄俄尼索斯，
阴茎与仙酒
为斋戒让步；
卡利班把阿里尔逐出。（第 37—40 行）

指出现代生活缺乏激情和创作灵感，“一本正经”的基督与斋戒压倒了象征“激情”的“阴茎与仙酒”，像莎士比亚的剧作《暴风雨》中所写的那样，代表粗鄙的人物卡利班驱逐了高雅的人物阿里尔，感情的表达受到条条框框的限制与压抑，现代生活的低俗压过了古典美的优雅。

文学人物庞德对基督教也存在看法。他认为基督教也有其美，但在基督代替酒神以后就显现出不足，美由市场需求情况做出估价，成为现代市场消费经济（商业化）的一个组成部分。在这种情势下，一切都变了味道：

农牧神和我们没有关系；
圣徒的见识也如此。
我们做圣饼用模子，
请经销公司行割礼。（第49—52行）

文学人物庞德在说，代表激情的农牧神（酒神的随从）和我们已经无关，因为我们已经没有了激情。基督教圣徒的灵性和我们也已无关，因为我们失去了基督教精神。大规模生产出（用模子轧制出）的圣饼很难让人联想到它所标志的耶稣的肉体，由经销公司给人们减价行割礼，也亵渎了犹太礼仪的神圣性。文学人物庞德在说，在现代社会里已经没有神圣可言。他认为在这个世界上，已经没有什么事情值得庆祝、没有什么人可颂扬了（第57—60行）。

文学人物庞德贬斥现代文明说，它最大的愚蠢行为是把年轻人推向战争的深渊。他鞭挞第一次世界大战，指出它是现代文明的产物，揭露它的荒谬及欺骗性，贬斥它为了一个病入膏肓的文明而不惜牺牲无数年轻人：

在那里无数人死去，
其中包括着地杰人灵，
为着一只掉了牙的老母狗，
为了一个糟透了的文明。（第88—91行）

文学人物庞德哀叹第一次世界大战的残酷及传统价值观的衰颓。

第1部分的第6首诗《海水般绿的眼睛》（“Yeux Glauques”）谈到格莱斯顿保守的道德标准对拉斐尔前派美学价值的压制：

格莱斯顿依然受到尊重，
约翰·拉斯金在撰写
《国王的宝物》，史文朋
和罗塞蒂依然在被诬蔑。（第 96—99 行）

在文学人物庞德看来，在物质丰富而精神贫乏的现代社会中，美得不到欣赏和赞誉（第 194—207 行）。

文学人物庞德在此诗的第 1 部分对现代文明的贬斥，在诗作第 2 部分的主要人物——莫伯利——所持的态度上也显现出来。

诗作的第 2 部分主要写休·塞尔温·莫伯利在现代生活中的遭遇。如前所说，莫伯利与文学人物庞德既有相似之处，两者又存在很大区别。二者之间最大的区别是，面对现代文明的粗暴和不可理喻，一个勇敢地继续战斗，一个不知所措地死了。

在第 2 部分第 2 首诗的开始处，莫伯利以卡伊德·阿里为笔名为自己写下《墓志》：

他们懂得什么是爱，他们能理解它吗？
如果他们不懂诗歌，感受不到音乐，他们懂得什么是相比之下玫瑰显得粗糙、紫罗兰味像似雷电的那种激情？卡伊德·阿里

这反映出莫伯利对现代世界的抱怨。他认为现代世界不理解艺术，不懂得爱与激情。

莫伯利曾有一年的时间处于麻木状态，他回顾和评估自己这些年来所错过的东西（做爱或艺术创作的机会）的重要性，发现自己丢失的是他的与爱相连的浪漫欲望，由此联想到现代

人已经失去与伟大古典美的联系，人们应当回顾一下古典艺术，对美重新认识（第 291—294 行）。

三、推崇和追求古典美

诗人庞德赞颂和追求古典美。他认为，世间存在真美，许多艺术必须与之连接才会获得富有意义的发展。他很不满意现代人漠视古典艺术的态度。他认为在重视社会标准、艺术的商业化和贬值、忽视个人能力与激情的英国，诗歌革新的前途非常渺茫。文学人物庞德明确表达了自己的态度和目标：

他真正的珀涅罗珀是福楼拜，
他垂钓在固执的岛边；
观看着铬耳刻的头发
而不是日晷上的格言。（第 13—16 行）

荷马史诗《奥德赛》里的珀涅罗珀是史诗里主人公奥德修斯乘风破浪花费 10 年欲回家与之团聚的美丽的妻子，在这里她象征文学人物庞德的理想与追求。福楼拜是 19 世纪法国小说家，以其作品优雅的形式与古典美而著称。文学人物庞德也清楚地知道，欣赏美、提倡美可能是一件危险的事情（第 15 行）。他坚持反对缺乏新意的老生常谈（第 14 行、第 16 行）。阅读《休・塞尔温・莫伯利》便会得知，他为革新诗歌、表现古典美，涉猎了古希腊、古罗马、法国等多种古典传统及文学。上面这几行诗进一步表明文学人物庞德对艺术美的不懈追求。

诗人庞德对古典美情有独钟。这一点在这首诗歌的两个地方最明显地凸现出来。一是通过文学人物庞德对 19 世纪唯美派诗人与画家的赞誉，一是体现在此诗第 2 大部分关于莫伯利思想举止的描述上。首先，文学人物庞德对拉斐尔前派艺术推崇到五体投地的地步。他赞扬了诸如著名艺术评论家约翰·拉斯金（John Ruskin，1819—1900）、著名诗人史文朋（Algernon Swinburne，1937—1909）和著名诗人兼画家罗塞蒂（Dante Gabriel Rossetti，1828—1882）等拉斐尔前派艺术家，对他们表达了毫无保留的赞誉（第 96—99 行）。在为他们抱打不平的同时，他在这首长诗的第 6 部分——《海水般绿的眼睛》——里特别赞美了伊丽莎白·西德尔（Elizabeth Siddal，1829—1862）美丽的眼睛。伊丽莎白·西德尔是拉菲尔前派画家们的模特，后来成为画家兼诗人罗塞蒂的妻子。她作为第 6 首诗的中心人物，体现出文学人物庞德所褒扬的艺术美、古典美。维多利亚时代保守派评论家的代表布坎南丑化唯美画家们的追求，把美丽的伊丽莎白·西德尔形容成充满色情，成为画家们的性对象。第 6 首诗的第 3 诗节特别讲到拉菲尔前派画家爱德华·伯恩-琼斯（Edward Burne-Jones，1833—1898）的一幅画作——《考菲托瓦国王与女乞丐》（“King Cophetua and the Beggar Maid”，1884），在这里文学人物庞德把伊丽莎白·西德尔视为激情的象征：

伯恩-琼斯的画稿
保存了她的眼睛；
它们在塔特仍在教给
考菲托瓦讲话充满激情。（第 104—107 行）

文学人物庞德描绘伊丽莎白·西德尔的眼睛“宛似溪水一般清澈”（第 108 行），认为她的眼睛和罗塞蒂的诗作《珍妮》

(“Jenny”)一样，在现代世界上仍在表现着美：

清澈晶亮的凝视，它
依然从半损坏的脸上射出农牧神般的目光，
追求着，等待着……
“啊，可怜的珍妮的情况”（第 112—115 行）

《珍妮》是布坎南等保守派最不能容忍的“肉感”诗作。有评论家说这首诗表现出美化妓女的倾向。文学人物庞德在这里把《珍妮》这首诗作为美的象征加以赞颂。

在第 1 部分第 13 首诗——《后记》里，文学人物庞德自信，他的诗作是美的体现，他衷心希望它能停留长久一些，作为美的宣扬者，他的诗歌会经住考验，不会被忘却，而留名青史。这首诗共有 3 个诗节。在第 1 诗节里，他把自己的作品（可能指《休・塞尔温・莫伯利》）称为“生来就哑的书”（第 220 行），可能意指这部作品尚未受到赏识，但他认为自己的诗作是美的象征。在第 2 诗节，他希望美能永世长存：

我会命它们宛似
玫瑰一样生存，嵌在魔力琥珀里，
橘里藏红，皆成
一体、一色
而直面时间。（第 231—235 行）

第 231 行中的“它们”指歌手或歌声的“秀雅”，亦即美的象征。文学人物庞德要把这女人的歌声封在上等保鲜剂——琥珀里，就像人们有时为保存玫瑰之美所做的那样。文学人物庞德运用“玫瑰封在琥珀中”这一象征表明他的一种愿望，即艺术要创造一种永恒美，能经受住时间的考验。在第3诗节，文学人物庞德进一步表达他对永恒美的信念。他认为，“变化打碎一切，/ 唯有美除外”（第244—245行）。这表明，诗人庞德自信自己会在青史驻足，因为他是美的宣扬者。

此外，这首长诗的第2大部分，即关于莫伯利的部分，提出了唯美主义者莫伯利对古典美的酷爱。在这里，莫伯利首次登场。他与活跃的文学人物庞德截然分开，自成一体，但与之相呼应。

莫伯利也酷爱古典美。他对画作、雕塑等艺术具有敏感的鉴赏力，正在从现代艺术转向古典艺术美（第246—249行）。他和文学人物庞德一样，也在寻找一种永恒美，认为福楼拜的艺术是不朽的：

> “他真正的珀涅罗珀
> 是福楼拜，”
> 他的工具
> 是雕刻家的。（第250—253行）

第250—251行在重复第1部分第1首诗里文学人物庞德所声明的目标。雕刻家的工具擅长表达古典美的突出特点——形式、语言简洁而准确，而且可以将美保存很长时间。第252—253行暗示“雕刻家”的艺术美（或古典美美）是永恒的，这是莫伯利为之奋斗的目标。莫伯利对诗歌语言要求注重精确，避免浮华；他注重含蓄，避免直白（第254—257行）。他认为，随着时间的推移，人们（包括他自己在内）已经失去了创造古典美的技巧（第258—261行）。

莫伯利对古典美的酷爱也可从他的遗作看出来。第 2 部分最后 1 首诗《奖章式项链坠》(“Medallion”)，从内容和口气看，应当是莫伯利的遗作。诗作的题目表明，这首诗是谈论或描绘美或永恒美的，与第 1 部分里的《后记》有异曲同工之处。《奖章式项链坠》共有 4 诗节，它表明，莫伯利似对世人漠视美的态度满腔怒火（第 385—388 行）。莫伯利心目中的永恒美、古典美的象征是维纳斯。在遗作里他采取由远而近的视角观察和描绘女神的美丽：造型优美的头，瓜子脸，蜜红色的发辫，明亮而和缓的面庞，黄玉色的眼睛。莫伯利认为，古典美超越了现代人的欣赏能力与水平。

《奖章式项链坠》与诗作第 1 部分的《后记》间的区别在于，前者停留在对美的描绘与欣赏上面，属于消极式静态，而后者则对美进行赞誉与宣扬，属于争取式动态。

四、决心走出新路

文学人物庞德认为诗歌已经死去。他心怀远大理想，拼搏三年，要使之起死回生，恢复诗歌的崇高地位：“三年来他与时代脱离，/ 努力复苏死去的诗歌艺术；/ 保持先前意义上的/ 崇高。”（第 1—4 行）他知道，他在进行一项艰难到可能无法实现的目标，就像“从橡子里拧出百合来”（第 7 行）一样。诗人庞德下笔伊始，就把自己的替身——文学人物庞德——推向了墓园，让他选好自己的墓地。这就是说，文学人物庞德要破釜沉舟了。

第 7 首诗《生我者锡耶纳，杀我者马里马》(“Siena Mi Fe; Disfecemi Maremma”)里说到 19 世纪 90 年代艺术家们的状况：他们无法生存，或者崩溃，或者满足于平淡无奇。文学人物庞德在这里提到当时在艺术和观点上有些创新表现的维多利亚作家，其中包括厄尼斯特·道森（Ernest Dawson，1867—1900）、莱纳尔·约翰逊（Lional Johnson，1867—1902）、纽曼（John Henry Newman，1801—1890）、海德拉姆（Stewart Headlam，1847—1924）、塞尔温·伊米治（Selwyn Image，1849—1930）等人。他们是叶芝（William Butler Yeats，1865—1939）等发起的“诗人会社”（The Rhymers' Club）的成员。这些人都有其弱点。有人光顾妓院，天主教大主教纽曼喜欢饮威士忌，有人喜欢饮酒、舞蹈和妓女等。但“诗人会社”充满革新意味，其成员通过某些渠道发泄他们受到压抑的情绪。虽然除叶芝之外，他们都没有写出什么鸿篇巨制，或做出某种举动以留名青史，但他们都表达了对所处保守时代的不满思想和激情。文学人物庞德对这些人都持颂扬的态度，认为他们都有获得救赎的优点：他们是旧时代的反叛者，都有丰富的想象力，都是他所推崇的“放荡”的浪漫主义者与追梦者。这些人与其时代格格不入，文学人物庞德要与这些人为伍。想象力活跃、具有梦想力与激情，在文学人物庞德看来，乃是革新的标志。他认为，现代文明恰恰缺乏，或丧失了文学创作及诗歌创作所需要的激情与想象。面临新时期的新气象，文学人物庞德和这些人一样，都在认真思索，在黑暗中寻路。

诗作的第1部分第8—12首诗讲述文学人物庞德的“联系”，所谓“联系”就是他所认识或有所了解的人。这5首诗中的每一首都描绘一个人物。

每一幅画像都显示出这些人和第7首诗里所描写的人物形成鲜明对比。这些人面对时代的要求采取妥协的态度，虽然也有为数很少的人人穷志不短，拒绝为斗米折腰。其中有为顺从时代和社会而抛弃自己继承下来的一切传统（第8首），也有人

通过博得世人欢心、沽名钓誉而设法取悦于评论界的(第9首)。小说家尼克松便是适例。他“功成名就”,

在他汽艇上镀着奶油色的船舱里
尼克松先生亲切地建议我在前进中要少些
延误的危险:“认真考虑”评论者。(第148—151行)

他向文学人物庞德介绍了他由穷变富的过程与“经验”:

“我曾经和你一样贫穷;
“我开始时,当然,拿到了
“稿酬的预支,最初是五十元,”尼克松先生说。
“照我的法子办,做一个专栏,
“即便不得不无偿地做也行。

“讨好评论者们。在一年半里
“我从五十跃至三百;
“我最难啃的骨头
“是敦达斯博士。

“我提及一个人的目的只在于
“销售我自己的作品。
“这是个好窍门,因为文学
“它不为任何人提供优厚的闲职。”(第152—164行)

尼克松奉劝文学人物庞德说,

没有人一眼就认出一本杰作。
放弃诗歌吧，老弟，
那东西一文不值。（第 165—167 行）

文学人物庞德不惜笔墨描画尼克松这样一个人物的意图在于，自己要为美、为革新而战，宁为玉碎，不为瓦全。他对尼克松这样的小说家表现出蔑视和批判。

但是，在现代社会里，也不乏忠于自己内心、坚定不移的艺术家，在一处不遮风雨的乡下草屋里过着捉襟见肘的日子（第 10 首）。这位艺术家生活拮据，漏水的屋顶仍然会传来外部世界的嘈杂，干扰他的严肃的文学创作；他写出的上等文学珍品美妙无双，值得一读，益于提高人的心灵素质，但这无助于改善他的物质生活条件：

它的茅草屋顶在漏水
这个躲避圆滑与论争的避风港；
他献上味道鲜美的饭菜；
那门闩在吱吱作响。（第 180—183 行）

文学人物庞德描写这样一个人物的意图在于，他本身为美、为革新而战，也和这位文体家一样不在乎名利。

文学人物庞德审视自己与伦敦的时尚文学界的关系，发现从任何角度看，他都不会受到接纳（第 12 首）。因为他力主诗歌革新，他在文坛上几乎没有了立足之地：

未受“事件发展”的影响，
他三十岁上就被世人

遗忘；这个情况在缪斯桂冠上
没有增添任何装饰。(第 17—20 行)

于是他便献上一首模仿的爱情抒情诗，而鞠躬告退(第 13 首)。

在这首题目为“后记”的诗作里，文学人物庞德表示，他的诗作是美的体现，他衷心希望它能停留长久一些，他很自信，作为美的宣扬者，他的诗歌会经住考验，不会被忘却，而留名青史。这首诗实际上是文学人物庞德（也是诗人庞德）抱怨当时的伦敦文坛有眼无珠，不辨菽麦。这首诗的潜台词是，他只好出奔他乡了。

这是他在这首诗的开始，就为自己选墓的初衷。既然保守势力如此猖獗，革新者只有另择福地走为上了。这也让人们回想起诗作这一部分的题词——“高温把我们唤进阴凉里”。高温者，无疑是指当时英国保守的文学环境，阴凉者，就是宜于革新的所在了。在诗歌的第 1 部分，文学人物庞德就为自己选择墓地，表明自己为了革新而孤注一掷、死而后已的决心。当然，他没有死，但是他消失了，也算得上是一种死亡——“象征性死亡”吧。在实际生活中，诗人庞德在长诗里的确向英国告别了，但他没有向文坛告别，没有停止为美而战。

总的说来，第 1 部分描绘诗人在一个冷漠的世界中坚持不懈追求艺术美。面对现代文明所带来的物欲横流的局面，庞德在这里以唯美主义者的身份出现，重申对美的信念和献身艺术的精神。

诗作的第 2 部分也表现出对现代社会的愚钝的不满。莫伯利和文学人物庞德一样，也认为现代文明不能欣赏古典美。在这一部分的第 2 首诗的开首，莫伯利为自己写下《墓志》：

> 他们懂得什么是爱，他们能理解它吗？
>
> 如果他们不懂诗歌，感受不到音乐，他们懂得什么是相比之下玫瑰显得粗糙、紫罗兰味像似雷电的那种激情？

点出了他对现代社会的抱怨：他认为现代世界不理解艺术，不懂得爱与激情，人们不懂诗歌与音乐，不理解美或爱。他认识到现代社会的愚昧（第 305—306 行）。他觉悟到，他的最爱是通过语言揭示与传达古典美（第 281—284 行），他不能随波逐流，不能满足社会要求。他也知道，他对文学界一些人的无所创新、无谓重复的做法批评过甚，也不屑于取悦文学界妄自尊大的人物，所以保守的文学界不会容他久留（第 356—359 行）。虽然他觉得必须抵制绝望情绪，要把握自己的命运（第 331—334 行），但他还是决定逃走，离开现代文学界，逃避到一处热带海岛去。在那里他失去了一切创作欲望（第 339—347），在平静和乏味中死去（第 381—384 行）。第 2 部分表明，莫伯利不向世俗妥协，心怀理想及绝望而死。

这首诗强调美和古典美，这可能与维多利亚后期的唯美主义运动有关。这个运动从拉斯金开始，到王尔德结束，为时长达近半个世纪之久，牵涉到几代作家与评论家。它的主要目标是反抗现代文明的拉黑艺术美，所以它是反抗与革新的象征。文学人物庞德推崇古典美，不向拜金的现代文明低头，这表明他的造反与革新的决心。他不是唯美主义者。

五、三位一体的结构安排

在这部诗作里，文学人物庞德、莫伯利和诗人庞德巧妙地构成了一个三位一体的实体。前二者体现出 20 世纪 20 年代诗人庞德的两个侧面。文学人物庞德基本是诗人庞德的现实替身，莫伯利可能是诗人庞德的想象性化身，代表他的自我警告，也含有批评同类人的意味。

在文学人物庞德和莫伯利之间存在着明显的不同。前者目标明确，卓有远见，充满进取精神，知难而进：他要以诗歌改变世界，深知其中的难度，就像要从硬邦邦的小橡子里抽出百合花来、像古希腊的英雄卡帕纽斯和几个朋友去攻打底比斯城、要引诱鱼去吃人造的鱼饵一样（第 7—8 行）。他知道会失败，但他明知山有虎，偏向虎山行（第 11—12 行）。他当时处于逆境，颇有怀才不遇之感，但他不气馁。他勇于向保守势力开炮宣战，坚持和宣扬美，继续为美奋斗，坚持勇于革新的初衷。莫伯利则不同。他曾有目标，但他犹豫不决，缺乏激情和坚持精神，这导致他失去良机而无所作为；之后他懊悔不已，不再抱怨世人对古典美的愚昧和冷漠；最后则放弃宣扬古典美的努力，也和世人一样堕落（第 295—298 行）。这令人想起第 2 部分开始时的题词（引自古罗马诗人奥维德的著作《变形记》）——“她嘴空空地朝空气叫”，这实际是指他的目标不清、无所作为而言。

莫伯利是诗人庞德的想象的造物。诗人庞德刻画出这个人物可能出于两个目的。一是反映他对自己在逆境中经历过的心态和情绪的反思，另外则是以此人为戒，避免把自己推向绝望的深渊。首先，人们可以想象，诗人庞德在 20 世纪初年是经历了失败与绝望的。年轻的庞德宛似初生之犊，心明、气盛，一心想在英美文坛甩开臂膀，展现经纶。他曾与叶芝有过忘年之交，但因一桩不大不小的事情也曾有不快。他曾领导意象主义新诗运动，但后来被艾米•洛厄尔逐出和替代。他的诗作，包括《休·塞尔温·莫伯利》都尚未引起评论界的注意。这些都使他感到落魄、失意，他很可能怨气冲天，曾萌生退出战局，到一个美妙之处去享乐人生的思想。这应当是莫伯利这个人物在诗作里所发挥的象征性作用。

诗人庞德作为诗歌的作者，要负责安排好诗作的结构。按照常理，《休·塞尔温·莫伯利》中关于莫伯利的描绘也可以放在诗作的第1部分。那样一来，读者所见到的先是一个充满失败情绪的庞德的化身，而后则出现一个精神饱满的文学人物庞德，一心扑在革新上面，不惜搭上身家性命，结尾又有《后记》这样的高调断后，于是，一幅充满激情的文坛战士的诗画便会油然展现在读者面前。这样会令人觉得更顺理成章。

但是，诗人庞德没有这么安排。究其原因，可能是因为，他写这首诗，主要在于显示他坚强的、志在必得的一面。至于莫伯利的刻画，他的主要旨意可能在于警醒自己、批判莫伯利类的文坛逃兵。这些人虽然有过革新思想，但远非新世纪文坛的合格的战士。他们属于有眼无珠之人（第288—289行），可能曾看到过一些美妙的事情（第274行），也进行过认真的思维，明确自己的“根本爱好”是通过写作来表达对人具有根本重要性的美——古典美（第281—286行），要通过语言揭示与传达古典美。换言之，他们见到了美的光耀，但最终没有真正认识到美的重要性。以莫伯利为例，他浪费了三年漫长的时间才认识到，由于他对古典艺术的无知，导致他失去了美与爱，生活曾经给过他机会，即表达激情的机会，但他没有把握住。他之所以如此，主要是因为他觉得在现代社会，世人并不在意美为何物，所以他对美的认识并未给予他充分的勇气把美引进现代世界，在愚昧的社会面前，他失去了认识和表达古典美的机缘（第287—290行），失去了传播美的信心（第303—306行），因而对世界感到失望，而与之疏离（第 275—276 行）。

这种安排画龙点睛般说明了第 2 部分第 2 首诗的主旨：莫伯利不能理解与认识真美的根本原因在于，他精神萎靡，缺乏艺术创作的激情。在诗作里，这些弱点通过他的性能力的缺失表现出来。人们阅读《休·塞尔温·莫伯利》的第 2 大部分第 2 首诗第 1 诗节（第 266—272 行）便会明白，莫伯利可能没有做爱的能力或激情。莫伯利曾遇到过爱的机会，但他却不知如何应对。他也希望能够通过时间（第 270 行）的流逝而清醒过来，摆脱思想的混乱和困惑，发现新的美（或爱）的泉源（第 270—273 行）。但结果却因为他无力去爱，而失去了做爱的机缘。莫伯利的文学生涯的失败盖源于此。

可能有人会问，在性能力的缺失与精神不振之间存在什么必然的联系吗？这里需要了解一下西方的文化及文学传统。在西方文学与文化史上似乎存在一种传统，即把性爱视为精神和文学创作激情的象征。换言之，性爱能力差象征着精神状态差或信仰出现危机，或缺乏文学创作与诗歌创作的激情。在古希腊神话里，执掌文艺的缪斯全部是女人。这意味着，女人是激情和灵感的源泉。在此处，人们不妨回忆一下，在近现代文学史上，亨利·詹姆斯、庞德、T. S. 艾略特及海明威等都是将性爱与创作激情相联系的好例子。事实上，庞德的这首长诗就受到亨利·詹姆斯的小说《专使》（*The Ambassadors*）的深刻影响，莫伯利就有些像《专使》的主人公兰伯特·斯特雷瑟。在这一点上，T. S. 艾略特笔下的 J. 阿尔弗雷德·普鲁弗洛克与两者也极其相似。

经过地狱但避免了莫伯利的死亡命运的文学人物庞德最终成为 20 世纪 20 年代欧美诗坛的领军人物——诗人庞德。

论作家的创作与其个人的经历

一、《荒原》反映出艾略特的个人感受

艾略特在20世纪30年代访问一所学院，当时年纪尚轻、仍在该学院读书、后来成为著名诗人的伊丽莎白·毕肖普（Elizabeth Bishop，1911—1979）代表学院校刊访问他，请他谈论一下《荒原》诗的创作历程。他笑着回答说，《荒原》只不过是一首个人发发牢骚的押韵之作而已。之后，据说他要求参观该学院的图书馆，自己单独进去观览。人们后来说，他去馆内的博士论文分部，浏览评论《荒原》诗的博士论文，情不自禁地开怀大笑，人们感到诧异。他为何发笑呢？这就需要看看《荒原》的内容和诗人的个人生活经历之间的关系了。

《荒原》在20世纪20年代曾被视为对当时的精神状态的逼真写照，但是他为什么将这首诗作为“个人发发牢骚的押韵之作”呢？其原因就在于，他通过这首诗歌吐出长时间内储存在自己心里的苦水。他说过自己靠女人活着，而他的婚姻生活很不美满，他所信仰的天主教又不准许他离婚，这对于一个刚过三十岁的人来说，实在是苦不堪言，他痛苦到把自己比喻成古罗马的女预言家西比尔。他在《荒原》的序诗里转引古罗马讽刺家佩特罗尼斯（Petronius，公元1世纪）所著的《风流韵事记》（*Satiricon*，XLVIII）里的一段话：“因

为我亲眼见到古米的西比尔吊在一只玻璃瓶里，当孩子们问她‘西比尔，你想要什么？’，她总是回答说‘我想死’。”在神话中，古米的西比尔是女预言家，她是宣布神谕的圣洞的保护神，又是冥府的守卫。曾爱她的太阳神阿波罗施予她预言能力，但她忘记向太阳神要永恒的青春和健康。她被关在瓶中枯而不死的形象，是荒原人虽生犹死的最好写照。如果说艾略特的早期诗歌充满失望、无能为力、百无聊赖的情绪，那么，《荒原》所表达的则是绝望和死的愿望。诗人显然已经难过到“想死”的程度。细读《荒原》人们会发现，诗的突出特点之一是性爱的失意，里面充斥着性关系和肉体爱失意的例证。这里只以第 1 诗节的一些人物为例。这些包括以兴奋和渴望开始，但以感情萎蔫、精神沮丧而结束的立陶宛女郎玛丽，亚瑟王传奇里的特利斯坦和伊索尔德的爱情悲剧故事，象征浪漫的爱情及肉体爱的快乐的风信子姑娘在花园里以对爱的期望开始，以失意和沉寂结束的故事，还有诗作里说到的“光的中心”及“一片沉寂”说明，荒原人面对春季到来、万象更新而表现出的灰暗精神状态，荒原上一片荒芜、毫无生机的状貌，荒原人无力享受肉体爱和精神爱。《荒原》的其他几节也充斥着性爱失意的例证。在这首诗里，肉体爱的失意象征精神的空虚或死亡。

《荒原》和艾略特的第一次婚姻具有特殊关系。艾略特一生结婚两次，第一任夫人是维维安·黑格-伍德（Vivienne High-Wood，1888—1947），他们 1915 年结婚，延续到 1947 年维维安过世。他们的婚姻生活对诗人的创作产生过明显影响。艾略特的第二任夫人是瓦莱莉·弗莱彻（Valerie Fletcher，1926—2012），他们 1957 年结婚，1965 年艾略特过世后瓦莱利成为他的作品保管人和编辑。艾略特的第一次婚姻是悲剧性的。1915 年，艾略特经人介绍，与维维安结为连理。维维安是家庭教师、作家。她敏感而活泼，具有非凡的文学智慧。她欣赏艾略特的作品，支持他的文学创作。但她长期患有内分泌和神经紧张的疾病，这些在婚后愈加恶化起来。她性情喜怒无常，属于超紧张型，医生判断她患有歇斯底里病，加之其有严重的荷尔蒙失调，需要持续的医疗。维维安的病情变化无常：头疼，胃不舒服，虚脱，失眠。当时为她开出的医疗方法之一——饥饿疗法，加重了这些症状。在很长时期里，她需要贴身护理。艾略特每天工作 15 个小时，二人的性生活很不协调。他的生活完全受到维维安身体状况节奏的控制：她时而崩溃，时而恢复，时而绝望，时而冒出希望的火花。艾略特要面对妻子这种旷日持久的慢性病。他觉得负有责任，内心自责，又无能为力。根据艾略特信件集第 3 卷透露，艾略特对维维安的精神病的发展表示极其忧虑。他在一封信里说：“我麻烦大了，不知如何是好。我好怕。”照料妻子的压力损伤了他自身的健康。维维安对自己成为他的负担、影响他的工作也感到内疚。对双方来说，他们之间的关系实乃空有其表。另外，据说维维安曾和哲学家罗素（Bertrand Russell，1872—1970）有过婚外恋，但此说从未证实过，艾略特并未理睬。到 1925 年，他们的婚姻出现危机，由于各种原因（如维维安住院等），二人已经开始长时间地分开，但维维安的依赖性越来越强。她的精神状态愈来愈令人担忧。艾略特怀疑他的露面可能会对她有害，所以在精神上开始疏远，并考虑分居。艾略特对其友弗吉尼亚·伍尔夫（Virginia Woolf，1882—1941）说，他无法想象自己当着妻子的面刮胡子的情景。维维安感觉到他的精神疏远，对此既反感又害怕，举止上表现出敌视态度。1928 年，艾略特誓守贞操。到后来，他决定必须离开。1933 年，他在美国请律师为他准备分居文件以及给维维安的一封信。那时他在哈佛大学任教授，回到英国时地址也对妻子保密，也不准许她到他的办公室去。在 1947 年维维安去世前，他仅和她见过一面。1938 年，维维安被家人强行送进一家精神病院，在那里待到 1947 年过世。

不难看出，诗人在婚姻生活中所承受的痛苦是多层面的。艾略特 26 岁时曾说，他相当依赖女人。他的 30 多年几乎无性的痛苦婚姻给他带来的折磨是可想而知的。首先是肉体的、物质的痛苦。性生活的失意加上照看病人的劳累，加上对家庭经济状况的担心，把诗人掷入困苦的深渊。他在写给出版商的信中说:“维（指维维安——笔者）的最后一次发病情况一言难尽。我已有三个月没有离开她了。（我感到）困惑、眼花缭乱。”他曾说:“（维维安）永远不会坚强到照顾自己。我觉得负担和担忧已经让我减寿十年。”其次是心理和精神层面的痛苦。艾略特曾说:“从各方面看，这都是低潮。我已经没有任何信心。”而且，他的痛苦也有其道德方面的考虑。诗人的困境在《空心人》（“Hollow Man”）这部诗作里也有所透露。他写道:“在动机和行动之间落下阴影，/ 我有以先死为手段杀死另外一人，或者活着杀死他们的权利吗？”维维安后来也写道:“当我想到丈夫为我所做的一切，想到我毁掉的所有的生命时，我不知道我为何还不出去上吊。”艾略特在《淑女画像》（“Portrait of a Lady”）里写道:“我们的开始永远不知其结尾。”他们 1915 年结婚，1933 年开始分居，诗人承认，这其中也有维维安的一份功劳。此后维维安长期住院。他们是天主教徒，不可离婚，婚姻持续到 1947 年维维安过世，1957 年，艾略特与其秘书结婚，其时他已经接近古稀之年了。诗人与其第一任夫人的关系是 1984 年上演的戏剧《汤姆与维妩》（*Tom and Viv*）的主题。他过世的讣告称他为“灰色的忧郁的诗人”。

据说艾略特的嫂子曾说过，维维安毁了作为男人的艾略特，但却把他造就为一个诗人。这就是说，遭遇痛苦的人具有一种适于创作的心境，极度的痛苦可以提升作家创作想象的力度。在载于《艾略特信件》第1卷中、写于20世纪60年代的一封信件里，诗人承认："对她（指维维安——笔者）来说，这个婚姻没有带来什么幸福。对我来说，它带来了创作《荒原》的思想状态。"艾略特在一封信中曾说，婚后几个月的体会为他提供了创作二十首长诗的素材。诗人在《四个四重奏》（*Four Quartets*）里也提到此事。他说："他人的折磨总是一种体验/之后的消耗不能缓和、磨损掉。"诗人在这里所说的不是一部杰作的产生，而是杰作的创作者在创作中所经历的痛苦。这些都说明《荒原》是诗人在痛定思痛之后写出来的。1921年，艾略特身心崩溃，到瑞士休养，在那里写出《荒原》一诗。

二、菲茨杰拉德一生在写自己

菲茨杰拉德（F. Scott Fitzgerald，1896—1941）是一个典型的"自传体作家"，他的所有作品都是在写他自己。在某种意义上说，他的主人公的原型都是他本人。他生活在美国文化史上一个关键时期，被称为"爵士乐"和"金元"的时代。他本人的生活经历恰是这个时期的典型体现。他的天才和伟大正在于：在他以熟练的笔描述他个人的生活经历时，他或许没有意识到，他本能地把自身的经历同美国的经历结合起来，在无意中反映出时代的脉搏和面貌。他生活在第一次世界大战后美国的经济繁荣时期，既体验到"喧嚣的20世纪20年代"——"爵士乐时代"的表面繁荣，又预感到它的好景不长。这种认识贯穿在他的作品中，使他成为"爵士乐时代”的代言人。细读他的故事便会发现一种基本格式：开首总有梦想，随之便是奋斗，到头来却是失意和绝望——这恰是“现代美国神话”的格调。20 世纪初，敏感的人们已意识到，“美国梦”业已破灭。这是他所处时代的基本精神面貌。

菲茨杰拉德的人生经历是梦想、期望与绝望的复杂集合体。他曾和他的国人一样，对自己的生活充满了憧憬。在读大学期间，他就显现出雄心壮志。后来又兴高采烈地参军，要到世界大战里去闯荡。虽然最后未能参战，他也不是一无所获。他和他所驻扎的南方的一个上层女郎——泽尔达——产生了爱情。这段爱情并非一帆风顺，泽尔达曾因他的家境贫寒而与他解除婚约。菲茨杰拉德也感觉到，这个女人太“昂贵”，他供养不起。菲茨杰拉德首次品尝到失望的味道。他回到大学，写出一部小说，拿到出版社即将出版的保证，返回泽尔达那里，与之成婚。二人郎才女貌，先在纽约、后在巴黎，作为成功而美满的夫妇典型，着实风光了一大阵子。后来是乐极生悲，二人开始争吵，泽尔达也要成为作家，她对丈夫在其创作中无偿地运用她的灵感和故事梗概，感到极其恼怒，而菲茨杰拉德坚持主张：在他的家里，只能有一个作家。泽尔达于是开始感到忧郁，久而久之竟发展成精神病。菲茨杰拉德出于对妻子的深爱和内疚，拼命写作赚钱，以使泽尔达能进入最好的精神病院，使他们的女儿司各蒂进入最好的学校。他在这种精神状态下开始酗酒，身体状况每况愈下，作品也常被退回，最后竟在妻子过世之前很久，先离开了尘世。他本人的这种经历在他的作品里比较真实地显示出来。

菲茨杰拉德的处女作《人间天堂》(*This Side of Paradise*)，以他本人在普林斯顿大学期间的经历为素材，描绘他的功败垂成之感，同时也揭示出“爵士乐时代”的年轻一代成人以后发现“神仙都已死去，战争都已打完，对人的一切信心都已受到震撼”的失望与灰暗心理。《轻佻女郎与哲学家》（*Flappers and Philosophers*）描写以菲茨杰拉德夫妇的形象为代表的战后美国青年的“摩登”生活，而《漂亮冤家》（*The Beautiful and the Damned*）则透露出这种生活颓朽的一面。《大人物盖茨比》（*The Great Gatsby*）和《夜色温柔》（*Tender Is the Night*）都是带有很强的自传性的小说，它探索了一种酷似作者所经历的感情与精神的崩溃过程。《最后的大亨》（*The Last Tycoon*）是揭露好莱坞电影业腐败现象的一部作品，虽然是片段（约6万字），但也足以显出是作者创作顶峰时期之作，表明作者在悲惨的遭遇之后对人生的理解更加深刻，从而达到平心静气的境界。这本小说表达了作者对西方已腐朽和堕落的敏锐感觉。菲茨杰拉德在给女儿的一封信中说，“美国是一轮从未升起来的月亮”，这一隐喻概括总结了作家全部作品的主题。

菲茨杰拉德的代表作《大人物盖茨比》就是在他本人的这种大背景下写出的。主人公杰伊·盖茨比是有理想的年轻人，他心中的情人黛茜代表着他对生活的憧憬。为博取这位富家漂亮小姐的爱情，他不惜用5年时间通过一切手段积财致富，耗费巨资买下一幢豪华别墅；他挥金如土，经常举行丰盛的酒宴，实际是在通过这种方式，热切期待着住在附近的、业已嫁给富家纨绔子弟汤姆的黛茜前来相会，希望复活他们之间已失去的初恋旧情。黛茜最后果然露面，但她俗不可耐的举止言谈使盖茨比颇感失望。他的期望落空了。梦想破灭，百无聊赖的盖茨比最后成为自私的黛茜的牺牲品。

此书和马克·吐温的《哈克贝利·费恩历险记》（*The Adventures of Huckleberry Finn*）一样，是关于美国国情的一种寓言，它又和海明威的《太阳照样升起》（*The Sun Also Rises*）一样，以无出其右的艺术形式确切地再现了时代的风貌。在某种意义上说，盖茨比的故事包含着至20世纪初的全部美国经历，这个故事恰好反映出美国人的民族经历。北美最初的移民在17世纪初，漂洋过海来到北美，曾幻想在新世界重建伊甸园，创造新的黄金时代。在近三个世纪的努力后，他们经历了梦想、失望和绝望等几个阶段。在从开始到19世纪上半叶的二百年里，美国人兴致勃勃，怀着“天命”（“manifest destiny”）的思想，在北美这块土地上打拼，但到19世纪下半叶，资本主义机械文明开始高度发展，一方面是少数人的积财致富，一方面是广大民众在生死线上的挣扎，人们的梦想成为泡影。19世纪70年代马克·吐温所写的《镀金时代》（*The Gilded Age*）表明，黄金已经降低到镀金，这个比喻充分表现出人们的失望情绪。与此同时，人们在经历着信仰危机，到20世纪上半叶，垄断资本主义的进一步压榨使人们陷入水深火热之中，信仰危机进一步加剧，人民大众的思想很快从失望发展到绝望。

菲茨杰拉德笔下的盖茨比满腔热情，满怀希望地等待着他的昔日情人回到他的怀抱。他曾经努力把黛茜拉回到自己的生活中来。但他最后发现，这个“昂贵”的女人业已彻底堕落，她已经不是当年他所钟爱的黛茜。他先是失望，然后他绝望了。他选择了死亡作为解脱。所以盖茨比的生活模式是梦想—失望—绝望，这和美国人几百年的生活模式恰相吻合。在这个意义上讲，以作家个人生活为素材的《大人物盖茨比》问世后，成了关于美国文化与历史的一则寓言故事。

近年来美国多种族文学的发展动向

最近几十年来，美国文学界多种族文学保持了强劲的发展势头。这和20世纪60年代的民权运动及其后各种族觉悟的逐渐提高有密切联系。先是黑人族群一马当先，其他族群步其后尘，结果引起了美国社会与文化的大变革。各族群表达自己生活经历的愿望愈益强烈。他们要为自己描画出自己种族的真实面貌，以纠正某些美国白人作家多年来对自己有意或无意的歪曲。于是，继非洲裔美国文学在二战以后的长足进展之后，20世纪60年代后期出现了本土美国人的“文艺复兴”，七八十年代又出现了亚裔美国人和西班牙裔美国人的“文艺复兴”，除此之外其他族群也在迅速发展。各族群的名称也有改变，例如黑人已被称为非裔美国人，继而就有了本土美国人（即印第安人）、亚裔美国人、西班牙裔美国人（即墨西哥裔美国人）等等，美国白人有时也被叫作英裔（或盎格鲁）美国人。正名是承认多元存在的象征，少数族群作家的知名度与日俱增，书店里开始摆上他们的书。美国文学表达的多样性大大增加了它的真实性。今天的美国文学，已不是过去白人一统的实体了，现在谈论美国文学，只提到霍桑、惠特曼、艾略特、海明威等人就不够了；其他少数族群作家如拉尔夫·埃利森、托妮·莫里森、艾丽丝·沃克、莫玛戴、西尔科、埃德里奇、汤亭亭、谭恩美以及墨西哥裔美国作家等都已写出杰作，在文坛立足，不说他们，就很欠公允和恰当了。

随着这种新的发展动向的出现，美国文学界对美国文学开始了多方位的再思考、再界定、再评价。这一点早在 20 世纪 70 年代就初露端倪。当时有几部评介少数族群作家的文选相继面世，使传统美国文学评论界耳目一新。比如由费希尔编辑的《少数族裔的语言与文学》、由巴克尔编辑的《三种美国文学》、由艾伦编辑的《美国印第安人文学研究》以及由费希尔和斯代浦托二人合编的《非洲裔美国文学：教学的重新安排》等等，都是振聋发聩的选集。之后不久，少数族群作家的作品开始进入大学课堂，研究机构对这些作家做出了公正的评价，美国的文学大奖委员会也开始考虑这些作家入围的可能性了。1968 年第一位印第安人作家获全国图书奖，七八十年代亚裔和西班牙裔美国作家也相继获奖，登上了大雅之堂。

各个少数族群作家的作品所表达的重点并不完全相同，但他们在一点上是一致的，即他们要改变他人左右自己文学形象的状态，突出自己的存在，让世人听到自己的声音。但是由于各个族群的不同经历，作家个人的不同背景和体验，他们作品的表现重点也就出现了一些差异。比如非洲裔美国文学，其主旨始终是逃离奴役、向往自由，其基调一直是“反抗”。在赖特的名著《土生子》中，“反抗”的强度达到最高点。20 世纪 50 年代后的作家如埃利森、鲍德温等，都在不同程度上继承了赖特的“反抗”情绪。

然而近些年来，非洲裔美国文学的基本调似乎出现了一些细微变化。人们读鲍德温、埃利森和沃克的某些作品，可能就有这种感觉。鲍德温的名著《向苍天呼吁》，故事自始至终在黑人饱受煎熬的氛围中发展。小说着重刻画了继父子之间的关系，可能旨在说明，美国这个父亲在把他的黑人土生子视为“继子”，就像书中继父从不喜欢继子约翰一样：这是小说“反抗”的一面。同时，小说也很有见地地指出，小约翰的痛苦主要由两个因素造成：一是种族压迫和歧视杀害了他的亲生父亲，这是主要根源；此外，他的继父对他的冷待是构成他不幸的直接原因。这个继父也是他的家人生活难过的根本原因所在。所以这部小说在警告白人要善待自己的黑人成员的同时，对黑人也有深刻的意义：它告诫黑人要认真自我反省，加强责任感，对自我作践要承担一定的责任。这表示，非洲裔美国人开始从“反抗”向自我审视阶段演进。这一点在沃克的《紫色》一书中也有表现。小说里有一处讲到黑人的早餐，那是很丰盛的。然而，女主人公希丽却像生活在地狱里一般。原因有二：其一，从根本上说，希丽的痛苦是由种族歧视造成的。在她年幼时，白人种族主义者杀害了他的父亲，母亲被迫嫁人。其二，她生活痛苦不堪的直接原因则源于她的“家人”。她的继父强暴了她，并把她“嫁”给一个性情如畜类的丈夫。这个人白天把她当作牛马，晚上把她当作性发泄的对象。希丽在精神上是被自己的同族人打入地狱的。小说在以锋利的笔触揭露种族歧视的同时，也向黑人指出，时代变了，自己也要做相应的改变。在种族歧视状况改善的今天，不能把自己的不幸再一股脑儿地记在别人的账上。自己应学会反省，学会承担责任，管理好自己的生活，掌握好自己的命运。埃利森的《看不见的人》也表现出黑人文学由“反抗”到自我反省的微妙变化，小说揭示出社会及种族间的种种不正常关系，它的“反抗”基调是显而易见的。当然，它要谈的更重要的题目是人“寻求自我”，指出人既要为社会服务，又不要忘记自我的个人身份，两者之间的兼顾与必要妥协才是处理这一关系的准则。这是《看不见的人》一书的《跋》的重要性所在：它说明作家已超越种族，把目光射向人类社会了。非洲裔美国文学的这种细微变化是美国社会也在变化的一种表示。近些年来，美国的种族歧视有所收敛，非洲裔美国人已逐渐融入美国主流社会。虽然他们遭受歧视的状况仍然严重存在，但已有所改变，他们在美国社会、政治、文化以及其他领域内被主流社会接受的程度，大大高于其他族群。也可以说，他们是迄今少数族群中唯一被主流社会所接受的族群。人们看美国电视和电影，就能明显感觉到这个逼真的事实。其他族群出现在美国银幕上的机会不多，即便出现也常常被定型。比如中国人常以仆人和餐馆主人的身份出现，韩国人常以杂货店主身份出现，日本人常以武士道和黑道面孔出现，而墨西哥裔美国人的露面机会就更少了。非洲裔美国人则不同，他们是美国银幕上的常客，出现频率几乎和美国白人一样。非洲裔美国作家可能敏感地觉察到了这一点，在作品中就有意或无意地表现出来。这个变化应当成为美国文学研究者注意的一个课题。

美国本土（印第安人）文学起步晚些。虽然 20 世纪 60 年代以前也有作品问世，但是直到 1968 年莫玛戴的《晨曦之屋》荣膺普利策奖，美国本土文学才引起世人注意。在其后的“本土美国文学的复兴”浪潮中，一大批印第安人作家脱颖而出，印第安人文学作品于是风行于世。最近几十年来，有几个大家如莫玛戴、西尔科及韦尔奇等人业已口碑载道，在他们周围旋转的大小星球叫人眼花缭乱，这其中包括韦赞诺、埃德里奇、多里斯、鲍尔、亚力克希、霍根斯、潘恩、亨利及欧文斯等人。美国本土文学的主题在于表现面对主流社会的威胁印第安人竭力保持自己种族的传统价值观。本土作家希望通过自己的作品，撕掉美国白人作家为印第安人画出的脸谱，揭露白人的历史罪行，歌颂印第安各族人民热爱自己的传统生活方式，以及为着保卫自己的身份和权益所进行的艰苦斗争。人们阅读迈克尼科尔的小说《被包围者》、莫玛戴的《晨曦之屋》、韦尔奇的《骗乌鸦族的人》、希尔科的《仪式》以及埃德里奇的《爱之药》等作品，对印第安人的历史、传统和民族精神就会肃然起敬，就会感到库柏等白人作家笔下的印第安人形象是极不真实的。

亚裔美国文学是在20世纪70年代作为一个单独的实体自立门户的。70年代早期出现了一些亚裔美国作家作品的选集。1976年汤亭亭出版《女勇士》，后来又推出《中国人》，使世人对亚裔以及其他少数族裔作家突然刮目相看了。接着，更多的亚裔美国作家涌现出来，尤其是在美国居住时间较长的一些族裔，如华人、菲律宾人、日本人等，在70年代和80年代文坛非常活跃。他们的作品选集开始问世，例如《亚裔美国作家选》《哎咿咿！亚裔美国作家选集》以及《亚裔美国文学：作品及其社会背景介绍》等。1989年谭恩美发表小说《喜福会》，这是亚裔美国文学发展的重要分水岭。这部作品引起美国文坛的极大轰动，使主流出版社对华人及亚裔文学顿时刮目相看。《喜福会》出现之前，纽约有头有脸的出版社平均每一两年发一部亚裔作家的作品，但在《喜福会》问世之后，情况就有天壤之别了。1989年以后每个月在书店的书架上都能看到两至三本亚裔作家的作品。与此同时，亚裔作家文选也开始迭出不穷，例如《亚裔美国文学：简介与文选》等。

亚裔美国作家的作品主题又有所不同。比如汤亭亭、谭恩美等人生长在一个双重文化环境里，中美两种文化的矛盾与交融就成为他们生活中一个让人非常焦躁不安的因素。身份、种族等问题于是成为他们的创作主题。《女勇士》或《喜福会》所谈的就是这个问题。父母要求儿女坚持中国文化，儿女却讨厌自己的出身，对中国的传统和风俗感到羞耻，而在实际生活中又面临融入主流社会的严重问题。后来，年轻一代终于理解长辈的用心良苦，认清了自己的归宿，从感情到理智都成熟起来。

另有一些亚裔美国作家的作品拥有自己的基调。比如南亚裔美国作家穆赫吉就认为，美国是个新地方，她在那里可以脱胎换骨，成为全新的人，为此便是抛弃传统也在所不惜。穆赫吉坚持认为自己是美国作家，而不愿让人标上什么“多种文化”或“南亚美国人”等标签。她的所有作品都是探讨文化碰撞与融合主题的。她认为，在美国这样的外国环境中，文化融合意味着改变和再创造自我。她的作品如《老虎的女儿》（1972）及《妻子》（1975）等，表现的都是努力在新世界里寻求自己的新位置的主人公。

美国多种族文学的另外一支生力军是墨西哥裔美国作家。多年来，这些作家一直坚持自己的文学传统，但人少声稀，直至20世纪60年代民权运动以后，他们才引起世人的充分注意。墨西哥裔美国文学在60年代至80年代蓬勃发展，曾有“墨西哥裔美国文学复兴”之称。其时墨西哥裔美国作家文选相继问世，其作品进入大学课堂。对这些作家来说，种族意识是至关重要的思考因素，描写墨西哥裔美国人在美国的生活经历是他们创作的头等素材。墨西哥裔美国文学的基本主题是墨西哥裔美国人家庭、墨西哥裔美国人社团以及墨西哥裔美国人争取自身权益的斗争。墨西哥裔美国作家写的小说表现寻找或申明墨西哥裔美国人的身份的题材，抵制主流，坚持自我，反对同化，争取平等和承认。多数作品表现出墨西哥裔美国人的独立意识以及他们捍卫自己传统价值的决心。这和美国主流社会中存在的某种反墨西哥裔美国人的倾向有关。以里夫拉的著名小说集《而大地未离开》为例。这部集子包括14个故事，这些不同的故事都说明了一个严峻的现实：墨西哥裔美国人生活在一个外国文化环境里，四顾无亲，步履维艰。这些人对这种文化氛围的反映及态度又因人而异，有些接受了它，有些竭力反抗，还有些则如同书中主角一样，无可奈何，唯有祈求上天赐予好运。人的异化现象严重且比比皆是。作者里夫拉清楚主流文化及生活方式虎视眈眈地同化异己的严重倾向。他写作的目的就在于警醒自己种族的人民提高觉悟，以在实际生活中加强应变能力。

目前，多种族作家正在得到应有的承认。美国文学名副其实地充分反映美国多元现实的日子愈来愈近了。这种发展无疑将影响文学史的撰写及文学课程的开设，牵涉到美国文学作家与作品的重新估量与布局。当“主流”与“支流”间的分界最后消失时，“多种族”的提法也就没有意义了。一部更恰切、更全面的美国文学史，一部没有“主流”与“支流”之分的美国文学史，正在书写当中。

（原载《外国文学动态》，2005 年第 2 期，第 4—7 页）

后民权运动时代美国文学的道德底线

——简评20世纪80年代后的一些美国小说流派

一、后民权运动时期的美国文坛

20世纪七八十年代，美国进入后民权运动时代，社会和文化发生了巨大变化。一方面，新时期的美国增加了它的包容性和自由度，少数族群获得了相当程度的话语权。人们开始认识到，“美国不属于一个种族或群体…… 美国人从在弗吉尼亚海岸落脚的那一刹那开始，就一直在重新界定他们的民族属性”（塔卡基）。新时期的美国文学也显示出新面貌。它不再是白人作家位居主导地位的一家之言，多种族、多文化、少数族群的多元化文学表达形式如雨后春笋般出现，开始得到美国评论界和美国大众读者的认知和赞赏。美国乃至世界高等学府的文学教学与科研重点也不再仅聚焦于T. S. 艾略特等白人作家，不再只器重美国文学评论界精英评论家们所推崇的“严肃文学”。文学界和社会读者已经开始对文学经典进行重新界定（布卢姆）。自从20世纪80年代以来，美国文坛开始出现一种新局面。文学界的主流在继续蓬勃发展，创作活动非常活跃，包括英裔（或曰白人）美国文学、美国本土文学、非裔美国文学、墨西哥裔美国文学、亚裔美国文学等在内的众多作家都在认真耕耘，在新时期创作出大量在内容和形式上都可圈点、道德水准高的优秀作品。

另一方面，社会的“包容和自由”也释放出不少的负能量。这在美国文坛上的反映尤其明显。一些反主流价值的思潮甚嚣尘上，一些反文化的文学流派浮出水面。在20世纪80年代后的美国文坛，一些颇具影响的年轻作家初露锋芒。他们当中不少人在富足中长大，受到良好教育，缺乏理想与信念，写出了一些逾越人文价值底线的作品，肆无忌惮地冲击传统的“禁区”，其颓废性及堕落性已经冒犯了起码的道德尊严及最低底线。这些作品渐渐形成具有独特风格的流派，它们具有一些共同的特点：（1）主人公：多为负面人物，多为年轻人，生活优裕，缺乏方向及奋斗目标，颓废、堕落；（2）内容：主要描写消费文化对人生的负面影响，年轻人生活空虚，心理变态，寻求暴力、色情、嗜毒的刺激；（3）写作技巧：主要采用现实主义手法，不少采用写真主义技巧。这些作家的某些作品不仅不能给读者以美的享受，而且常常产生令人作呕的效果。

这些流派和作家的不少作品表明，美国文化的糟粕因素在膨胀，在为社会生活提供负面刺激，而且在对世界文坛产生不良影响。这是后民权运动时代美国文坛上出现的一股逆流，是对美国和西方文坛主流价值的一种反动。20世纪80年代以后迄今几十年的不少小说作品在内容、形式、技巧和词语运用等方面，都表现出“后现代主义”这一标签无法涵盖的特点。它们显然已经超越了后现代主义的范畴，背离了后现代主义的革新方式，而显示出回归现实主义的迹象。或许后现代主义时代已经结束，一个呈现出多元特点的现实主义的时代已经萌生。这值得人们进一步研讨。

现在这里要介绍的是20世纪80年代后在美国文坛活跃的

几个小说流派，它们的某些作品内容很不健康，在形式上虽然表现出一些革新手法，但都未远离现实主义。这几个流派包括庞克与硬核类（Punk and Hardcore）、先锋-通俗派（Avant-Pop，以下简称“先-通”派）以及“X 代人”派（Generation X）等。

二、庞克与硬核类小说

庞克与硬核类文学创作的灵感来自20世纪60年代末至80年代里流行的多种非文学性美学表现形式，这些形式被统称为“青年文化”，包括庞克摇滚乐、硬核色情及低级电影，以及鲜明表现暴力、色情的视觉艺术作品。庞克与硬核类文学在它们的影响和激励之下问世。此类文学在主题上存在逾越文学艺术的倾向，而摇摆于文学表达和其他媒体形式之间（“庞克与硬核”）。庞克美学的特点之一是颂扬痛苦、暴力、色情和死亡，把死亡浪漫化。它的另一特点是把童稚和色情联系在一起。庞克与硬核类小说惯用的技巧之一是戏仿经典作品。这一流派的代表作家包括丹尼斯·库柏（Dennis Cooper，1953— ）、凯西·阿克尔（Kathy Acker，1947—1997）、多娜·哈拉韦（Donna Harraway，1944— ）等人。

丹尼斯·库柏生于加州一个富商之家，自幼热爱文学，深受法国作家萨德（Marquis de Sade，1740—1814）、让·热内（Jean Genet，1910—1886）以及美国作家威廉·伯洛斯（William Burroughs，1914—1997）的影响。他熟悉庞克摇滚乐美学，对恐怖电影及“硬核”色情文化情有独钟。这些是他写作灵感的主要源泉。库柏受到当代文学评论界的相当重视，迄今已有两部关于他的作品评论文集问世——《自己冒险进入》（*Enter at Your Own Risk*，2004）及《丹尼斯·库柏的边缘性写作》（*Dennis Cooper: Writing at the Edge*，2008）；后者题目中的“边缘性”主要指同性恋、双性恋或变性等。库柏是一个大胆的试验者。他探讨人生的界限，以及性行为对人生的主导作用，被视为表达性行为和性心理的首要作家。他描绘同性恋经历中的极端情景，描写性心理世界，表现在美国世纪末思潮里隐藏的或受压抑的极端现象，表达他的令人忐忑的世界观（赫加提、莱夫）。他的小说主要描绘世界上存在的各种可怕情景，诸如系统而规范的虐待狂与受虐狂、恋尸狂、恋童癖、极端的性侵犯、对人身的侮辱以及无故的杀害。库柏的主人公多是心情郁闷的同性恋男孩、吸毒者，以及侵犯成性的恋童癖及鸡奸者。

库柏的代表作是“乔治·迈尔斯系列”小说（George Miles Cycle，1989—2000）。这个系列包括 5 部作品——《更近些》（*Closer*，1989）、《搜索》（*Frisk*，1991）、《竭力》（*Try*，1994）、《指导》（*Guide*，1997）及《结尾》（*Period*，2000），都是描写青少年同性恋、吸毒、暴力，具有虐待狂和自虐狂的幻想与幻觉性作品。关于这一系列小说，库柏在一次访谈中说，他在 9 年级时遇到他的挚友乔治·迈尔斯。迈尔斯存在严重的心理问题，库柏就开始照顾他。多年之后，库柏 30 岁时，曾和 27 岁的迈尔斯有过一段简短的同性恋情经历（卢卡斯）。这是他一直念念不忘的创作题材。

库柏的这部系列小说意在深刻探讨他对性爱与暴力的迷恋以及他对迈尔斯的感情。例如第 1 部《更近些》，描写几个十几岁的男孩之间的关系，主要讲同性恋年轻人和一个男孩的故事。这些人在反锁的屋子里进行一系列令人恶心的行动，包括无情的性交、恋粪便癖、吸毒等。书中充满同性恋的做爱场面和语言、人体的排泄物和体液，以及男孩们不断大口呕吐的景象。

故事中的人物不满足于接受人体的表面，他们要探索美妙人体外表下面隐藏着的秘密：这是杀害与肢解人体的原因所在。小说细腻地描写了一些百无聊赖、无事生非、没有方向的青少年所从事的色情和暴力行为。他们伤害自己，伤害他人，有些人则表现出强烈的死的欲望。此书语言污秽，表达直截了当，几乎无法翻译。

又如在第 2 部《搜索》所描绘的世界里也同样充满同性恋人物——色情商品贩子、男妓、吸毒者、性瘾者等。故事叙事人丹尼斯的头脑里充满杀害他的一个男伴以及取出他的内脏的幻想。他觉得尸体非常真实，罪犯们的知识可能存在于这些尸体里。这位叙事人在荷兰见到一架孤立的风车房，把它改建为他的住处，在这里他和同伙一起折磨和杀害他们的目标。他前往阿姆斯特丹，从那里写信回来，描绘他的令人毛骨悚然的系列杀人细节。这些情节是否属实，让读者很有揣测的余地，但书内对杀人的研究却很令人震惊。这至少反映出在作者的头脑中存在着严重的暴力倾向，反映出西方文化的糟粕一面对于青少年的恶劣影响。《搜索》描写生活的非人道一面，悖逆了文明的基本价值。它的语言猥亵，肮脏得不能长段援引。

库柏的作品很让人讨厌，但也有很大的吸引力及感染力，尤其是对年轻一代。一般读者的感觉是，他的书很有可读性，但读完之后应当扔到窗外去。他的作品已被译成 17 种文字，在美国、瑞典、芬兰、丹麦、挪威、荷兰、法国、德国、西班牙、葡萄牙、英国、意大利、克罗地亚、匈牙利、以色列、日本及立陶宛等国发行，影响了不少美国的年轻作家，如特拉维斯·杰皮森（Travis Jeppesen，1979— ）、托尼·奥尼尔（Tony O'Neill，1978— ）及诺亚·西塞罗（Noah Cicero，1980— ）等人。他的作品据说在我国也有译本。

这个流派另一个代表人物是凯西·阿克尔（Kathy Acker，1947—1997）。此人是美国当代文坛一位颇有争议的先锋派人物。她反主流，反权威，一生致力于传布非主流文化，与同样性质的庞克音乐界过从甚密，在庞克派里是一个偶像人物。阿克尔的作品抨击男权至上的资本主义社会，探讨和针砭资本主义，尤其是男权统治的法西斯主义性质，旨在推翻现存社会的传统。这值得称道，无可非议。但她擅长写乱伦、受虐狂、虐待狂、受虐狂的苦痛、强暴，以及各种性苛待场面（霍金斯）。她坚持表现被男权禁区边缘化的题材，包括性变态、堕胎、自杀、恐怖、色情等。

阿克尔的代表作——《中学时的血腥暴力》（*Blood and Guts in High School*，1984）——被《洛杉矶时报书评》称为近 30 年来出现的最大胆、最出色的小说之一（埃伦里克）。这部作品涵盖了政治、权力、写作、色情和极度痛苦等各种题材。它与阿克尔的其他作品一样，已被划入后庞克色情作品（或后庞克女权主义作品）的范畴，有“后庞克色情宣言”之称。它被列入 2006 年英国出版的文学参考书——《你死前必读的 1001 本书》（*1001 Books You Must Read before You Die*）里，书里所列作品皆被编者称为“最佳作品”。然而德国和南非则宣布《中学时的血腥暴力》为禁书。

《中学时的血腥暴力》讲乱伦、恋童癖及女人在社会上所受的蹂躏。它探讨性行为和暴力，把禁忌与天真并列，反映父权社会对妇女的极不公平（休斯）。故事的女主人公是简妮·史密斯，小说开始时她 10 岁，这部小说主要讲述她从幼年到 14 岁死去时的悲惨经历，其中主要是她的性生活经历，包括她与父亲、波斯奴隶贩子及法国作家让·热内等人的关系。她首先受到父亲的性虐待。简妮是一个美国女孩，和父亲约翰尼·史密斯生活在墨西哥的迈里达城。她一岁时母亲过世，之后一直和父亲生活在一起，和父亲之间存在乱伦关系，她把父亲看作为“男友、哥哥、姐姐、金钱、开心丸、父亲”。后来她父亲结识另外一个女人，引起简妮不满，父亲把她送到纽约的一所中学去。在纽约，她曾在一家面包房工作。她是性交狂，有许多性生活伙伴，曾两次怀孕和打胎。后来她加入一个称为“蝎子队”的流氓团伙。这个团伙在逃避警察追捕时撞车，全部遇难，唯有简妮幸存下来。之后她开始住在纽约的贫民窟，一天两个窃贼破门而入，把她绑架，卖给一个波斯奴隶贩子。此人把她锁在屋里几个月，竭力教她如何做妓女。就在奴隶贩子打算放她出去卖身时，她发现自己患了癌症。后来她非法进入摩洛哥的丹吉尔市，在那里遇到法国作家让·热内，让·热内对她态度恶劣，曾以偷窃罪名把她送进监狱。二人后来和好，一起旅行了一段时间，之后让·热内离去。简妮不久死去，时年 14 岁。

小说描绘了一个充满痛苦的世界，多次讲到死或死的愿望。简妮生活在幻想世界里，屡次受到男人的折磨和背叛，包括她的父亲、波斯奴隶贩子及让·热内。她不断受到各种病痛的折磨。她显然厌恶一切，厌恶世界，厌恶自己。作品晦暗，宛如幽灵的世界，令人感到厌世。它通过描述简妮的可怕经历，抨击男权主义的资本主义社会对女人所进行的无情压榨，指出女人和孩子们一样毫无权利可言的残酷现实（穆斯）。这值得称道，无可非议。

但书中的性行为、性场面（性虐待、性羞辱等）描写很多，充斥着脏字（如英语的 C-字、F-字等）与脏话，显示出作者欲给读者以强烈色情刺激的动机。有评论家说，阿克尔之所以出名，可能就是因为她的作品的这种“刺激”价值。阿克尔的写法很奇特，例如戏仿（糟蹋）诸如《红字》《麦克白斯》及《威尼斯商人》等文学经典，话题不停地跳跃，书的一部分是女主人公的日记，在书页上画上不堪入目的男女生殖器等图画，等等。这本书以出奇制胜的“革新”方式征服了英美评论界的一些精英。

《中学时的血腥暴力》实在不宜翻译。

三、先锋-通俗派小说

“先锋-通俗”（缩写为“先-通”）一词源于马克·阿美利卡（Mark Amerika，1960— ）1993 年发表的《先锋-通俗（先-通）宣言》（“Avant-Pop Manifesto”）。在这一宣言里，马克·阿美利卡宣布，后现代主义已死，正在被埋葬，一种新现象正在吸引人们的思想。他把这种新现象称为“先锋-通俗派艺术”。先锋-通俗派虽然显现出各种主义（诸如后现代主义、现代主义、结构主义、后结构主义、超现实主义、西方马克思主义等）的影响及痕迹，但它是一个独特的文艺派别。它的代表人物是马克·阿美利卡。此人深受美国文化中糟粕因素的影响，对人生没有明确认识，他的所谓“宣言”很有点不甘心落于平淡而妄自尊大的年轻人所发出的狂言呓语的味道。

先-通派文学属于通俗作品，是美国“青年文化”现象的一个类别。先-通派文学受到主流通俗文化的影响，但又表现出先锋派作品的突出特点，它和另二者之间存在着不同之处。首先，先-通派文化彻底改变通俗文化的关注点，而聚焦于一种更流行的晦暗、富于性感、超现实、具有巧妙讽刺特点的表达方式。其次，先-通派和先锋派之间的区别在于，二者对于大众媒体的认识不同：先锋派拒绝承认大众通俗媒体文化的存在，拒绝承认这种文化对人们的支配性影响，而先-通派文学则和大众通俗媒体紧密相连。一些先-通派作家的创作充分利用信息时代大众媒体和网络这一传播信息的捷径，并对媒介进行操纵。这也是先-通派与后现代主义的区别之一。活跃在20世纪50年代、60年代、70年代的后现代主义文学艺术家们对当时新兴的巨大的媒体现实缺乏认识，采取疏远的态度，在创作中不够顺乎潮流，与时俱进，因而不能充分表达新时期生活现实的突出特点。

先-通派的代表人物马克·阿美利卡生于佛罗里达州，在布朗大学获艺术硕士学位，现任科罗拉多州立大学艺术系数码艺术教授。他探索媒体为文学和叙事学提供的新可能性。1993年他开始在网络上出台数码艺术及文学网址。他在创作出版了先-通小说《卡夫卡纪事》（*The Kafka Chronicles*，1993）及《性血》（*Sexual Blood*，1995）之后改张，致力于创立网络艺术，创建多学科艺术互联网，在英国、希腊、日本、美国等地进行作品国际展览。阿美利卡代表了美国当代年轻一代中的许多人，他们依靠着国家的富足混日子，过着缺乏方向和传统价值观念、自甘堕落的日子。阿美利卡不代表美国文化的优秀价值。他的作品不值得也无法翻译成中文。

马克·阿美利卡：《性血》

马克·阿美利卡的主要著作之一是《性血》。这是一部疯狂的网络色情小说，描绘一个常人所不能想象的崇尚暴力、色情泛滥、吸毒成瘾、毫无爱心与人性可言的可怕世界。尽管书中时而出现谈及创作和想象力，谈论艺术、艺术创作及批评现实的冠冕堂皇的语言，但这方面的描写很少，其主要内容在于描写吸毒和性交，全书由一幕幕令人恶心的色情画廊组成，是一部地道的黄色作品，是污染社会生活、腐蚀青少年身心的地道的春宫图画册。它运用感性语言，把垃圾摇滚乐、暴女派庞克音乐、现实黑客派及街道艺术等熔为一炉，描写一个充满暴力、色情、性变态的残酷世界，表现美国年轻一代的堕落状态。它是一个颓废“艺术家”的颓废之作，反映出受到媒体左右的美国人意识的黑暗面。

《性血》主要追踪主人公马拉多尔（或简称马拉）的放荡不羁的生活轨迹。马拉多尔是一个另类摇滚乐歌手，一个“愤怒的年轻艺术家”（阿美利卡 31）。他在发现自己失去创作歌曲的灵感后，便到大自然里去游逛，在此过程中遇到一位巫婆，听到她的邪说，他开始产生幻觉，来到一处幻境，那里居住着他所有的前女友们。他希望能够为过去造成的感情创伤进行忏悔，于是寻找一种魔力液体，能够把他变为一个富有同情心的人，就这样他进入了性血的境地。书里运用了许多杜撰的词语迷惑读者的想象，煞有介事地要创作出一个新的主义，打造出一个新世界一般。在这些新词语里，出现频率较高的有“性血”“营养”“嗜色酸”等。对于这些词语，作者在书中不同的地方做出了解释。比如“性血”，在书的开首处是指服用毒品后性欲剧增，能吸引和招惹他人、与异性进行性接触因而想象力、创作力增加的现象（18），在另外一处又似乎指一种能够恢复人的“兽性”、给予人的想象以动力的“动物性”（161，40—41），在另外一处又似乎指在人体中流动的液体（161）。“营养”的含义也不易界定。一指“自然力”或“性血”（21），一指女人的滋养，从做爱中得到的“营养”（38），使“艺术家”得到重生（167）。至于“嗜色酸”，这是一种具有壮阳作用的毒品，小说的主人公或者自用，或者引诱他人服用，以达到他追逐的丑恶目的。小说描写马拉和不同的女人发生关系，这些人包括紧跟在他身后的女孩、跪在他面前求爱的疯女人（63—66），此外还有佳伊、蒙达塔、霍朦、瑞典演员安吉拉、富有的犹太女人苏珊·夏皮罗、黑女郎珍祖露、妮特·杰克逊等。

在《性血》中有一段文字不仅说明了吸毒的恶劣后果，也点明先-通派作品里包含着色情泛滥的内容，鲜明地指出美国文化的糟粕——面对美国人，尤其是年轻一代美国人的思想可能造成的恶劣影响：

> 你如吮吸我很长时间，那么我的高度树脂化的烟壶水、它从我老朽的乳头滴出、滴进你口中的化学制剂黏胶液将会产生它所期望的效果：你会即刻感到有了目的，会即刻充满欲望而疯狂；你会渴望得到多个花园的、从乞求与你的罪恶意识接触的天真肉体长出的年轻性器官。你会撒出很多很多的精液，创造出熟悉性行为的全新的一代读者。（96）

《性血》以污秽的语言描写性变态的各种表现形式（例如在《欲望啃着充满欲望的意识》里的性表现 、《可恶富人的阴谋诡计》里与苏珊·夏皮罗的关系、在《冲刺垫》里与霍滕的关系等）。作品充满了对做爱场面的直白描绘，如与女友夏皮罗的做爱举动便是典型例子。小说里写到马拉多尔与女友霍滕的做爱方式，赤裸裸地表现性虐待狂、被虐待狂行为，反映出美国及西方社会生活的颓废与变态（67—105）。

书中一些人物的罪恶对话及暴力、谋杀行动常常令人感到毛骨悚然：

> 于是我抓着她的胳膊走出旅馆，叫了一辆出租，朝城里最西北边的地方奔去。在那里，奥林德尔·米尔给她服了超剂量的黑冰，强迫她吸了许多口毒烟，把她的脑子和

> 肺部都窒息了，她晕了过去。这让米尔能够切开她的胸部，取出她的双肺，经过彻底检验，他用其他一些材料，特别是可卡因和剩下的黑冰粉一起加工。米尔的检验结果和在凡勃伦处检验的一样。她说过，她是干净的，只是嗜毒而已，这在这种情况下真的使得加工过的肺这玩意儿比它原来的效力更强。这是有史以来制造出的、浓缩度最高的毒品沉淀物。我和米尔平分了这东西。我得了将近10磅，够我再活一年的了。（114）

在这里，杀人的行动被说得如此轻巧、自然，蜻蜓点水一笔带过，宛似每天吃饭睡觉一样的正常、简单。

此书的语言也值得注意。一方面，它充满网络术语，作者似乎故意以此模糊读者的视线；这在一定程度上也反映出大众媒体、网络、吸毒等因素对当代文学语言的影响，增加了作品的晦涩程度。在另一方面，作品在不少处所用文字污秽到不可言传的地步。这本小说虽也受到一些蹩脚文人的称赞，但从根本上讲没有什么可取之处。从整体上看，它不值得也无法翻译成中文。

（四）X代人

“X代人”（“Generation X”）在20世纪70年代是一个庞克乐队的名称。后来到90年代，加拿大作家道格拉斯·库普兰德（Douglas Coupland，1961— ）写出《X代人：一个加速文化的故事》（*Generation X: Tales for an Accelerated Culture*，1991），使之成为一个历史阶段的代名词。这个词语的含义很多，但库普兰德用它专指出生在20世纪50年代末及60年代的那一代年轻人，他们是在电视机前长大的第一代，大众媒体严重影响了他们的思维和生活以及处理问题的方式。他们所受教育水平较高，讨厌乏味的生活现实，对现代世界的贪婪、压迫及节奏感到失望，对未来感到暗淡但无可奈何，只有接受。这个时代没有战争，没有真正的危机，但人们对核战争的威胁感到迷茫。“X代人”极度渴望发现生活的意义。这些都在他们的作品中表现出来。“X代人”文学的一些作品对暴力和色情用笔浓重，触犯了文学表达的道德底线。他们的代表人物除道格拉斯·库普兰德之外，还有凯瑟琳·哈里森（Kathryn Harrison，1961— ）以及布列特·伊斯顿·艾里斯（Bret Easton Ellis，1964— ）等。在这里主要介绍一下他们作品里两部逾越道德底线的代表作品——凯瑟琳·哈里森的《吻：一部回忆录》（*The Kiss: A Memoir*，1997）及布列特·伊斯顿·艾里斯的《美国精神病人》（*American Psycho*，1991）。

凯瑟琳·哈里森：《吻：一部回忆录》

凯瑟琳·哈里森出生在洛杉矶市，由外祖父母抚养成人。她毕业于斯坦福大学，之后完成了在艾奥瓦大学的作家培训班的学业。她的作品种类较多，包括小说、回忆录、传记及描写真实犯罪案情的非虚构文学作品。她在纽约市亨特学院的艺术创作硕士专业任教，经常为《纽约时报》撰写书评。她被评论界视为美国当代最优秀的年轻作家之一。

《吻：一部回忆录》是哈里森最闻名、最畅销的著作，也是《纽约时报》评出的畅销书，评论界对它评价甚高。有评论家称之为“骇人听闻但文笔美妙……在时间上前后跳跃但把人无法抗拒地引向一种大恶的中心去”（莱赫曼-豪普特）；也有人说：“每一句话都击打、烧灼、留下疤痕，宛似心中最黑暗的暴风雨里的闪电一般。”《吻》讲述了一个违禁的故事，主题为“我”、母亲与父亲之间的“三角恋爱”关系，详尽暴露出“我”在成长中的生活与感情经历。“我”自幼与母亲关系紧张，父母离异，20岁时和父亲团聚，之后父女间开始长达4年之久的乱伦“爱”，此事对母亲伤害严重，“我”在此过程中对自我的作为有所认识，感到内疚。故事主要涉及“我”本人、“我”父亲以及“我”的年轻母亲，其间也说到外祖父母及“我”自己后来组成的家庭。顺便提一句，这种乱伦关系在作家前三部小说《浓于水》（*Thicker Than Water*，1992）、《毒药》（*Poison*，1993）和《暴露》（*Exposure*，1995）的情节与主题里都有表现。

《吻》以“我”与父亲的乱伦情景开始，既表现出两人幽会的热烈情状，也透露出二人的异化与孤独感，暗示出这一事件的罪孽及致命性质：

> 我们在机场相遇。我们在从未到过的城市相遇。我们在无人认出我们的地方相遇。
>
> 我们一个人坐飞机，另一个开车过来，我们乘车到一个地点去。我们去的地方愈来愈虚幻：鬼林、石林、大峡谷——荒凉、美丽、死气沉沉，像卫星照片里显示出的遥远的星球一样。没有空气，炽热，没有人气。
>
> 在这种背景下面，我父亲双手捧着我的脸，把它上翘，吻我合上的双眼，我的咽喉。我感觉到他的手指插入我披在颈后的头发里。我感觉到他呼在我眼睑上的热气。
>
> 我们有时吵嘴，有时哭泣。路在我们面前和身后无休止地伸展，我们置身于时空之外。我们去北加州的米尔森林，那里蓝色雾气弥漫，路都看不清楚；我们沿纳齐兹路南下到恰值浓绿盛夏的密西西比州。树木长出和我头一般

> 大的花朵；它们的象牙色花瓣飘落到地上，把我们的踪迹掩盖起来。
>
> 与家人分离，独立于时间的流动之外，不工作，不上学；立在高耸一千英尺的红岩的陡峭表面之前；跪在两千年之久的窑洞里；望着百万只蝙蝠从卡尔斯巴德洞向紫色的黑夜里成群地飞去——这些离开时空的所在是我们所有的唯一的家。（第 1 节）

《吻》的故事说道，“我”与父亲的乱伦发生在“我”20 岁时，时值大学三年级，当时与父亲已有 10 年未见（第 4 节）。“我”对父亲充满好奇，发现父女从长相到举止都非常相似，不由得感到自己和父亲开始相爱（第 5、6 节）。在“我”与父亲见面后送他去机场时，父亲出其意外地舌吻了“我”。父亲和“我”乱伦，拍裸照，睡在吸毒者、娼妓、“生活在社会契约之外的人”居住过的屋子里（第 13 节）。“我”住到父亲的家里去，二人在他担任牧师的教堂内一间屋的地板上做爱。“我”感到歉疚、耻辱，内心忏悔。“我”知道，父亲的占有在吞噬着我的生命（第 14 节）。乱伦对母亲造成极大伤害（第 12 节），母亲终于患骨癌而死去，外祖父也主要因为此事而过世。外祖父成为父亲的对照面，他的传统道德照出了父亲的变态与丑恶。外祖父的死使“我”如大梦初醒，下定决心告别邪恶，踏上正路。

此书的非道德性首先表现在它的主题上。作者做了乱伦之事，在书中详细叙述乱伦的一些过程和细节，把乱伦作为一个主题用文字记录在案，在客观上使描写乱伦合法化。另外，“我”虽然有罪恶感，但对父亲的态度却自始至终非常暧昧。在“我”对父亲的客观描写中，人们可以感觉出，此人是一个披着牧师外衣而道德败坏、极其可恶的男人。他在离婚后已又重组家庭，有了妻小，但依然和前妻同床，盯住女儿不放，先是舌吻女儿，不断给女儿打色情电话，最后又和女儿做出苟且勾当等等，这些都说明父亲是一个地地道道的人渣。但“我”在描写父亲的字里行间却透露出好感，说父亲是个美男子，有着“宛似先知的眼睛、疯人的眼睛、情人的眼睛”，她和父亲在一起做爱的感觉是，她既感到性饥渴，又感到自己宛似死去一般。她相信父亲的爱是真的。由此看来，她对她们父女之间的乱伦是负有责任的。

《吻》的突出特点是，它充满激情，也不乏淡定，虽然写乱伦，但字里行间透露出自我意识、自我评判以及随之而来的罪恶感。全书文字优美，诗意浓郁，读来宛似一场大胆而可怕的梦，对读者常有催眠效果。这一切反倒加强了此书对读者的恶劣影响。

布列特·伊斯顿·艾里斯：《美国精神病人》

艾里斯 1964 年生于洛杉矶的一个中产阶级家庭，父母在他成年后离异。在谈到他的性取向时，他表示愿意人们把他视为同性恋者、异性恋者及双性恋者（舒曼）。他的主要著作包括《格莱默拉摩》（*Glamorama*，1998）、《美国精神病人》（*American Psycho*，2000）、《吸引的规则》（*The Rules of Attraction*，2002）及《告密者》（*The Informers*，2008）等。迄今为止，人们一般认为他最闻名的作品是《美国精神病人》。艾里斯是“X 代人”派的主要作家之一。有评论家认为他是 20 世纪美国文坛最有争议的作家（曼德尔）。他的作品已经被翻译成 27 种语言。

艾利斯最受争议的作品是他的名著《美国精神病人》，一家出版社曾预付给他 30 万美元，但之后又因妇女组织对此书内容的抨击而拒绝出版，改由阿尔弗雷德·A. 诺夫出版社出版，面世后他曾接到不计其数的死亡威胁及仇恨信件。此书后来拍成电影。艾利斯认为自己是说教作家，但评论界有人把他归类为虚无主义者（萨菲尔德）。他作品里的人物多为思想贫乏的年轻人，他们知道自己在堕落，但乐意为之。

《美国精神病人》描写一个杀人惯犯的思想和作为。故事发生在 20 世纪 80 年代后期的纽约市曼哈顿区，彼时恰值华尔街的繁荣时期。主人公是帕特里克·贝特曼，他是一个“化身博士”式的人物：白天是一个富有而年轻的投资银行家，晚上是一个杀人惯犯。贝特曼二十四五岁，是故事的第一人称叙事人，用现在时态、意识流的方式述说他的日常生活。他的日常生活包括周五晚上在纽约华尔街的精英圈里吃喝说笑、他日常的性糜烂生活以及晚上进行的谋杀行动。他有时和朋友谈话会透露关于他的暴力和谋杀行为的信息，但是他们并不认真听他所讲的内容，不相信他会做出那些事情。贝特曼杀死他的同事保罗·欧文、两个女友以及一个妓女。他的谋杀显示出虐待狂特征，他折磨、强暴，甚至肢解受害者。他的双重人格间的界限越来越模糊不清。在一次街道枪击狂欢中，他杀死了几个行人，使得特殊武器与战术单位空降下一队警员来应对局面。贝特曼逃至办公室，打电话给律师哈罗德·卡恩斯，在后者的留言机上坦白了他所犯的一切罪行。之后某天他去见律师，谈他在留言机上说过的事情，却发现律师非常开心。律师觉得他的留言是一个令人捧腹的玩笑。律师对他说，他胆子太小，做不出那些坏事，而且他不可能杀死欧文，因为几天前他在伦敦曾和欧文两次共进晚餐（艾利斯、莫菲特）。小说以贝特曼如往常一样和朋友们吃喝玩乐的情景为结尾。

从内容看，作品旨在抨击美国中产阶级雅皮士（yuppies）文化。艾里斯为写此书，在纽约公众图书馆翻阅了谋杀案件的情况。他写书的目的有自我发泄的成分。当时他感到孤独，生活在消费社会的空间里，没有自信和自尊，情绪低沉，近乎疯狂（贝克尔）。《美国精神病人》对暴力和色情的描绘表现出明显的崇尚倾向。

作品的写作技巧和丹尼斯·库柏的手法颇有相似之处。作品在表达一些暴力情况时，前后出现矛盾；另外，对于小说里描写的种种犯罪行为是否确实发生过，或它们是不是一个幻觉精神病患者的胡思乱想，作品显然在刻意避而不谈。这些都给读者一种模棱两可的感觉，令人怀疑贝特曼的叙述存在着不可靠性。作品的题目定为"美国精神病人"，表明作者描写的对象贝特曼有可能是一个精神病人，但小说的题目没有任何冠词，这可能说明，贝特曼并非个案，他是美国人崇尚暴力和色情的象征。即便书中所描写的暴力和色情行为没有发生，它也表现出当代美国存在的一种明显的心理和社会倾向。

此书在德国、澳大利亚、格陵兰、新西兰、加拿大等地被认为"少年不宜"，或引起争论，其销售与借阅皆受到限制。在美国，2000 年此书被拍成电影，2009 年出版了音频版，2013 年伦敦上演了此书的歌剧版。近年来美国和西方评论界出版了被称为"指南"的小说作品介绍系列，旨在向美国和世界读者介绍美国和西方评论界认为最受欢迎、声名最高、影响最大的一些小说作品；《美国精神病人》被列入这一系列指南之内。

文学传统的基本道德底线是"教人做好人"。文学创作向来发挥警世与抑恶扬善的社会作用。文学表达的这一道德底线已在世界文学与文化的传统中清楚地表现出来。除个别情况外，很少有人具有冲破这个道德底线的勇气。上面提到的一些作品是当代美国文学发展中出现的一些另类，这些文化糟粕传至我国，对中青年的吸引力很大，对我国传统文化正在形成极大的挑战和威胁。我们周围接触到的一些言行举止及影视产品等都表现出，今天我们在文化和精神领域内正面临着一场搏斗、一场保卫战。这些作品所呈现出的倾向，也可能预示着西方文化、美国文化及人类文化发展的潜在危机，即物质生活愈益优厚，精神可能会愈益贫乏，人可能会愈益倾向堕落。这个前景足可令人担忧，我们不可掉以轻心。

【参考文献】

艾利斯，布列特·伊斯顿：《美国精神病人》，纽约：优势书局，1991 年。

埃伦里克，本恩：《近 30 年写出的最大胆而出色的美国小说》，载于《洛杉矶时报书评》，1990 年 8 月。

阿美利卡，马克：《性血》，伯明翰：阿拉巴马大学出版社，1995 年。

贝克尔，杰夫：《问与答：布列特·伊斯顿·艾利斯谈写小说，拍电影》，《俄勒冈直播》，2010 年 7 月。

布卢姆，哈罗德：《西方经典》，纽约：哈克特·布雷斯公司，1994 年。

霍金斯，苏珊·E.：《大家属于一家：凯西·阿克尔的〈中学时的血腥暴力〉》，《当代文学》，2004 年第 4 期，第 637 页。

赫加提，保罗，及丹尼·肯尼迪合编：《丹尼斯·库柏的边缘性写作》，布莱顿：萨塞克斯学术出版社，2008 年。

休斯，凯西：《乱伦与天真：凯西·阿克尔的〈中学时的血腥暴力〉中简妮的少年时期》，《星云》杂志，2006 年，第 3 期第 1 分册。

莱夫，里奥拉编著：《自己冒险进入：丹尼斯·库柏的危险艺术》，新泽西：费尔雷·狄金森大学出版社，2006年。

莱赫曼-豪普特，克里斯托夫：《与父亲生活在一起：乱伦和灵魂麻木》，《纽约时报》，1997年2月27日。

卢卡斯，斯蒂芬：《美国精神病人：访问丹尼斯·库柏》，《凌晨三点钟杂志》，2001年11月。

曼德尔，内奥米，编著：序言，《〈美国精神病人〉〈格拉莫拉摩〉〈月亮公园〉》，纽约：序列国际出版公司，2011年。

莫菲特，朱利安：《布列特·伊斯顿·艾利斯的〈美国精神病人〉：读者指南》，伦敦：A&C布雷克出版社，2002年。

穆斯，凯蒂·R.：《后现代主义学说与后结构主义理论：凯西·阿克尔的〈中学时的血腥暴力〉》，《叙事》，2011年，第1期第87—111页。

“庞克与硬核”。伯克利加州大学英文系“二战后美国文学资料库”。

萨菲尔德，爱利斯，安迪·盖拉格及保罗·迈克印斯：《录像：“我真的不那么关心我小说的道德性”》，《卫报》，2010年7月19日。

舒曼，兰迪：《布列特·伊斯顿·艾利斯的爱慕》，载于2002年10月10日，检索于2009年4月13日。

塔卡基，罗纳德：《给年轻人的一面不同的镜子：多文化美国史》，波士顿：利特尔及布朗公司，2013年。

永恒文学作品问世的条件

一、自由而宽松的环境

文学创作属于人的头脑与想象力运作的范畴。人类控制外部世界的唯一法宝是其想象力。没有想象，人可以说一无所有。人的头脑与想象力需要自由自在，容不得紧箍咒扣在它上面。它需要在无限的时空中自由驰骋，需要最大限度的相对自由，这样它才能创作出永恒的作品。欲做到这些，需要具备一些必要的条件。

首先，时代是产生永恒作品的重要条件。历史时代分类的方法很多，在文史哲领域内，人的思想的放松度应当是首要条件。照此标准梳理，人们会发现，人类曾经历过三种时代：外紧内松，外松内紧，以及外紧内紧。还有一种理想的时代，即外松内松时代，亦即老子说的“无为而治”状态，这种情况迄今尚未出现过。对于想象力来说，在人类经历过的三种时代里，第一种为上好，人的思想比较自由；第二种为中好，人的思想不很自由，但仍有回旋的余地；第三种为最差，这时不仅人的思想毫无自由可谈，连人身安全都岌岌可危，人们生活在惶惶不可终日的水深火热之中。

在想象力比较自由的时代就会出现百花齐放、百家争鸣的局面。中外历史上出现过几个这样的时代。比如我国的春秋战国时代（公元前 770—公元前 221），公元前 5 世纪前后的古希腊，以及伊丽莎白时期（16 世纪）的英国。我国近代五四运动前后，也有一些这类时代的风貌。这些时代的共同特点是人的思想比较放松。最可怕的统治是对人的思想的约束和管理。英国作家乔治·奥维尔写过一部反乌托邦小说，名为《一九八四》，里面说到有个大洋洲国，那里有思想警察，对人们的思想进行管制。这是最可怕的。

人类文明的发展史，从某种意义上说，是人对自己加强约束的历史。这种约束可以大体分作三类：自上而下的约束，人际间的相互约束，自我约束及控制。人类的文化、文明及文学活动在人类成长史上的作用之一是对人的举止加强规范，其中包括帮助人们进行自我调理。“文明化”的目的在于“设法克制人的个性以使之服从共性”。在一定意义上说，人类文明化的过程是对人的头脑和想象力逐步铸牢枷锁，使之逐步失去自由驰骋能力的过程。从远古到如今，这个枷锁越来越紧，人的自由想象的余地越来越狭窄。对这一点，人们通过阅读历代文学作品便可看出端倪。比如，从古代遗留下的文学作品看，在远古时期，人们拥有相当的活动自由。比如荷马在其史诗《伊利亚特》里说，在古代特洛伊战争期间，希腊军主将阿喀琉斯因对希腊军总司令阿伽门侬不满，就可以擅自决定拒绝出战，结果给希腊一方造成很大损失。将士的这种自行其是，在现代是不可想象的。这种“阿喀琉斯式自由”随着时间的推移，则愈来愈少。

我国春秋战国时期，特别是春秋战国之交的时期，仍属于人类文明发展的早期。当时周王朝已经失去中央集权的威势，各诸侯国相互争斗，社会局势混乱，从外表看，人们担惊受怕，生活非常紧张。但是这个时期的特点是外紧内松。在外虽然战战兢兢，但思想所受制约不严，人的头脑里还没有多少律条，人的想象还有相当的翱翔余地。面对当时各种社会及人类进步问题，在那个历史转型时期，人们开始认真思考人、人性、人生、政治和社会等问题，于是就出现了百家争鸣的伟大局面。我国文化在这个阶段所取得的成就铸造了我国的文化传统，成为古代世界四大文明中在今天唯一依然完整存在的文化传统。它无疑是今天世界文化的基石之一。

公元前 5 世纪希腊的情况，和我国文明发展早期的状况相较，虽然存在着本质的不同，但从人类文明史演进的角度看，两者在“外紧内松”上属大同小异。两者都处于文明发展的早期，人还具有相对大的自由空间。此外，在这个时期的古希腊，雅典城邦在有识之士的引导下，已经建立起比较先进的政体，即民主政体，虽然不是群众做主，但它却蕴含了大众参政的因素。在相对民主的气氛中，雅典在各个方面，尤其是社会科学方面，取得了很大成就。古希腊人这时在哲学、文学、史学、医学、艺术、建筑学等方面所取得的成就，成为今天世界文化的基石之一。

英国的伊丽莎白时代（1558—1603）是欧洲文艺复兴之风刮入英国的时期。当时欧洲出现了两大运动，即文艺复兴和宗教改革，对人的思想解放发挥了关键的推动作用。人们的思想得到空前的自由，天才得到充分发挥，一股惊人的智力能量突然如火山般迸发出来，社会活动的所有领域都顿时焕然一新。伊丽莎白时代应当说是近几个世纪以来人的思想和行为受到最少限制的时代。例如在文学创作中没有严格的、固定的文学形式和评价标准让人遵循，各种文学尝试满坑满谷，不知凡几，就好像每个人都在为寻求新的形式而跃跃欲试，都显示出难以抑制的寻求独特风格的渴望。于是，在这个以想象和灵感为主导的领域内，一种波涌涛起的局面出现了。当时的诗坛和剧坛人才济济，人们争先恐后地推陈出新，仿佛人人都有一种使命感，都有“天生我才必有用”的自信心，也仿佛是造物主忽然兴高采烈而大发慈悲，向世人慷慨地馈赠文学和诗歌创作的天赋一般。在文学创作方面，这是一个新人、新思想、新形式、新作品迭相问世的时代。

五四运动之后的一二十年，在我国文学及思想界也出现过“小阳春”，当时外界形势虽然紧张，但回到家里或自己的小圈子里，身心还有个人自由而言。有些年轻人敢于突破框框，走出新路，因此在文学、哲学、史学、社会学、自然科学等领域内都有异军突起。这些人后来多成为我国在这些领域内的鼻祖或大师级人物，我国文苑开放出了富丽、多彩的花朵。

二、高尚的品格

作家要有高尚的品格，要有一颗善良的心，要做好人。好人写出的作品多为好作品。心邪的人，或好人心邪时，很难写出好作品来。

不要为名而写作。“名”是横亘在作家与永恒之间最大的障碍。作家要脱开这个世俗思想的拖累。驻足青史的作家，其写作的初心常常不在乎名，也不在乎官职。凡是做官的作家，一般就无缘创作永恒作品了。这是常识，不是规律。

横亘在作家与永恒之间另一大障碍是“利”。作家写书的目的应当不在获利上面，或主要不在这一点上。为扬名天下或发家致富而动笔者不会和“永恒”结缘。在当前我国的情况下，在作家们的视野里，出现了一座大山——经商发财。不少作家开始分身、分神，想要攀登这座山。这些人以“钱”为生活的目的，为利而折腰。他们虽然也曾写出过一些作品，也因此而获得“作家”的头衔，但他们不会有什么大作为了。名利是所得，而不是所求。英国维多利亚时代有一个作家，名叫安东尼·特罗洛普，因在《自传》里透露他的稿酬情况，而受到读者多年的误解和蔑视。诗人的想象素质更是创作的关键。一个人如果计较分分角角，那他就不可能成为诗人。

作家通过文学创作而致富的例证在历史上也有不少，但这些人的初衷大都不是为发财，对于他们当中的不少人说，发财只是一种副产品而已。司各特、狄更斯、华盛顿·欧文及马克·吐温等通过写作而致富的作家，他们主要不是为了金钱而进行文学创作。比如狄更斯，他喜爱艺术，乐此不疲，艺术总是叫他坐立不安。他是工作狂，他讨厌休息，只有极度疲劳时才感到满足，可以说他是把自己累死的。他总觉得自己的艺术才能不足以表现生活和它的短暂，无法表现世界和它的变幻无穷。他的创造力掌握他的生活，让他着魔，给他提出要求，让他一连几个月专心致志，忘掉其他的一切。他认为，任何致力于艺术的人都必须乐于把自己全部献给它，而从中得到酬报。所以，他每逢有了什么想法，就像着魔般地去探讨、琢磨，经常表现出坚持不懈、走火入魔般的执着。狄更斯对自己的读者非常关心。当他拿起笔时，心里总有一种信任和责任感在时刻催促和告诫自己。他认为，就是他自己不高兴写了，他也要让他的读者们快活。马克·吐温也是一样，他自觉地挑选下层人民的生活作为他的作品的表现对象。他在一封信中声明："我从来连一秒钟也没有试图对受过教育的阶级进行教育。不论从天禀或是所受训练上讲，我都不具备那种条件，而我也从未有过那份野心，我总是寻觅大猎物——人民大众。"他希望以其天才的幽默给人民大众带来快乐，这是他的使命感。狄更斯之所以成为他的国家的英雄人物，马克·吐温之所以成为他的国民的文化楷模，追根究底，就是因为他们的这种使命感在发挥作用。

即便是不少人诟病的美国现当代作家J. D. 塞林格的情况也不例外。塞林格一生只写出一本名作——《麦田里的守望者》，此书问世后成为一部小经典，许多大学都以它为文学课教科书，所以自出版迄今60多年，它的销售一直居高不下，有增无减。之后塞林格的灵感似乎已经枯竭，多年来与媒体玩捉迷藏，躲在康涅狄格州老家某处，尽情享受着大宗版税带来的舒服生活。便是对于他，人们也可以进行这样合乎情理的揣测，即他当初写书的目的是创作文学作品，而主要不是为了赚钱。他当时30出头，《麦田里的守望者》是他的处女作，他并不知道，这部小书会受到世人如此青睐，竟会成为他的摇钱树。

创造永恒性文学作品绝非一蹴而就之举。作家唯有坚持不渝、笔耕不辍，才能写出好作品来。小聪明不能成大事。要吃苦耐劳，锻造出一个高尚的头脑，练就出一身过硬的本领，这才是文学创作之正道、大道。唯求抄小路，用雕虫小技，招摇撞骗，只满足于追求目前的名利，很难写出与永恒结缘的鸿篇巨制来。要耐得住寂寞。宁让身后门庭若市，也不求生前虚妄的热闹。晃荡的是半瓶醋，洪亮的是空心铃。

作家们要有时间感。人人都生活在两个时区里，一是现在时区，一是未来时区，作家尤其如此。一个人写出一部作品，或小说或戏剧或诗歌，人们就冠之以“作家”的称号，抑或作品受到恭维，作者就成为知名作家了。这些都发生在现在时区。但是，未来时区的人们如何看待这位作家及其作品，那就要看这位作家在未来时区生活的人们中有没有人缘了。一位作家在未来时区人缘的好坏要看他的作品是否具有前瞻性，或对未来时区的人们是否具有有益的信息。许多作家属于“阶段性作家”，他们的作品只对他们所生活的阶段产生效应，而对未来则无所启迪。这些作家在生前誉满天下，而在身后则门庭冷清，无人问津。比如 18 世纪的诗人克里斯特弗·斯玛特、19 世纪的英国作家乔治·麦瑞狄斯、19 世纪的美国小说家威廉·豪威尔斯等。反之，有些人在生前没有受到太多重视，但在死后却越来越受后人崇拜，如美国作家亨利·大卫·梭罗、诗人艾米莉·狄金森等。

三、痛苦的体验

一般说来，作家本身的痛苦经历对其创作永恒作品极其重要。小聪明成不了大气候。只有经过生活锻炼的人才能体会出生活的真味来。我国的曹雪芹显然领略了一个大家庭的败落所带来的巨大悲痛，俄国的陀思妥耶夫斯基险些被行刑队给枪毙，德语作家卡夫卡像一条毛虫般生活了 40 余年，英国的乔治·奥维尔显然经受过对一种主义的崇拜、失望与怨恨的情结的折磨，所以，他们才分别写出了《红楼梦》《罪与罚》《变形记》及《一九八四》这些不朽之作。美国作家赫尔曼·麦尔维尔说过，欲达天堂必先下地狱。这个道理对于文学创作尤其适用。当然，唯有经过痛苦，并把对痛苦的认识升华，再加上文学才华，才会对永恒文学的创作发挥关键作用。这里简单介绍一下几个作家及其名作。

《变形记》

仔细阅读过这部作品的人会体会到故事的字里行间所渗透出的柔情与悲伤。我国读者可能有人不能完全接受这种扑朔迷离的情节。一个人怎么会在一夜之间变形为一条大毛虫了呢？对于西方读者来说，这很容易理解。希腊神话的突出特点之一就是它们表现出的各种变形，所以到古罗马诗人奥维德（公元前 43 年—公元 18 年）总结希腊罗马神话时，把包括 250 个古典故事的神话命名为《变形记》。奥维德的变形指人的形体变化。在生活中，人体时刻都在经历着变形，一天天变老，这是渐变。另外一种变形是骤变，骤变常常不是因为生理变化，而是由于心理变化所致。

奥地利（德语）作家弗兰兹·卡夫卡（Franz Kafka，1883—1924）的中篇小说《变形记》源于古希腊神话的变形传统。小说的主人公戈里格尔是一个流动售货员。他的父亲身体羸弱，妹妹正在读书，他夜以继日地工作，以帮助家人还债，支付妹妹进入音乐学校时可能需要的开支。他起早贪黑，完全没有个人生活的空间，生活里没有女人，没有憧憬，日复一日，枯燥乏味。他自幼就生活在父亲的威严的高压之下，所做的一切完全得不到应有的称赞或欣赏。他的生活宛似一条毛虫一样。果然，一天早上，他醒来发现，自己真变成了一条巨大的毛虫。这是一条具有人性的毛虫。他离不开家人，随时注意家人的思想与言行，可怜他们，极其关心他们的生活状况。他窃听他们的谈话，为他们焦虑不安，为他们考虑出路。他完全没有考虑到自己的处境，却一心幻想着赶紧恢复健康，为他们的安适而去奔忙。家人对他却并非如此眷顾。父亲一向把他当作毛虫看待，现在更变本加厉，厌恶他的存在，用苹果击打他，一个苹果终于嵌入他的后背，最后腐烂而促进了他的死亡。母亲和妹妹对他最初尚好，把他当人看待，在生活上照顾他，喂他食物，替他打扫房间，但两者都慢慢失去耐心，尤其是他依然在计划着自己恢复原形后如何帮助的妹妹，对他态度骤变，把他看成累赘，在她的语言里，“他”也变成了“它”，她希望他早些死去，并狠狠地说“他必须死”。这时，他的一向疾病缠身的父亲忽然精神焕发，找到了一份保安工作，妹妹也开始挣钱，父母也开始张罗女儿的婚事，一家三口开始计划“毛虫死后”的美好日子。戈里格尔感到他的尘缘已尽，大限到了，于是停止进食，不久便在对家人的“祝福”中无声无息地死去：

> 他的全身感到疼痛，但觉得疼痛好像在逐步消逝，最后将全部消失。他几乎感觉不到脊背上的腐烂的苹果，或它周围发炎的部位，那里全被细尘土所覆盖。他温存而亲切地想到他的家人。如果能死的话，他比妹妹更赞成自己必须死掉的决定。他在这种茫然的沉静心态中待到大楼的钟打过清晨三点。他再次意识到从窗外世界射进的第一丝渐渐变强的光。接着，他的头自愿地沉向地板，从他的鼻孔里呼出来最后一丝微弱的气息。（笔者译）

文学作品的寓意常常违反作家的初衷。《变形记》这个故事的内涵丰富，其中有些可能违背了作家的本意，是他所始料未及的。比如人们阅读这个故事之后，常有一种“人其实还不如一条毛虫”的感觉，故事中的父亲、母亲、妹妹都那么可恶，三人当中没有一个是可爱的，他们自私，忘恩负义，完全没有一条毛虫来得高尚与仗义。为这样的人卖命实在不值，耶稣拯救世人实在不值，戈里格尔之所以死，是因为这个世界不留恋他，人的世界容纳不下他这么好的人。

卡夫卡之所以能够写出这部动人肺腑的小说，是因为他曾经下过地狱。他可能觉得自己是生活在地狱最深层的人。他出生在布拉格一个阴郁、怪异的地区，生性敏感，幼年像一只悲惨的小象，充满恐惧心理，心中最害怕粗野、发怒、让他感受到威胁的父亲。他的母亲对他也无暇关爱。所以他的童年是受到严重创伤的童年，这是他最大的一个伤口和缺失，毁了他的一生。而且，他一直都在生病，肺结核一直在威胁着他的性命。另一方面，卡夫卡对家人却充满感情，而且他生性浪漫，虽然没有结婚，但订过三次婚，有过不少艳情。他41岁上死于肺结核。由此可见，《变形记》实际是他的痛苦心境的一种写照。

《巴黎圣母院》

19世纪法国作家雨果（Victor Hugo，1802—1985）的杰作《巴黎圣母院》的特点是它表达出的充沛感情。故事主要描写两个主要人物——埃丝梅拉尔达及敲钟人卡西莫多——之间的感情往复。埃丝梅拉尔达是一个才貌双全的吉卜赛女艺人，她心地善良，爱得热烈、真挚。在她遇到危难、即将被处以绞刑的时候，暗恋着她、面貌丑陋的卡西莫多，由于了解她的为人，冒着生命危险把她抢救到避难所巴黎圣母院内。后来教堂遭到袭击，卡西莫多出于正义，把对埃丝梅拉尔达不怀好意、虚伪的教堂副主教扔到墙外摔死，舍命保护了他心爱的吉卜赛女郎。但是埃丝梅拉尔达最终被处以绞刑。卡西莫多从大坟窟里找到她的尸体，之后在她身旁躺下，慢慢死去：

> 就在那些丑陋的残骸中，人们发现两具骷髅，一具抱着另一具，姿势十分古怪。这两具骷髅中有一具是女的，身上还存着几片白色衣袍的碎片，脖子上则挂着一串用念珠树种子制成的项链，上面系着装饰有绿玻璃片的小绸袋，把袋子打开着，里面空无一物，这两样东西不值分文，刽子手大概不要才留下的。紧拥着这一具的另一具骷髅，是男的。他脊椎歪斜，头颅在肩胛里，一条腿比另一条腿短。而且颈椎丝毫没有断裂的痕迹，很显然他不是被吊死的。因此可以断定这具尸骨生前那个人是自己来到这里，并死

在这里的。人们要把他从他搂抱的那具尸骨分开来时，他霎时化成为尘土。（笔者译）

卡西莫多的这段感情需要具有同样感情强度、经受过剧烈感情挫折的作家加以表现。雨果正是这样的作家。雨果一生虽未经历过太大的坎坷，但在感情方面却有过一段铭诸肺腑的波折。这要说到他的夫人阿黛尔红杏出墙的事。雨果和他的妻子阿黛尔青梅竹马，长大后由于母亲的反对许久未能结婚，等母亲过世后二人才喜结连理。后来由于雨果过于沉湎于写作，对妻子有所忽略，他的一个好友就乘虚而入，与孤独的阿黛尔做成苟且之事。这对雨果的打击很大，让他能够借机对感情与忠贞进行认真的思考。

《巴黎圣母院》里的几个男人形象很可能体现出雨果对爱情的看法。副主教是自私自利的伪君子，军官是唯利是图的小人，而卡西莫多的爱情才是无限的忠贞和无私的奉献。卡西莫多的爱情和雨果最初几年对待妻子，之后对待情人女演员朱丽叶·德鲁埃一样："朱丽叶，我全身心地爱着你。你年轻得像个孩子，贤惠得像位母亲，我要用全部的爱将你包围。"雨果认为，纯洁的拥抱、真正的爱能把宇宙缩小成一个人，把这个人扩展成上帝。（40）这是他描绘卡西莫多这一人物形象的感情基础。

四、始终一致的人生观

伟大的作家对生活要有比较成熟而稳定的看法。这并非要求他们自一开始就具备完整而系统的观点，但他们进行写作需要一种自始至终保持一致的世界观和人生观作为指导。伟大的作家思想极其敏感，在其生涯的早期就开始认真观察生活，萌生对人生的态度，他们的敏感会赋予这种萌生的思想一种品质，使之大体合乎时代的精神。这是老天对伟大作家的一种惠顾，一般人、一般作家嫉妒不得。在众多的作家中，哪一位会成为写出永恒作品的天才，世人很难卜测，只有时间和历史会为人们做出结论。凡是写出准确反映时代精神的作品的作家，都应当是大家。但如何把握住时代的脉搏，捕捉住时代的精神，这不是人们可以轻易回答的问题，也不是人们可以轻易做到的事情。伟大的作家本身也常在很长时间内为此感到困惑。所以，人们不必在超越人的认识力的问题上浪费时间。集中精力写自己的书，表达出自己的看法，把伟大和永恒的决定权让给历史、时间和读者。

作家写书，质量属于第一位的考虑，数量也重要，但不是决定作家历史地位的关键因素。质量和数量都优秀者，数上乘作家，按现在世俗的观点，应当具有获得诺贝尔奖的可能，但是诺贝尔奖由于其本身的弊病所致，现在也有些声名狼藉，有时甚至受到鞭挞或唾弃了。所以它只是评价永恒性的一个并不重要的参考系数。以美国作家论，海明威（Ernest Hemingway，1899－1961）和诺曼·梅勒（Norman Mailer，1923—2007）的创作实践对世人具有参考价值。海明威是个硬汉，他推崇人的战天斗地的精神。他的作品，诸如《太阳照常升起》《向武器告别》《钟为谁鸣》及《老人与海》等，都赞颂了人在“绝望中的勇气”，能在失败中保持尊严，在压力下不失风度。海明威可能受到了英国哲学家罗素（Bertrand Russell，1872—1970）的影响。罗素在其《一个自由人的信仰》（“A Free Man’s Worship”，1918）一文中提出，人的生命既短暂又无力，无情而黑暗的毁灭在缓慢地、稳步地降在人和他的种族身上，任何热情、英雄行为、强烈的思想感情，都不能使个人的生命免于死亡。历代的努力、献身精神、灵感、人类天才的最灿烂的光辉，也注定要随着太阳系的全部毁灭而消亡。所以他提出，人要自爱自强，在绝望中也不气馁。罗素所说的这种“绝望中的勇气”和“压力下的风度”几乎在海明威所有的作品中都有反映。于是海明威创造出具有独特风格的主人公，有人称之为“海明威式主人公”。杰克·巴恩斯、弗瑞德里克·亨利、罗伯特·乔丹、桑提亚哥以及短篇小说《不败者》(“The Undefeated”)的主人公等等，都属于这类人物，都在重压之下表现出非凡的勇气和优雅的风度。他们单枪匹马与自己不理解的力量对抗，注定以失败告终；但他们遵照“荣誉的准则”，依靠自己生存，表现出“大丈夫气概”。海明威的作品一贯表现一种思想，即胜负并不重要，斗争就是一切，在斗争中人才能表现出自己的“人格”。海明威的典型人物多是百折不挠的血性汉子，他们不动声色，临危不惧，随遇而安。他们渴望得到现代生活无法提供的秩序和安全感，因为他们心头充满了绝望情绪。但是他们又多在富于刺激性的生活中吸取补偿空虚所需要的滋养。于是典型的“海明威场面”常常是狂歌豪饮或偷情做爱，尽情寻欢作乐。典型的“海明威式主人公“都具有一种浓重的存在主义色调。海明威是具有深刻悲剧观的作家，他认为人在这个世界上除对自己以外无所作为，所以他的人物多为个人英雄主义者。

以《太阳照常升起》的主人公杰克·巴恩斯为例。他就是这样一个人物，他生活在典型的海明威世界里。他在战争中负伤，失去性爱能力，孑然一身，侨居他乡，内心痛苦，常常夜不成寐。他默默地忍受着这一切，以一种“绝望中的勇气”，尽量像正常人一样生活，并努力想在他的朋友中建立起正常的生活秩序。他从西班牙斗牛场年轻的斗牛士身上发现了人的尊严和勇敢精神。他认识到，人要依靠自己存活下去，要自我奋发，不可指望来自上帝或他人的帮助。生活是无情和无望的，但人不可气馁和妥协，要伸张自我，胜败无妨，重要的是精神和尊严。巴恩斯是一个典型的“海明威式主人公”，单枪匹马，在逆境中拼搏，虽知于事无补，也不肯低头和退让。海明威自己很喜欢这部小说，称它是一部“最富教育意义的”“好书”。

这种描绘到20世纪40年代以后发生了一些变化，他的主人公开始认识到群体的重要性，认识到个人的奋斗不会成功的道理。这标志着作家本身思想上发生了转变。这一变化明显地体现在海明威的作品《钟为谁鸣》（*For Whom the Bell Tolls*，1943）以及《老人与海》（*The Old Man and the Sea*，1952）中。《钟为谁鸣》是描写西班牙内战的作品。主人公罗伯特·乔丹帮助西班牙人民进行反抗法西斯阵营的斗争，在和当地游击队合作的过程中，他发现了集体的力量，也在艰苦斗争中找到了爱情。他不畏艰难，体现出他的高尚情操和英雄本色。在实战中，他不再单枪匹马。小说的题目画龙点睛，阐明了主题。“钟为谁鸣”取自17世纪英国诗人约翰·堂恩的一篇《沉思录》，堂恩在这篇作品里点明书为一卷、人为一体的思想：“……当你听到钟声时，不要问是谁死了。是你死了。”

《老人与海》是海明威在10年的空白之后于20世纪50年代写出的最成功的作品。在主人公桑提亚哥的身上，仍存在着杰克或亨利的影子，但他的形象更像罗伯特。古巴老渔翁桑提亚哥的世界是一望无际的大海，在这个海上只见一叶孤舟、一个老渔翁，其情势和所有此前海明威所描绘的情势一样，但主人公的内心世界变了。他开始视自己为世界万物之一，开始对周围万物产生感情，他在内心里不再感到孤单。桑提亚哥一连 84 天一无所获，但他不屈不挠，仍旧坚持出海打鱼，终于在第 85 天捉到一条比船身还长的马林鱼，经过三天两夜的搏斗终于制服了它。但在返航途中，一群鲨鱼尾随而来，老人又和鲨鱼搏斗，但未能阻止它们把鱼肉吃光。当老人把鱼拖到岸边时，马林鱼只剩下一个骨架。疲惫不堪的桑提亚哥回家卧床，在梦中仍不忘雄狮。细味这部作品，人们会发现，桑提亚哥的思想没有大变，海明威也是万变不离其宗，他的基本精神没有大变。

海明威在文学史上会有一席之地，也是因为他的作品反映出他所处时代的精神。他在第一次世界大战中自愿参加美国红十字会组织的战地救护队，在意大利前线当救护车司机，在战斗中受伤，是第一个在意大利受伤的美国人，曾受到意大利政府的嘉奖。他的这段经历让他认清了战争及生活的本质，为他后来创作的名著《太阳照常升起》《永别了，武器》以及很多短篇小说提供了丰富的素材。他的身体所受的创伤在他心理上留下疤痕，日后成为他在作品中一直描写和思考的题材。在某种意义上说，海明威的主人公都多多少少具有这种伤疤的遗迹，这保证了他的主题和人生观的一致。海明威的思想里存在着严重的虚无主义情绪和悲观主义倾向。在他看来，以流血、残酷和背信弃义为特点的现代战争，是现代生活空虚状态的最高体现。他所塑造的人物多在生活中失去理想，因而精神苦闷，悲观失望。战争破坏了传统的信念和伦理，也毁坏了他们的个人幸福。在一个荒诞无稽的世界里生活，人需要勇气、尊严和风度。海明威的题材、文风以及他的人格和作风，都使他成为时代的代言人。他大概是美国文学史上最受人崇拜的作家。

在始终不渝坚持既定的人生观和世界观方面，欧美文坛也有些负面模式可供借鉴。例如英国的塞缪尔·巴特勒（Samuel Butler，1835—1902）、阿勒杜斯·赫胥黎（Aldous Huxley，1894—1963），以及美国的诺曼·梅勒（Norman Mailer，1923—2007），都值得我们探讨一下。这三个人都是文坛名流，或多才多艺，或雄心勃勃，或二者兼而有之，但都未成为文坛上的大家，虽然有些作品有望与“永恒”结缘，但算不上一流之作。

塞缪尔·巴特勒是维多利亚时代知识大爆炸的象征。他博学多才，兴趣广泛，对于宗教、生物学、进化论、意大利文化、古典作品以及传记写作都有涉猎。虽说他在这些领域都算不上专家，但却是众所周知的通才。他生前没什么声望，当然他也没有刻意追逐过。在英国文学的“万神殿”中有他的一席不大不小的神龛。

说到阿尔杜斯·赫胥黎，这位英国小说家、剧作家、诗人出生在英国著名的赫胥黎家族，其祖父是托马斯·赫胥黎（Thomas Henry Huxley，1825—1895），我国著名翻译家严复（1853—1921）所翻译的《天演论》（*Evolution and Ethics and Other Essays*）的作者。阿尔杜斯·赫胥黎多才多产，一生著书50多部，涵盖文史哲等几个领域。在文学创作方面，他的体裁也涉及文学领域的各个类别。但是在当时的文坛，他并非名列前茅。

诺曼·梅勒是美国当代最有雄心壮志的小说家之一。1944年从哈佛大学获工程学士学位后不久，他入伍参加第二次世界大战。他参军的一个主要目的是要写一部关于战争的长篇小说。在菲律宾，他每周给妻子写四五封长信，内容极其丰富，心想纵使他不能活着回来，他的小说也能问世。他的愿望实现了。1948年，他的处女作《裸者与死者》（*The Naked and the Dead*）出版，立即轰动一时。批评界高兴地看到，美国文坛正在出现一位新星。但是，人们对梅勒的热情不久便冷却下来。他的第二部小说《北非之岸》（*Barbary Shore*，1951）并未引起太大的反响。而第三部作品《鹿园》（*The Deer Park*，1955）在读者和评论界中也反应平淡。此后，他虽然继续写作，评论界也一直注视着他的创作活动，然而直到1968年他出版《夜里的军队》（*The Armies of the Night*），先后获国家图书奖、普利策奖、波尔克奖，这时批评界才出现对他的作品进行严肃认真评论的专论和专著。发生这种情况的主要原因在于，梅勒还没有形成自己的主导思想和独特风格。他对自己的评论常直言不讳，称自己是“变色龙”。他的创作天才是多方面的。除小说以外，他还创作诗歌、剧本，撰写新闻文章，还制作电影，参加政治活动（曾竞选州长未成功）。他注意力太分散，写作的文体太杂，有人说他有时在浪费他的天才和创作力。他的思想变化极快，他的文风亦如此。虽然他已显露出众的想象力和充沛的精力，但有人说他可能尚未完全发现自己。有人为他辩解说，他的多变是文学适应多变的现实需要的体现。经过多年的创作，其风格仍未“定形”，难怪人们对他的成就产生某种怀疑。他也未获得他一直向往的诺贝尔文学奖。

五、敢于创新，走前人未走过的路

文学创作是一种独创性极强的智力活动。文学家应当是敢于走出新路的人。一个规行矩步者在任何领域都不会有建树，在文学创作领域内尤其如此。走新路需要勇气，无私才会无畏。一个怕狼怕虎、谋图名利之人，很难成为大家，尤其是文学大家。走新路常会面临两种结果：成功或失败。文学领域，以及人类各个活动领域，创新者常常要面对失败和痛苦，不少失败者被历史遗忘了，当然也有身后得到承认的。英国作家艾米莉·勃朗特、詹姆斯·乔伊斯以及美国作家埃德加·艾伦·坡等人都是敢走新路的离经叛道者。

19世纪的英国作家艾米莉·勃朗特是走新路的典范。她生活在现实主义写作方法盛行的时代。她的姐姐夏洛蒂·勃朗特遵照这一传统写出了传世之作《简·爱》。艾米莉与夏洛蒂在创作灵感和想象力方面悬殊甚大。夏洛蒂的价值观和写作手法与其时代——维多利亚时代——很合拍，而艾米莉却超前于时代。所以，在她的《呼啸山庄》问世后，世人反应冷淡，她的姐姐夏洛蒂也很不以为然，认为妹妹滥用了她的文学天才。但姐姐没有想到，妹妹在未来会比姐姐更闻名。艾米莉·勃朗特所走的道路是“做自己的事，让别人说去吧”。作家在创作中要有这种不顾名利、不随大流、只跟着自己的感觉走的大无畏精神。

艾米莉的思想极为自由，犹如天马行空，特立独行。在主题思想、道德取向以及写作风格方面，她的《呼啸山庄》都悖逆了维多利亚时代的主流传统。首先在主题思想和道德思想方面，它没有突出一般维多利亚文学作品的说教作用。维多利亚文学，特别是维多利亚小说，包括当时的主要作家在内，多有警世、醒世的内容，所宣扬和赞美的是维多利亚的价值观，维护爱情、家庭、信仰等传统；在风格方面，它几乎是维多利亚时代早期和中期唯一一部浪漫主义小说。

首先，《呼啸山庄》的主题初读觉得很模糊。事实上，人们在这点上表现出强烈的意见不一。不少人把它看作复仇故事，是一个关于备受虐待的穷人，穷其一生之精力，策划报复他的富有的压迫者的故事。这是一些评论者运用阶级斗争观点分析这部小说的基本根据。这种说法虽不无道理，但也有其不周到之处。比如，复仇者应当在得逞后感到兴高采烈，可是希斯克里夫在打倒所有敌人后却毫无快活的感觉。也有人说是写变态，这似有道理；但什么是正常之态、虐待狂或自虐狂，恐怕也很难说清。比较令人信服的说法可能是，这部小说是讲爱情的作品，但这不是《简·爱》所讲的理性较强的爱情，而是一种纠结的、非理性的爱情，甚至可以说是一种受到痛苦扭曲的致命的爱情。这样解释凯瑟琳和希斯克里夫的表现，特别是后者的表现比较通达。如果我们再探讨一下作家的内心，就会发现，《呼啸山庄》实际上是描写作家的波涛汹涌的内心。艾米莉·勃朗特的处境决定她的爱情生活不会顺利，但她对爱情是很向往的。艾米莉自己写过一首题目为《记忆》的诗歌，里面的生者在死者墓前说，

> 再也没有光照亮我的天空，
> 再也没有清晨为我发出光芒，
> 我一生的极乐来自你亲爱的生命，
> 我一生的极乐现就睡在你的墓中。

诗作的格调和《呼啸山庄》的情趣恰恰吻合。另外值得一提的是，艾米莉在 18 岁时就和另一个姐姐——安——创作出她们的诗作《贡达尔传奇》（*The Gondal Saga*）。这部诗集表明，艾米莉的性格趋向热烈、奔放不羁，她对青少年时代的人生拥有一种走火入魔的兴趣。从某种意义上讲，《呼啸山庄》写的其实就是人生这一段内心最不平静的时期。

这样的主题思想决定，《呼啸山庄》的写作风格是浪漫主义的，这和当时主流的现实主义风格格格不入。这样一来，《呼

啸山庄》在维多利亚文坛就显得孤立了。它孑然一身，自存自乐，相信历史，相信时间，不在乎别人做何种评说。这是伟大和永恒的标示。

詹姆斯·乔伊斯（James Joyce，1882—1941）也是一个著名的例子。他像一只下蛋的公鸡，他“下他的蛋”，任凭他人评说。他只写他的书，完全没有取悦任何人的意图。乔伊斯写书有三个特点。他一不为利。在经济上，他一生生活拮据，时常捉襟见肘，没有正式职业，只靠教英文、当个小职员等零杂工的收入度日。后来虽有些稿酬，但主要是靠人资助，生活才勉强能维持。他全心全意投身于创作，最后成为世界文坛的泰斗之一。

他二不为名。他在漫长的写作生涯里，从未迷失过自己的奋斗目标，即创作最伟大的文学作品。他不在乎声誉。他力求在文学写作上达到完美，所以他的作品都耗费数年才能出炉。他的《青年艺术家的画像》(*Portrait of an Artist as a Young Man*, 1916)耗时达 10 年，在最终完稿之前又经过 3 次彻底修改。《尤利西斯》（*Ulysses*，1922）耗费 10 年的思考与孕育，之后又用去 8 年进行实际创作。《为芬尼根守灵》(*Finnegans Wake*, 1939)经历 16 年的创作过程。

他三不急于出版。他很少为了出版的需要而更改自认为完美的构思。他坚持己见，不肯按照出版社的要求修改书稿。《都柏林人》（*The Dubliners*，1914）的出版就是例子，其中经历了曲折重重的过程。据说小说排完版后，版本还是被毁掉了。这是因为出版商害怕书里有些词语会引起麻烦。比如书里有一个人物把爱德华七世的母亲维多利亚女王说成是“他那个该死的老母狗妈妈”，出版商提出要求修改，乔伊斯进行修改，但出版商仍不满意，乔伊斯不愿再改动，书的出版于是搁浅。乔伊斯为《都柏林人》的出版打官司打了一年之久。

乔伊斯对艺术的关注到了痴迷的程度。他将生活的各个方面都看作属于他的小说创作的题材范围：历史、哲学、艺术和文学、人类、自然、宇宙、人的认识论和存在论、心理学、人的精神状态等等，不胜枚举。艺术及其与生活的关系是其中最重要的一个主题。就写作形式上的特点而言，乔伊斯坚持现实主义，反对浪漫主义。他对重要的社会问题直言不讳，并且坚持描写人类生活的各个方面。他对性接触、人体各个部位以及在人物大脑中掠过的不纯洁想法的描写，与当时的保守思想格格不入，使保守者狂怒不已，但他并不趋附权贵而改变自己的立场。

乔伊斯以灵活运用意识流技巧而闻名于世，并为意识流成为一种普遍而有效的文体媒介做出了杰出贡献。他的语言也是众多研究者关注的对象。他在小说艺术领域内所进行的语言革新表现在许多方面，比如他广泛地运用内心独白；从神话、历史和文学作品中援引具有象征意义的类似性个例，形成一个复杂的象征网络；为写作而创造一种包括杜撰词语、双意词或多义词，以及各种典故的特殊语言。乔伊斯在多种语言中灵活地穿梭，他的文字的幽默程度无以言表。通过无限地扩大叙述主题和形式的范围，他在文学史上成为“作家中的作家”。他对同代及后来作家的影响是很大的。

乔伊斯是现代派艺术大师。《尤利西斯》是一部意识流手法运用得最完善、最彻底的现代小说。它是“小说不必讲故事”的范例。书中讲述了主人公布卢姆在1904年6月16日这天在都柏林大街上漫游的情形，记述他的意识随意流动的过程。小说的最后一章（第18章）最典型，它集全书意识流手法之大成。它实际是莫利·布卢姆的内心独白，莫利躺在床上，介于梦境和醒觉之间，神情恍惚，浮想联翩。乔伊斯坚持反映人的内心世界，所以在长达六百余页的鸿篇巨制里竟没有一般读者寻觅的完整的喜剧或悲剧或爱情故事。这是此书今天成为文坛“最伟大、读者最少的经典作品之一”的原因。乔伊斯是否预料到这一点，人们无从得知，但他已预料到《尤利西斯》会成为永恒的作品。当有人问及这一点时，他直接地说，“《尤利西斯》改变了一切，我在这本书里走出了新路。”“走出了新路”是他带着《尤利西斯》进入永恒境界的入场券。

像乔伊斯这样的作家不会有多少模仿者。他在英国文学史上的地位可谓前无古人，后无来者，自他去世迄今，明显地模仿他的作家也许只有一位，即美国小说家康拉德·艾肯（Conrad Aiken，1889—1973）。此人的《蓝色的航行》（*Blue Voyage*，1927）在许多方面都似以乔伊斯的《尤利西斯》为底本。但是他的努力只是照猫画虎而已。

埃德加·艾伦·坡（Edgar Allan Poe，1809—1849）也是思想独立、敢走新路的例子。坡是美国著名诗人、短篇小说家、文学评论家。他的父母职业卑微，生活困顿，父亲最后竟离家出走，母亲终因力尽筋疲而衔恨辞世。年轻貌美的母亲口吐鲜血、被人抬走的景象，在不足三岁的坡的幼小心灵中留下深刻印象，有人认为，他的一系列女主人公如丽姬娅、艾蕾奥瑙拉、莫里娅、贝里尼丝、丽诺等，都可能是那一景象的再现。

坡具有独创精神。他在诗歌、小说及文学批评等方面，都有自己独特的东西。比如在文学批评方面，他不仿效别人，他把目光聚焦在自己的创作实践上，从自己亲身的创作体验，总结出文学创作应当遵循的原则，用以进一步指导自己的创作，也作为鉴赏其他作家的标准。于是，他在小说创作上总结出自己的一套理论，这集中体现在他的《评霍桑的〈故事重述〉》一文中。坡重视故事对读者所产生的效果。他认为，为取得完整的效果，故事篇幅以读者能一口气读完为宜。下笔要开门见山，从始至终，字字句句要丝丝入扣，围绕故事欲达到的“单一的效果”而环环相接，删去多余的描述。小说的最后一句要给人一种“结局”感。在小说主题方面，他着意描写人的内心世界，探讨迄今依然为世人所忽略的人的精神状态，对表现人的思想病态尤感兴趣，从而扩展了文学表现的广度和深度，对西方现代文学的发展做出了很大贡献。坡的心理小说是他的美学观点的充分体现。

坡对诗歌创作也有一套独到的见解和理论。他在《诗歌原理》（“The Poetic Principle”）及《创作的哲学》（“The Philosophy of Composition”）等文中对这些进行过透辟的阐述。他提出，诗歌是最崇高的文学表现形式。诗应当篇幅短小，以使读者能一次读完（或像他的《乌鸦》一样，100 余行），从而获得完整的印象。诗歌创作的目的是表现美，即激发读者对美的感受。坡认为，“诗人”是一个神圣的名称，诗的目的不是表现真理，让诗表达某种“道德意识”或“责任感”乃是一种“说教异端”，任何竭力调和诗与真理两种相反油彩的人必定是不可救药的理论狂。他指出，思想领域包括三种截然不同的地段：纯理智属真理段，趣味属美段，道德意识属责任段；三段虽各自相关，但所司职责迥然不同。趣味向人们显示美，满足人对不同形式、声音、色调、情感的美的要求。诗歌通过现实事物和思想间的多种形式的结合，竭诚得到一部分那种或许只由永恒因素组成的美。坡提出，音乐是灵魂欣赏这种天堂美的不可或缺的手段。音乐和诗歌的结合是创作天堂美的必经之路。他深感音乐中的音律、节奏和音韵对诗歌创作具有极其重要的作用，称诗歌为“美的节奏性创作”。他的诗作《钟》（“The Bells”）是对声音的精妙描摹。坡的诗歌理论与实践使他成为“纯诗歌”的先驱。但是坡的美乃是一种奇特的美。他认为，美的效应在于使灵魂激动而变得高尚；而不论哪一种美，其最高形式必然使敏感的灵魂悲泣。因此，诗歌的基调应是“忧郁”。人最感忧郁的事莫过于死，而最富于诗意的死莫过于心爱的年轻美女离世。所以，坡的诗作多是写“死”的，尤其是写象征天堂美的年轻女人猝然离世。他的诗歌理论和成就对西方诗歌的发展产生了相当的影响。

坡反对说教美学，称之为“异端”。他反对崇拜外国文学，主张重视本国文学的发展。现代美国著名诗人威廉·卡洛斯·威廉斯（William Carlos Williams，1883—1963）说，坡的伟大在于他以开拓和独创精神创作美国文学。

坡创作的作品不落窠臼，出自他的手笔的几类文学作品都已经成为那些种类的鼻祖式作品。以短篇小说论，坡的短篇小说大体可以分作三类。最初，他的作品故事“分析性”强，如《被盗的信》（“The Purloined Letter”）、《莫格路上的暗杀案》（“The Murders in the Rue Morgue”）及《在瓶子里发现的手稿》（“Manuscripts Found in a Bottle”）等，情节生动别致，推理严密；这些小说对后世侦探小说的发展颇有影响。后来，他的小说的分析成分减少，气氛变得紧张、恐怖，例如《椭圆形的画像》（“The Oval Portrait”）、《反常的小鬼》（“The Imp of the Perverse”）及《威廉·威尔逊》（“William Wilson”）等。坡后期的小说读来好似噩梦，自始至终充满恐怖；故事的叙述多由第三人称改作第一人称，让人觉得作者精神极度紧张，有些失常。这些故事，例如《厄舍古屋的倒塌》(“The Fall of the House of Usher”)、《红死魔的面具》(“The Masque of the Red Death”)、《一桶酒的故事》(“The Cask of Amontillado”)及《丽姬娅》(“Ligeia”)等，对死亡、复仇、转生等题材恣意描写，充满颓废情绪，表现出精神病态，这是他的创作天才的最高表现。他的小说收集在《荒诞奇异的故事》(*Tales of the Grotesque and the Arabesque*)中。坡在效果和题材范围方面对短篇小说创作的贡献，具有里程碑般的意义。

坡也注重描绘灵魂深处的状态。他的心理小说是他美学观点的充分体现。他在短篇小说《艾蕾奥瑙拉》(“Eleonora”)开首说自己富于幻想，“人家称我为疯子”。坡擅长写发疯、精神失常、喜怒无常的心理状态，写梦幻和死。他似多生活在梦中，欲到梦幻中寻觅自由。坡对梦的描绘细致精到，对人入梦的各个阶段有深刻的体验和观察。他的不少故事的基本框架都可说是梦的各个阶段的再现；这些故事中的主要场景是对头脑入梦过程中各个阶段的具体描绘。在这里总有一处与世隔绝的建筑(象征诗魂离世、渴望自由)，里面布置豪华(标志想象的丰富)，梦醒标志着现实生活的干预，意识自由的结束。《红死魔的面具》《丽姬娅》《大漩涡底余生记》等都是适例。

精神病患者成为小说的主人公是坡的创造。坡主要勾勒自我理智崩溃的痛苦过程。他的传世之作是他的恐怖故事。这恐怖源于一个不正常或罪恶头脑的开始变态和自我解体。坡的许多故事中的主人公头脑在发疯，而且心里一直清楚自己在发疯。坡忠实地记录了这个过程的各个发展阶段，有意识地探索人头脑中的下意识状态，描绘人的无意识和下意识思想活动的深渊。坡似认为，人的头脑皆属半疯或易于失常。

这样看来，他的主人公多为神经病患者就不怎么奇怪了。这些人物没有明确身份，甚至没有名字，没有籍贯或家世，身心变态，酗酒或吸毒，与社会隔离，自我摧残，戕害他人。他们或到处游荡，不知归宿，如《人群中的人》；或不知自我，通过犯罪以明确自己的身份，如《泄密的心》《黑猫》《一桶白葡萄酒》及《贝里尼丝》等；或是悲悼亡妻的情种，如《丽姬娅》《艾蕾奥瑙拉》《椭圆形的画像》等中的“我”。坡的主人公生活在一个地狱般的世界里。坡的世界是一个十足恐怖的、疯狂的世界。他的故事中的某些主人公是他的真实的秘密自我的再现。坡的内心世界是疯狂的、恐怖的，他通过他的主人公而取得某种心理平衡。他的“心理故事”在很大程度上是他内心下意识渴求的必然表现，是他的变相自白。究其原因，这极可能和坡本人的痛苦生活经历有关。应当说，坡一生没有过过几天好日子。

坡的声名在其生前没有得到应有的认知。但时间和历史还给了他应得的公平待遇。坡是一个有棱有角的人，他很难不冒犯别人。他的文学评论就得罪了不少人，例如爱默生（Ralph Waldo Emerson，1803—1882）等。在1875年坡的纪念碑落成典礼上，美国著名文人中只有惠特曼一人出席。然而在大西洋彼岸，坡的声誉却一直很高。英国著名作家史文朋（Algernon Charles Swinburne，1837—1909）和萧伯纳（George Bernard Shaw，1856—1950）、德国诗人里尔克（Rainer Maria Rilke，1875—1926）、俄国作家陀思妥耶夫斯基（Fyodor Mikhailovich Dostoevsky，1821—1881）等人，对他的天才和成就都礼赞不已。坡在法国的声名最高。法国19世纪著名象征派诗人波德莱尔（Charles Baudelaire，1821—1867）、马拉梅（Stephane Mallarmé，1842—1898）、华莱里（Paul Valery，

1871—1945）等人将他奉为至圣，把他的诗歌、小说和文学理论译成法文。对坡的作品所进行的最详尽而富影响的研究著作最初写成于法国。这些法国作家看到了坡的真正魅力和永恒所在。坡在美国本土得到承认已是 20 世纪初了。1909 年坡一百周年诞辰纪念，美国文艺界表现出空前的热情，证明他开始被他的国人所接受。现代诗人艾米·洛厄尔（Amy Lowell，1874—1925）、威廉·卡洛斯·威廉斯和 T. S. 艾略特（Thomas Stearns Eliot，1888—1965），都肯定坡在美国文学上的地位。自 20 世纪 30 年代以来，美国文学评论界对坡做出高度评价，认为坡在西方文学中占有不朽的地位。20 世纪五六十年代以后，美国人对坡已是顶礼膜拜了。

关于文学领域内的主义及其他

一、巴斯的自白

在后现代主义时期，不少作家对现实主义传统产生怀疑和反感，怀疑它能否反映真正的现实，对它一再强调对现实的“真实的表述”是否真实表示反感，觉得它过时了，枯竭了，应当靠边站了。约翰·巴斯在1967年的一次学术讨论会上提出“枯竭的文学”的说法，他主要指文学表达形式需要革新：

> 所谓“枯竭”，我的意思不是指什么像物质、精神或理性颓废素材般的东西，只是指某些形式已经“用尽”或某些可能性令人感到已经枯竭——这绝非会导致绝望。

他的这一说法立刻不胫而走，成为当时文学界革新派的一个口号，也发挥了相当的创新作用。但他大概没有料到，他成为当时反现实主义潮流的旗手之一。20世纪的文学理论——结构主义、后结构主义、解构主义等，也参加进来，对现实主义文学表达的真实性提出质疑。十几年后，巴斯又写出《得到充实的文学》（“The Literature of Replenishment: Postmodernist Fiction”，1980），对其早年的激进言辞与态度有些加以澄清与矫正之意。他在这篇所谓“姊妹”文章发表时写了一段开头语，在里面说道：“重要的不是枯竭或补充，两者都可能是子虚乌有的，重要的是文学，它不是子虚乌有的。”在20世纪六七十年代带头掀起那么大风浪的巴斯十多年后竟能这样自我否定，让人不由得觉得他当年作为初生之犊，志大才疏、过于放任、不负责任了。巴斯承认，革新是必要的，但创作实践最重要，他并不知道自己为何成为一个“后现代主义”作家的。这话也让人哭笑不得。但是他在文中说到了一点值得人们深思，他认为文学批评的分类值得怀疑，文学上的变化与其所反映或启迪的社会文化上的变化有关，作家不是根据理论进行创作的，他们的作品里面各种主义都有：现代主义、后现代主义、形式主义、象征主义、现实主义、超现实主义、政治倾向、唯美主义的“纯正”、试验性的、国际性的、地方性的，等等，不一而足。这样，他实际在贬低文学评论上的各种主义，包括后现代主义在内，而强调作家和时代的互动。他的这种观点实际是肯定了文学创作的历史连续性，在客观上批判了他早年的“文学枯竭”论，批评了他自己曾参与的在20世纪六七十年代形成气候的反现实主义的潮流，也批评了在文坛风行的各种理论。

诚然，理论家的理论总结是文学发展的一个有机组成部分。毋庸置疑，理论家们说的都是有道理的。但是，热衷于理论的人们常常忽略一个事实，即任何理论都具有不可避免的片面性。不是理论家们的独创性差，不是他们缺乏见识和眼光，而是他们无法违背“人的认识总是片面的”这个大道理。人皆盲人，理论家们瞎的程度可能少些。以现实主义所反映的真实性说，巴斯等人在20世纪六七十年代的揭竿而起是有道理的，文学表达不够真实和完美。但是文学表达也有其真实的一面，文字表达有其真和可靠的一面，如果都像约翰·阿什伯利在其名诗《凸镜中的自画像》（*A Self-Portrait in a Convex Mirror*）里所说的“现实时时在变，文学表达都是对现实的歪曲”，那么现实就失去了相对稳定性，事物都在时刻变化，人也在时刻变化，因而忽略了现实的相对稳定性，人们就无法辨认北京的故宫、法国的卢浮宫了，相互之间也无法相互辨认了。所以，历史不用全部重写，那不仅无法做到，也令人惊骇，只要看情况或补写、或改写、或重写其中部分即可了；或干脆不必庸人自扰，因为古今中外没有一个理论家可能做到完美。

二、关于现实主义

不少人认为，现实主义作为一种文学创作传统已不新鲜，不如现代主义或后现代主义抢眼。这也有其道理。现实主义大概是在历史上驻足最久的“主义”之一。作为文学创作的主导性原则，它和柏拉图在《共和国》里表现出的浪漫主义可相媲美。亚里士多德在其《诗论》里说，人的天性之一是模仿，文学是对现实的模仿。这可能是对文学现实主义最早的文字论述。我国的传统文论如《文心雕龙》也很推崇文学创作的真实性及写实手法。

文学表达的基本原则是现实主义和浪漫主义。这些主义和人的实际生活及思维模式有紧密联系。从实际生活看，这两种主义根源于人最基本的两种生活模式——参与与逃脱。表现和表达人们参与现实生活的文学作品体现出现实主义的原则。但无休止的参与会令人产生疲劳感和厌恶感，因此人们也需要某种形式的“逃脱”，以调节生活的节奏，表现和表达这种生活需要的文学体现出浪漫主义的原则。美国诗人罗伯特·弗罗斯特的著名诗作《雪夜驻足在林间》里说的可能就是这个意思。从精神层面看，这两种主义根源于人最基本的两种思维方式——唯物与唯心。唯物强调物质存在，唯心强调心神的走向。人生里二者缺一不可，它们相反相成，相辅相成，常常依主次关系在一部作品里共存。它们不会过时，只会出现不足，所以随着时间的推移，需要充实、修订、革新。比如心理现实主义、魔幻现实主义、颓废现实主义，以及超现实主义、现代主义、后现代主义等，都属于这种性质的事态发展。这些主义以及文学表现上的其他一切主义或原则在历史上有可能留下痕迹，产生影响，但作为一种主义在创作实践中会不可避免地成为过去时。它们都是现实主义或浪漫主义原则或二者的衍生、点缀、补充、反动或调节品。只有这两种主义会永葆青春。

以现代主义为例。不少人非常热衷这种文学表达形式。仔细琢磨，现代主义实际上基本倾向于浪漫主义原则。浪漫主义文学多表达人们“逃避现实”的畅想或憧憬，这种“逃避”大体可以归纳为虚实两种形式：“实”的逃避是人身某种形式的消失，例如离家出走，或“回归自然”等形式。美国浪漫主义文学作品，如霍桑的短篇小说《威克菲尔德》、华盛顿·欧文的短篇小说《瑞普·凡·温克尔》等，所描写的主人公的作为应属离家出走的典型；而詹姆斯·范尼莫尔·库柏的《皮袜子的故事》的主人公纳蒂·邦波的做法应属“回归自然”的典型。所谓“虚”的逃避形式是指人在心不在，酷似人们常说的“身在曹营心在汉”。人们在感到纠结时，由于某种原因不能走脱，只好另辟蹊径，比如到回忆或想象中去寻觅逃脱。以英国现代主义文学为例，弗吉尼亚·伍尔夫的《到灯塔去》的女主人公拉莫吉夫人或《达拉韦夫人》里的女主人公达拉韦夫人这些人物，在体验“生存的时刻”时，都表现出逃避现实的倾向。伍尔夫的这些典型的现代主义作品成功地描绘了这些女主人公的内心活动，通过表达心理现实，为混乱而破碎的实际生活涂上一抹理想主义的色调。从本质上说，美化现实是一种逃避现实的做法。

从比较次要的层面分析，现代主义作品虽然基本属于浪漫主义范畴，但也离不开现实主义的创作原则。比如为表达心理现实，现代主义作品革新技巧，运用意识流手法。最著名的意识流技巧出现在詹姆斯·乔伊斯的名作《尤利西斯》的最后一章，此章长达五六十页（不同版本），几乎没有几个标点符号。美国当代先-通派（Avont-Pop）作家马克·阿美利卡 1993 年出版的小说《卡夫卡纪事》，也是运用意识流的典型：整段整段文字没有标点。对于读者大众来说，这是很新奇的形式。由于作品里没有标点，读者在阅读时便不得不替作家们添上他们刻意省掉的标点，因为现实生活离不开标点，其中存在必不可免的停顿，否则它会失去意义、节奏以及其他生存的必备因素。而且，可以想象，现代主义作家（如詹姆斯·乔伊斯）在写作时，头脑里也是有标点的，只是他们求新心切，就故意省略了。这说明了一个道理：现代主义作品的文字描写没有离开，也离不开现实主义的原则。

再如不少人热衷的后现代主义，它基本上倾向于现实主义。一些比较出名的后现代主义文学作品，包括约瑟夫·赫勒的《第22条军规》、巴斯的《迷失在游乐宫里》、库特·冯内古特的《第五号屠宰场》、唐纳德·巴塞尔密的《白雪公主》、E. L. 多克托罗的《拉格泰姆时代》、唐·戴里罗的《白色的噪音》、罗伯特·库弗的《公众的怒火》，以及 20 世纪 80 年代后的美国文学，像丹尼斯·库柏的“乔治·迈尔斯系列”、凯西·阿克尔的《中学时的血腥暴力》、道格拉斯·库普兰德的《X 代人》、马克·阿美利卡的《性血》等作品等，不论它们的技巧如何新颖，内容如何让人惊心动魄或忐忑不安或厌烦，但都没有远离现实主义的写作原则，读起来让人感到，它们是在后现代主义的招牌下对现实主义所进行的不同形式的革新。

虽然在它们所表现的赤裸裸的现实上面缺少或失去了现代主义的理想色彩，但后现代主义文学创作也离不开现代主义所体现出的浪漫主义创作原则。像《第22条军规》结尾处主人公的逃走、《第五号屠宰场》里所描写的“特拉尔法莫多尔”星球、《X代人》末尾三个主人公逃往沙漠里去——这些都是浪漫主义思想的表现。就是在血腥的《性血》里，其中一章也还引用了这样的歌词——“天使们在梦到你……/ 天使们在梦到你……/ 天使们在梦到你……/ 天使们在梦到你 ……”，说明作者也想到了救赎的问题。

三、文学作品的故事性

文学是对生活现实的模仿。如果比喻得粗鲁一些，可以把生活现实比喻为人，而文学则是某种级别的类人猿。谁也无法摆脱现实主义，包括否定现实主义最坚决的“宣言”及背离现实主义最坚决的作家在内。以最自我放任的作家之一——美国当代作家威廉·伯勒斯为例。他的小说《赤裸裸的午餐》大胆而巧妙地采用拼贴手法，反映吸毒者在达到所谓的“极度兴奋”状态时头脑里出现的幻觉景象，其故事对大众读者可读性不强。但是如果人们平心静气阅读其中某一贴块，依然会发现，胆大包天的伯勒斯也没有离开现实主义的描写原则。他的素材的基本来源依然是，也只能是生活现实，虽然他的现实是一种常人不熟悉或不欣赏的现实。

现实主义的基本原则——文学模仿和反映现实——是永远不会过时的。离开现实主义（和浪漫主义）的文学作品是不可能存在的。人们可以质疑某些现实主义作品反映现实的真实性与可靠性，但有一点人们否认不了，即文学作品反映了一定的现实。对于文学作品的评价标准，包括精英派与通俗派的标准，现在都得到了承认。精英派指专业性文学评论家，其口味有时和大众读者的喜好出现差异。比如弗吉尼亚·伍尔夫就是一位精英派评论家。她在她的划时代作品《现代小说》中批评了她称之为“爱德华小说家”的三位作家——阿诺德·贝内特、约翰·高尔斯华绥和 H. W. 威尔斯，指责他们只写外部世界，只会编织故事，使得他们，尤其是阿诺德·贝内特的名声受到很大影响。她提出“小说不一定要讲故事”的论点，赞扬文坛新星詹姆斯·乔伊斯注重描写人的心理状态。伍尔夫夫人的这篇评论为现代主义文学竖立起一块里程碑。但历史和时间没有完全站在她那一边。她在文章里指出了文学表达的缺陷，这是她的功绩，但是，她在文章里所批评的那些作家，其作品可读性很强，高尔斯华绥和威尔斯今天依然拥有大量读者，依然对后代产生着影响，阿诺德·贝内特的作品可读性也很强，他的声名在 20 世纪 90 年代也已经回升，得到了充分肯定。而她所赞誉的作家，如詹姆斯·乔伊斯，在西方文学殿堂里依然是高位就座，依然是评论家和文学学者们仰望的对象，他的作品依然是大学文学课堂上显示高雅的教材，但因其可读性太差，读者不太给力，他现已成为西方“读者最少的最伟大的作家”了。同样情况也发生在当代美国文学界，约翰·巴斯首当其冲。其实约翰·巴斯深知现代主义大师们的症结所在，他们太远离社会、远离读者。巴斯在《得到充实的文学》一文里说，这些作家的书桌上可能有一块牌子，上面写着“就连我也不懂”的字样。巴斯在 20 世纪 60 年代后期发表文章，名曰《枯竭的文学》，在评论界被一些人视为美国后现代主义的宣言。这篇文章的基本含义相当于宣称“小说已死”。他在文章里称，他在创作模仿小说形式的小说，在当一个模仿作家角色的作家。他的著名作品之一是《迷失在游乐宫里》，形式独具一格，属于评论小说创作的小说，评论家称之为“准小说”（一译为“元小说”），之所以称其为“准”，是因为它确在讲故事，但又不完全是讲故事，属于非僧非俗一类。这种作品很难提起大众读者的精神。今天，巴斯的某些作品已成为美国文学里“读者最少的名著”了。

这其中的原因何在呢？这需要回顾一下文学创作活动的历史以及它的目的和作用。如果人们列出一个单子，表明文学的作用，不少人会把警世、醒世放在首位，在我国尤其如此。但从文学创作历史看，文学的教育作用在人类原初阶段不是第一位的，占据第一的应当是其娱乐作用。文学作品最初出现时的目的可能首先是娱乐大众，后来随着时间的推移，文学的教育意义才愈来愈受到重视。在远古时代，娱乐作用为何是文学的首要功能呢？可以想象，在那个时候，当人们为生存打拼时（参与），一定会觉得急需某种消遣，以分散劳苦带来的负担（逃脱）。某种形式的文学作品（比如诗歌）就应运而生了。历史上最早出现的文学形式大概是诗歌。人们在原始时期运用原始手段进行劳作时，出于消遣，也出于统一步调、相互合作配合的需要，先是呼号子，进而唱出声，进而唱出词，有了词、声与节奏，原始的歌曲或诗歌就出现了。18 世纪后期苏格兰诗人罗伯特·彭斯在青少年时期家境贫苦，他在田间劳作时大概就是仿照古人这样做的。慢慢地，民间文学、神话传说、传奇故事等文学类别出现了。进而随着生活的改善、村镇的出现、城市的出现，劳动分工进一步发展，出现了歌唱职业、诗歌职业，西方古时的吟游诗人，或曰游动歌手，把已有的民间传说系统化，再加上自己的素材，再发挥想象，就捧着一把竖琴，四处游走，给人们唱歌听（实际也掺杂着讲故事的成分在内）。起初这些多是口头作品，后来文化进步，经过某些文人的文字记载和润色，就成为有文字记载的作品了。我国的《诗经》、古希腊的荷马史诗《伊利亚特》及《奥德赛》、英国8世纪的《贝奥武甫》等作品，可能都是这样产生的。在诗歌之后出现的文学娱乐形式是戏剧。可以想象，与诗歌同时出现的是舞蹈和肢体运动，这就具备了戏剧的雏形。现在世界文库中最古老的戏剧作品可能是创作于2500多年前的古希腊戏剧。之后就是各种传奇、罗曼司、小说的出现。我国的文学经典——《西游记》《三国演义》及《水浒传》等都可能属于这种随着市镇的发展应运而生、首先以消遣为目的的文学作品。这些作品的特点很多，有说有唱有表演，其中最重要的一点是讲故事。没有了故事，人们的兴趣会骤减。此外，故事要讲得有板有眼，讲故事者不能随意离开现实生活实际可能性的许可范畴而无知妄说，全然不顾故事的可能性、可信性。再其次，讲故事者要看听众的反应而随时改变讲述的内容和策略。据说英国维多利亚时代小说家安东尼·特罗洛普在创作时听到读者对他作品里某个人物有负面反应，就马上表示在下周出版的一期里，设法除掉这个人物，他果然这样做了。这就是说，从历史看，文学创作是以娱乐群众为首要目的，以故事取胜，以大众的接受度为基础的，最初的“作家”们在创作时，首先想到的是他们为之服务的对象需要什么，而不是他们本人需要什么，由此进一步决定了他们采取何种技巧去进行创作。

弗吉尼亚·伍尔夫和詹姆斯·乔伊斯等现代主义作家好像不太同意这个道理。他们认为小说不一定要讲故事。弗吉尼亚·伍尔夫在《现代小说》里说：作家似乎不是出于其本身的自由意志，而是听命于某位强大而又肆无忌惮的暴君，必须写出情节，写出喜剧、悲剧、爱情故事，整个故事要沉浸在一种合情合理的气氛里，无懈可击，因而，倘若他的所有人物变作真人，他们会发现自己的穿戴，包括大衣纽扣也在内，都极合时宜。由于听从了暴君的旨意，小说写得极为得体。可是当我们一页页翻阅以传统方式写出的书时，有时候，而且随着时间的流逝愈益经常地，出现一种倏忽即逝的疑念，一股反叛性冲动：

> 生活是这样的吗?小说一定要这样写才成吗?
> 洞察一下内心，生活仿佛远非是“这样的”。

> ……作家倘然是自由人而不是奴仆，倘能以自己的感情而不以传统为其作品的基础，那么可能便不存在情节、喜剧、悲剧、爱情故事或传统意义的结局了……

于是，他们不太重视讲故事。他们要反映被传统小说忽略的心理现实。这就是说，他们要反叛现实主义这种讲故事的传统。在技巧方面，他们大胆革新，这些都对加强文学表达力做出了贡献。但是，在阅读效果方面，他们把作品的故事性、可读性降至第二位。弗吉尼亚·伍尔夫的《波浪》，詹姆斯·乔伊斯的《尤利西斯》，更不用说他的《为芬尼根守灵》了，一般读者是不会问津的，即便是研究生、学者也常常是硬着头皮去读完的。这似乎实现了美国现代派作家、评论家尤金·乔拉斯（Eugene Jolas，1894—1952）1929 年在其杂志《过渡》（*Transition*）上发表的宣言里所说的“语言的革命”：“作家表达，不传达。”“让普通读者见鬼去吧！”

文学的社会教育作用是极其重要的，但作者不可过于背离文学创作的初衷，背离读者大众。当读者对一部作品毫无兴趣时，文学也就失去了它应发挥的任何作用。这应当是不言而喻的。

元圈圈访谈录*

问：英美文学研究曾在我国现代历史上盛极一时。在这期间，南开大学的许多学者都对英美文学的研究做出了很大贡献，比如穆旦和李霁野。请问常先生，您认为他们身上有什么共同的重要品质或精神是当下学者所缺少的？现在的学生和过去的学生有什么不同？还有，现在的年轻人应该如何做才能改变现状？

答：穆旦做了很多翻译工作。他翻译了拜伦、雪莱和普希金的诗作。他的多数译作都是非常有名的诗人的作品。他自己也是一位很有名的诗人，他是在我国现代诗坛最早出现的诗人之一。现在他的诗歌和译作都已得到国人的认真阅读和研究。他已经得到了他应得到的认可。这是来自国家和人民的迟到的赞誉，只是有点太迟了。这令人感到非常遗憾和无可奈何。

李霁野先生我们大家都熟悉。他在南开大学做了30多年的外语系主任。他是一位非常和蔼的老人，一位诗人、翻译家和教育家，非常杰出的教育家。他的翻译作品，我希望你们读过（笑声）——夏洛蒂·勃朗特的《简·爱》——是在鲁迅先生的建议和指导下完成的。他是鲁迅先生的弟子之一——他也因和鲁迅先生的亲近关系而被铭记。《简·爱》对后来的译者产生了很大影响。就译本《简·爱》而言，我觉得最重要的一点是它

* 元圈圈是一个面向海内外读书品评、推介的微信公号平台；访谈以英文为媒介进行，之后译成中文。

给我国连续几代年轻人所带来的那种影响。它讲述了一个成功的故事，一个自我奋斗的故事，给几代人都留下了深刻的印象，或许不包括你们这代，但是，包括我们这代以及在我们前后的那几代。现在，你们可能对这样一部翻译作品没有那么感兴趣了，但是，在我们那个年代，它是稀世珍品——如果你懂我的意思的话。就其历史作用而言，它是一部伟大的译作。

在 20 世纪三四十年代，穆旦和李霁野都还是年轻人，他们心里充满了为国家、为人民做贡献的激情和热忱。他们相信，他们所做的事是正确的，是有用的，是对国家和人民有价值的。这是一种很宝贵的精神，或许在今天难以找到，不管是在我国还是在世界的其他地方都难以找到。这种精神滋养了年轻人的头脑，引导他们走向成功。我认为李教授和穆旦教授会被载入史册，不论在文学方面，还是我国翻译史上。我们会记住他们的。

嗯，那时候的生活有那时候的复杂之处，现在的生活也有现在的复杂之处。你们现在所拥有的新生活的复杂性，很富裕，我的意思是，你们大多数年轻人不用担心钱的问题。我们那一代就得担心这个问题，我相信李教授和穆旦教授那一代也同样。他们一年三百六十五天，每天每分每秒都在担心钱的问题。因为你们不用担心钱的问题，所以你们可以花费更多的时间去做自己想做的事。重要的是，你们要想清楚，决定好自己想要做的事。我认为我们所处的时代之间区别还是挺大的。我认为，你们所处的时代是最好的。你们无拘无束、无忧无虑地去做自己想做的事，去成为自己希望成为的人。希望你们能够充分利用生活给你们提供的优越条件，不要浪费了你们的青春和好运。

问：现在大多数中国人都把科学看得比艺术更有价值。理科专业的人在事业上也确实比文科专业的人能得到更好的机遇。请问常先生，您怎样看待这一社会现象？在一个科学和技术似乎做出主要贡献的社会里，文学和艺术的价值是什么呢？在您年轻的时候，您那个时代的人对人文科学有不同的态度吗？社会应该如何平衡理科和文科所扮演的角色呢？

答：当我听到你的问题时，我想了一下我们这个世界的结构。这个世界由两部分构成——物质和精神。两者都非常重要。物质与科技似乎联系更紧密一些，文学和艺术与精神似乎联系更密切些。这只是就一般情况而言。

物质的作用是什么呢？物质提供食物、住所、生活所必需的东西。物质乍看是科技创造的，道路、桥梁、高楼大厦、微信、汽车等等，都和科技有关。比如今天，我们开车走过市里这一地区的时候，发现这个地方现在已经被建成了一座整洁而体面的现代化城市，这给我们留下了深刻的印象。在学生时代，我来过这里很多次，那时候，天津不像现在这样。我们取得了很大的发展。“发展”一词现在很风行。是什么让人能够取得发展的呢？大家会说，科学和技术。所以，我们很感激科技人员。比起像我这样的人来说，我们应该付给他们更多的酬劳（笑声）。

这么说来，文学艺术要靠边站了。其实不然。实际上，文学艺术的作用很大，这个作用有时肉眼不一定看得见，看得清。那文学对当代生活有什么作用呢？文学对建成这样一个整洁而体面的现代化城市到底有什么用呢？看上去文学几乎没有做出什么贡献，但在实际上，文学发挥了很大的作用。如上所说，科学技术主要和物质有关，而人文科学，包括文学艺术，主要和精神有关。科学技术满足人们在物质上的需要，而文学艺术给我们提供一种方向感和引导作用。整洁而体面的现代化城市是由精神饱满而充实的人建成的。

以欧美文学为例，在 19 世纪，当美国快速进入工业化、现代化和现代文明的时候，竟有一个叫亨利·大卫·梭罗的人，像一个在荒野里疾呼的先知似的呼叫：“别再挣钱了，别再挣钱了，想想你们自己如何自善其身吧！”你会说他疯了，是不是？在同时期的英国——就是维多利亚鼎盛时期稍后一点，有像马修·阿诺德那样的人们，也表达了和亨利·大卫·梭罗在本质上大体相同的观点。所以你看，当科学在取得进步的时候，文学艺术会努力告诉人们去沿着正确的方向前进。就是说，赚钱重要，但做人更重要。

艺术和科学本质上是不冲突的。当然不冲突！只有当科学在发展过程中给人带来伤害而不是益处的时候，两者才会出现矛盾。这时候文学和艺术会作为对立面发挥自己的作用。在社会中，艺术和文学有责任去批评。一个好的社会，一个健全的社会，应该允许人们，比如作家，去批评它。鲁迅先生曾在一个场合说过大意如此的话。英国一个批评家在什么地方曾经说过，维多利亚时代挣了很多钱，但同时也花了很多钱给作家，让他们来批评这个钱是怎么挣来的。

你会说：“像我们这种文科的人怎么办呢？我们挣不了多少钱；我挣的钱不够买奔驰，不够买大房子，也不能像那些能挣很多钱的人一样过奢华的生活，我应该怎么办？”

这里有几个问题需要厘清。一是你要什么，一是钱的问题。首先，一个人在自己的成人生活开始时，要问自己：“我喜欢什么？我这辈子想要干什么？”就是说，我要如何为社会服务。这是生活取向问题，非常重要。我们考大学填志愿时，就是在问、在回答这个问题。我们都根据自身的爱好和专长而选择做自己愿意做的事情。你选文科，就说明你喜欢文科，认为文科可以发挥你的特长，可以给你带来满足和快活。那你就要准备好面对文科会带来的一切，它的好处与它的不足，我们都要高兴地面对。这是严肃的生活态度。

这里牵涉到钱的问题。钱本身没有好坏之分，问题是要取之有道，这关系到金融制度、社会道德和个人品格，这不是我今天要说的重点。只说一句吧，现在大家对于许多新富、暴富、巨富们的发家史和糜烂生活都已经有所耳闻。在我国，这些人中很多人都是通过各种途径挖国家和人民共有财富的墙角而发家的。我今天要和大家重点说的是，从生活实际看，人不需要很多的钱，不必要在钱上花费太多的时间和精力。太多的钱会让生活变得复杂，让人变坏，导致人的堕落。毫无疑问，金钱和权力一样容易使人堕落。这样的例子太多了。当然，钱太少也不行，因为你会发现自己因为没有足够的资源，而在做很多事情时都感到心余力绌，徒唤奈何。

所以，我的想法是——或许不是很适用，或许你们这代人难以理解——钱太多或太少都不好，最好是处于两者之间。这听来有点老祖宗讲的“中庸”的意味。用《圣经》的话来说，就是“充足而少有余”。“充足”意味着我们不必担心钱的问题，以便于我们有足够的时间去做有益于他人和自己的事；“少有余”的意思是，如果有人需要帮助，我们可以帮助他一点，不多，但是能帮助一点。这样就已经很好了（因为我觉得每人都应该自力更生，不应该需要其他人太多的帮助）。如果我们多数人都多能做到“充足而少有余”，而不贪婪或下贱到等待他人或社会的赐予，那我们距离理想的社会秩序就不太远了。所以，不要盲目地羡慕钱多的人；人们常常不会想到一座豪宅里面装着多少本可避免的痛苦、孤独和麻烦。所以，我的建议是，记住，可能对你们来说不是很中听：走中庸之道，达到充足而稍微有余。回家以后不要告诉你的父母（笑声）。

我认为我们应该对生活的赐予感到满足。人们不应该只关心挣钱的问题。当然，我们应该挣钱，这是必要的。但是，我们该朝什么方向走，我们应该怎样地生活——这是我们应该思考的首要问题。文学的责任，实际应当说是文学的部分责任，是批评科学正在尝试着去做的事情。现在，你可能会觉得，我把科学和文学艺术对立起来了。事实并非如此。它们同时都在为社会服务，只是在一些事情上它们也会发生冲突，其中一个冲突就是人的方向感问题。在这里方向感指的是人们应该朝什么方向走，特别是当他们已经挣了很多钱之后。现在人们大多都在疯狂地尽可能多地挣钱，但是大家常常会忘记应该去怎样生活，应该做一个什么样的人。在当前这个发展阶段，我们当中有不少人向钱看，甚至冲破道德底线做坏事，有人说现在城乡互骗，让人觉得毛骨悚然。这是一个需要人们去思考的重要问题。于是，艺术、文学就插手进来发挥作用了。不少的人会更关心我们人民的精神健康。

因此，不用担心，不用杞人忧天，总会有足够的人热爱文学艺术，就像总会有足够的人热爱科学技术一样。这两者之间总会存在一种微妙的平衡。生活，而不是社会，会保持这一平衡。大自然会保持这一平衡。保持两者间的平衡不是社会能做的事情。社会常会有时偏向一方，有时又会偏向另一方，但是生活和大自然会保证把事情做得恰到好处。不管你做什么，这事物之间总会保持一种巧妙的平衡。某只无形之手在发挥着作用。这里似乎有些奥秘。生活总是充满了奥秘，这些奥秘在我们生活中所起的作用，你不知道如何去解释，也永远无法解释。

问：您在南开大学和美国关岛大学都曾任教过，那么您认为中美两国教育体制的主要差异是什么呢？中美两国的学术氛围又有什么样的区别呢？

答：这个问题不好回答，因为我得注意说话得体。这关乎在两国运作的教育体制问题，而教育体制是政治和社会体制的一部分。我想概括地谈一下这个话题。

首先，关于大学的管理。美国大学主要通过两种渠道筹集办学资金。一种是私立大学，他们自己想办法去争取资金和资源，而不要政府的资助。由于他们不受政府资助，所以他们在办学过程中就拥有或多或少的自主权和自由，政府在他们的办学过程中则拥有较少的话语权，因为“我”（私立大学）没有拿“你”（政府）的钱。另外还有一种大学，可能是大多数的美国大学——州立大学。州立大学，顾名思义，是那些对州政府在资金上有所依赖的大学。他们从州政府获得资金——他们从州政府那里拿钱。比如说吧，比如我攻读博士学位的大学就是州立大学，它从州政府那里拿钱，那么，州政府就会给它安排一些活干。比如说，州政府会说：“嗯，你知道，我们位于一个有少数族裔——如非裔美国人——的地区。他们的英语水平实际达不到攻读大学课程的要求，还有其他一些少数族裔的人语言水平也达不到大学的要求，所以需要为他们做些学前准备工作。现在我给你一笔钱——你已经从州政府拿了一笔钱，所以你对我们负有义务，你得做这件事。听着，你得做这件事——设立一个项目，就叫‘特殊项目’吧，来关照少数族裔群体。”这所大学就得这么去做。就是现在，那里依然有这么个“特殊项目”存在，照顾那些英语不够好、在大学刚开始时不能跟上普通大学教育水平的少数族裔群体。所以你看，事情就是这样：“拿人的手短。”你从州政府那里拿钱，你就得服从安排。

我国的大学都是由政府资助的。教育部很重要，所以，在我国，掌管教育部的人很重要，他们要有信念，要高瞻远瞩，要有担当重任的才智，如果那里充斥着一批凡夫俗子，斗大的字不识几筐，没有见识，哇哇乱叫瞎指挥，那可就糟糕了。

关于两国的学生，我想说一点。在美国，学生严格地遵从真正的学分制上学。现在南开大学和我国其他大学所实行的，我觉得，可能并不是真正意义上的学分制，它只是一种形式而已。在美国，学分制真起作用。一个大学生，应当在四到七年的时间内修满 125 学分，其中一些学分是修大一的课程所得，其余分别是通过选修大二、三、四年级课程得来。他还需要修满相应的公共课课程学分。这是严格、刻板、硬性的规定。你不能改变它。你必须满足要求修满课时才能毕业。125 学分意味着什么？它意味着你需要修完 40 多门不同水平的课程才能申请毕业。这是一个方面。

另外是美国大学没有“班级”的概念。“class”一词在美国大学有不同的含义。我们的“class”指的是数目大约在二十、三十或一定数目间的一伙人，他们一起来上大学，一起活动，一起生活，一起上课，一起做一些差不多相同的事情，四年后一起毕业。所以我们有一件美国人可能感到费解的事情：毕业 30 周年班聚。在美国不存在班聚，因为他们没有班级。比如在一个课堂上有 20 个人，他们有的来自理科学院，有的来自人文与社会研究学院。所以，你会发现他们来自不同的地方，一堂课结束后他们就各奔东西了。不存在班级。这对于学生意味着什么？这意味着自由。换句话说，你不用四年每年 365 天老老实实地待在这儿，跟同样的人一起，做同样的事情。你不必这么做。你可以自己规划学业进度。你可以今天，这学期，上这门课；你可以用三年或者四年或者七年的时间修完规定的课程；七年是大学规定的最长年限。然而，如果你有一些特殊的事情，可以向院长和系主任报告一下，延长你的在学年限。所以要想得到大学文凭，你可以一边兼职一边完成学业，你也可以全日制学习、业余时间工作，或者全日制工作、业余时间学习。你可以两者都业余时间完成。如果你有足够精力的话，你也可以全日制学习和全职工作两不误，不过很少有人能够做到这一点。所有这些意味着你可以选择，自己做决定。而这一点是非常重要的，因为年轻人、年轻人的思想和他们注意力的焦距在不停地发生变化。所以你会发现，今天他们得到某种灵感，下一个瞬间他们的生活就会变得截然不同。所以你看，这种选择的机会非常重要。而这种学分制——真正意义上的学分制，以及学生接受大学教育的方式，有益于提高学生的想象力、做出决定的能力以及规划的能力。我认为这些地方对我们都有参考价值。

问：随着社会商业化，文学也被商业化了，书像商品一样出售，按照销售量排名。可是畅销书不一定都有较高的文学价值，却往往更能迎合大众品味。请问常先生，您怎么看待这种现象？市场反响意识的萌生是对现代社会的必要适应，还是文学的退步呢？

答：书其实是商品的一种，畅销书常常不是最好的书，这些是在世界范围内存在的事实，不用大惊小怪。莎士比亚写书不也是一种商业行为吗？他赚了不少钱。作家写书以求生，也是自力更生。这当然牵涉到市场反响。

书刊的市场反响在我国最近几十年才引起人们的注意。而在美国和世界其他地方早就是现实生活的一部分了。比如在外国，在西方，有许多作者都靠其作品为生，所以有了国际版权法。换句话说，他们没有别的生路，出版机构的运营及作家的写作都靠书的销售营利来支撑。西方国家中书籍的写作和营销由来已久，奇怪的倒是中国在这几年才刚刚兴起，甚至到现在还有作家领着国家发给的工资。在西方，作家都靠自己的书籍为生。倘若写了一本畅销书，那这个作家就可以一辈子都开心地靠它生活了。美国作家塞林格（J. D. Salinger）就是个很好的例子，他的畅销书《麦田里的守望者》1951 年出版。这是一本好书，多少年来不少大学拿来作课本用。他在后半生大半个世纪里，没有写出多少东西，但却拿着版税舒适地生活在康涅狄格州的豪宅里。他的一封情书就拍卖了 16 万美元。这不能算商业化。

商业化是指一些出版人、书商、书虫子，他们处心积虑把宣扬人性负面表现的东西，把诱惑人的感官，特别是没有分辨力的年轻人的感官的文化垃圾，如嗜毒、性和暴力的书籍，推向社会，在思想和生活方式方面造成恶劣影响，借机获取暴利。这种情况在美国和西方是司空见惯的。

改革开放这些年来，我国也慢慢出现了文化商业化的现象。近几十年来，我国的文化界为了赚钱，出现了严重的商业化倾向，生产出很多“比美国还美国”的垃圾产品，降低了我们的道德认知标准，在客观上帮助西方破坏我们的优秀文化传统，促进西方战略家们设计的所谓“颜色革命”。这很值得我们大家提高警惕，采取必要的措施加以制止。

在出版界，有些出版商眼中只有金钱，鄙视那些应该出版的高质量的学术作品和文学作品。这是文化商业化的一个突出表现。一部优秀的高质量的学术作品，销量可能不会好，就常常找不到出版商。这种现象不好。而在另一方面，有些出版商为了赚钱，纠集学界一些败类，狼狈为奸，合谋作孽，比如翻译从美国或其他地方进来的关于嗜毒、性和暴力的书籍，以获暴利。这是商业化。出版业的商业化是文化与文学的退步，是人们向钱看的一种表现。

但是好的文学作品、好的学术作品会持续问世，对这点我有信心。不用担心。比如南开大学出版社就不错，仍在出版学术作品。他们知道它们销量可能不好，可能会一直摆在书店的书架上，但对学术研究、研究者、人民大众、学生及各大学都有价值。当然，大学和图书馆里的工作人员可能不会去寻找和采购这些书籍，这一直是个问题。

问：对于普通人来说，尤其是不善于欣赏文学作品的人来说，文学有什么价值呢？如果他们觉得严肃文学晦涩难懂，作品含义难以理解，也无法寻求内心宁静与欢喜时，他们应怎样对待文学呢？读书是为了放松还是为了寻求精神升华？选书阅读时，应根据自己的喜好，还是书的价值？换句话说，文学的真正的价值是什么？

答：你的问题涉及文学的作用。我们都知道文学是用来教育人们，教导人们做好人的。这当然是对的。但我觉得文学的第一个作用是逗乐。我觉得文学首先是为了消遣、娱乐。对于一般的普通人来说，文学最大的作用是让他们感到快活。如果你让时间倒流，返回至原始时代，人类刚开始在地球上行走，那时生活艰难无比，他们根本没有舒适和欢乐可言。当时没有任何形式的文学可言，也就是有些被后世视为文学的很粗糙的表达形式，例如非常原始的哼唱，非常原始的表演，像“嗯……嗯……嗯……”这样的让他们愉悦、让生活更值得过下去的东西。所以如果你可以让时间倒转，回想一下那些久远的年代，你会发现文学的第一个作用是消遣。

一般说来，这种想法没错。人们阅读是为了找乐，大多数人都如此。你不能期待每一个人都像你我这样，几乎有些可笑地快乐地沉浸在探索作品的意义、文体特点和深奥哲理中。我这样做，觉得自己可笑。就是我不觉得自己可笑，别人也会认为我和别的书虫子一样可笑。但是我们需要这样可笑的人，只是不能期待每个人都是这样，期望他们乐此不疲。他们做什么呢？有些文化人休息时，饭后翻翻报纸，看看电视，然后就躺下，睡前放松，拿本侦探故事书翻几页，然后就睡着了。大多数人只看看电视就满足了。你理解我的意思了吧？这就是文学对于多数人的作用，这种情况和想法没有什么错。只有像哈罗德·布鲁姆（Harold Bloom）这样的文学学者，或者在咱们这儿这个圈子里，像我、也可能有托尼（指黄老师）才愿意潜入文学作品深处，查看那里有些什么。很少有人喜欢这么做。所以不要忽视通俗文学。《飘》（*Gone with the Wind*）——你觉得它属于哪个类型？严肃文学还是通俗文学？你认为它是通俗文学作品，可是许多人曾严肃地阅读了这本书，并从中受到了很严肃的教益。所以对于同一种事物会有不同的认识。我认为文学的作用——我在告诉你们一个事实——第一是消遣。这很重要。更稳妥地说，如果消遣不是文学的首要作用，那至少也和文学的教诲、启迪作用一样非常重要。

这里顺便说一句，我从来不喜欢文学的分类，像严肃文学和通俗文学之类的分类。评论家们喜欢分门别类。什么是严肃文学呢？有人说严肃文学就是严肃对待生活的作品，那么通俗文学就是不严肃地对待生活了？当然不是这样的。这不是对文学作品的准确定义。对于文学的更好的认识可能在于，一些文学作品注重触及人的感官，而另一些作品则着重触及人的思想。触及感官的作品属于精神层面较低的一类，它们不一定就是不好，只不过在精神层面上类别较低。而触及人们思想的作品则属于较高的精神层面，它们发人深省。然而，两类作品间并无明确的分界线。我更倾向于将文学分为两大类：好的作品和坏的作品。激励人性善的作品是好作品，教唆人性恶的作品是坏作品，应当受到鞭挞。现在有一种倾向、一种趋势，对我们学习文学的人们来说十分沮丧——许多作家为从作品销售中获益更多，开始写一些在过去被人们视为禁忌的话题。他们在竭力描写触动感官、鼓动邪恶行为的话题，如暴力、嗜毒和性。这些书不论出自严肃文学作家之笔，还是通俗文学作家之笔，我认为都不是好书。

文学当然是教育人的。一个很好的例子是我们的四书五经。孔子为什么要编辑这些经典？他为什么那么不厌其烦、夸夸其谈，像《论语》记载的那样？他就是要人们规矩做人，让社会安宁，让人民能过上稳定的生活。外国的一个很好的例子是《圣经》。许多人把它当作文学作品来阅读和研究。很久很久以前，一些学识渊博、满腹经纶的人们开始撰写《圣经》，他们如接力赛一样，坚持写了一千多年。他们写这本书，是希望逐渐减少人性里的兽性。人类脱离动物境界已经很久了，但是我们身上还有许多兽性和动物天性。作者们心里怀有这种想法，撰写《圣经》为的是教育希伯来人做好人。

所以，教育和娱乐。最好的文学作品——我来给一个好答案，经典的答案——是同时兼具这两种功能的作品。一些作家可能很伟大，但极少有人读他们的作品。詹姆斯•乔伊斯（James Joyce）就是个很好的例子。他写了一部650多页的书，批评家们很钦佩，称之为最伟大的作品。那确实是很伟大，但却很晦涩，十分乏味，大多数人不会读完。你们如果有人一页一页读完了，我会给你们一张一万元的支票（笑）。它是一部伟大的作品，但也是读者最少的作品。为什么？因为它给普通人带来的快乐不多。小说要讲故事才会有读者。这是现代派作家的一个短板。

问：一部文学作品被翻译成另一种语言时，它的部分美，甚至是很大一部分美，就会丢失。那您认为人们有可能透过译作欣赏原作吗？语言会阻碍文学作品的思想传达吗？或者说那些思想性的东西不过是形而上的存在，因此人们在理解它们时并不受语言、时间或者国籍的限制？

答：首先，懂外语的人，我建议还是去读原著。其实即使是读原著，人们也可能无法完全欣赏到原作的美，或察觉出它的不美之处。当然，这取决于你的语言能力和洞察能力。不过读原著显然要比读译作好很多。比如我最近读了一个文学评论者对一首诗的评论，这首诗我恰巧也评论过。这个评论者显然不懂外语——他不懂英语，他的评论是根据一篇不精准、无法阅读的译作写的，因而也就和译文一样荒谬。

但你不能期待大家都懂外语。国内多数人都是通过阅读译作了解外国作家的作品的。嗯，散文有可译性。尽管在翻译过程中仍会丢失不少东西，特别是内在含义，但无论如何还是可以把故事传递过去，不懂外语的人仍可了解到作者在说些什么，基本上可以部分地欣赏原作。这是可能的——散文有可译性，译起来也比较容易。诗歌就有些不同了。我觉得诗歌是不可译的。“不可译”不是说不能进行翻译；当然可以翻译，只是诗歌里面有很多东西，语气啊，韵律啊，内涵啊，等等一切，都需要翻译，却又很难翻译出来。“北国风光，千里冰封，万里雪飘”，没人能把它译好。即使你能译出字面意思，也无法再现那字里行间所蕴含的精气神。你就是做不到。要是你能做到，我会再给你一万元。（笑声）

尽管如此，为满足大众需要，你还是得去翻译。人们想了解情况，哪怕不能完全了解，至少也要明白个八九不离十，一半也将就得。所以你看，翻译非常有用，可以让不懂外语的人读译文。

思想是人的造物，通过语言加以表达。没有不通过语言表达的思想。你要不懂俄语，拿起《战争与和平》，那你从字里行间就什么也看不到，觉察不到。至于一部著作所表达的思想，特别是属于永恒类的著作，它所表达的思想是不受时间和国界的限制的。

问：在保留原作思想精神方面，直译跟意译两种翻译方法您更倾向于哪一个呢？在翻译过程中，原作的语言特征应该被保留吗？

答：翻译是伟大而吃力不讨好的工作。我们需要翻译，知道翻译不易。从前意译不错，《天演论》就是最好的例证。一般说来，直译不太好。我觉得，能够以尽可能接近原文的形式来呈现原作思想的作品，可能是比较好的翻译。以诗歌为例。翻译罗伯特·弗罗斯特的《雪夜驻足在林间》时，译者就要考虑到原作的内容和技巧特征，而尽量使用能够反映原作风貌的词语。

在讨论翻译时，最主要的是要透彻地理解原作。你阅读它，努力理解它。要想译得漂亮，你就必须理解它，必须确保理解透彻了。然后你利用起你的一切才智资源，而写出尽可能反映原作气质的译作。否则，你就可能出错，有时是很荒谬的错误。这已经在很多名家作品的翻译中出现过了。

问：有时，我们在读一个不同时代不同社会背景的作家作品时，常常会难以理解。因为我们不了解当时的社会背景。而很多文学作品的伟大之处又恰恰在于它们与时代、与社会的紧密联系。那我们又该如何去鉴赏这类作品呢？您认为好的文学作品必须要能够反映社会现实吗？或者说，无论时局如何，都必须无时无刻地关注民众苦乐安危吗？

答： 如果某部文学作品仅仅是关于某一特定时期的，那我觉得应该称它为“阶段性作品”，应称这位作家为“阶段性作家”。一般来说，“阶段性作家”和他们的“阶段性作品”很少能成大作，因为他们仅仅和那个时代相关。他们或许对当时的时代风貌有着准确的描述，在当时或许备受青睐，但和人生其他阶段却无甚紧密关联。但是也有一些阶段性作品，因对所描述的时代有精确细腻的记录，而被人铭记。这些作品常被视为社会历史文献，这也正是它们的伟大之处；但一般不被认为是最伟大的文学作品。时过境迁，它们常会被忘却。一个很好的例证是20世纪30年代的一些美国作家。当时出现了一批作家，其中一些有“冷峻”之称，以极其精准的笔触描写那个危机的年代，精确得令人叹为观止，语言也很精妙，情节也很曲折。但他们只写了30年代的情况，没有得到评论界的充分关注。我认为他们的成就应该得到一定的褒奖和赞誉。评论界的运作有时有些奇怪。比如说，当多数人都认为一部作品伟大时，评论界却持不同观点。前面提到过的《飘》就是一个例子。它那么受人欢迎，人们那么喜欢它，在世界范围内，那么多人受到感动，可它依然被视为通俗文学，还没有得到应有的赞誉。可能是因为它的题材只限于那个特定阶段——美国内战时期，也可能因为书里包含过多的触及感官的内容。

在阅读“阶段性作品”时应当参照当时的社会历史背景。

文学都是有关生活的。不论是好的文学作品，还是不太好的文学作品，都是反映社会生活的，只是所反映的社会现实的侧面不同，所运用的表达方式不同而已。这是因为文学离不开生活现实。有些作家以文学为手段参与生活，而另外有些作家则宣布说，自己写作的目的是表达自己。这类作家有些自我放任，不管社会现实如何，而只是特立独行地书写自己的内心。实际上，这些人可能不知道， 他们也在书写和表现现实。他们是孙猴子，社会是如来佛，他们怎么能够逃出生活这个大手掌？

人民的苦乐安危是社会现实的组成部分，总有作家去书写和表现的，这是文学表达的责任。但它不是生活的全部。文学表达的内容是多种多样的。

问：在西方，悲剧发展得很早。古代有诸多文学大师创作了许多著名的悲剧，如《俄狄浦斯王》。伊丽莎白时代，莎士比亚创作了大量代表最高水平的悲剧作品。中国在过去也诞生了一些悲剧，例如《窦娥冤》和《梁祝》。然而，中国的悲剧和西方的悲剧会给读者带来不同的感受。在您看来，引起这种差异的原因是什么呢？

答：这牵涉到对悲剧的界定问题。在我国，人们心目中的悲剧是指结局悲惨的戏剧。西方文学评论界对悲剧所下的定义与此不同。西方的“悲剧”这一概念源于亚里士多德对《俄狄浦斯王》的评论。亚里士多德的这一概念提出了一部悲剧作品所应具备的若干要素，例如悲剧主人公及其悲剧性的性格缺陷。在他看来，并不是每部有着悲惨结局的作品都算得上悲剧。悲剧这种作品，其悲惨结局必须要由悲剧主人公的“悲剧性性格缺陷”导致而成。悲剧主人公是性格有悲剧性缺陷的主人公，这种悲剧性缺陷是导致他最终毁灭的先天弱点。“先天的”意味着“与生俱来”，而非后天获得；而所有“先天的”都无法被改变或被消除。文学作品里常见的一种悲剧性性格缺陷表现在人的倔强性执着上。比如俄狄浦斯一定要和天斗到底就是醒目的例子。另外一个表现形式是， 一个男人一生只爱一个女人，或一个女人一生只爱一个男人；这种情种式人物被称作“只属于一个女人的男人”或“只属于一个男人的女人”。如果他们所爱的人死了，他们也就跟着一起死掉，别无他路可走。当这种人出现在文学作品中时，就成了悲剧主人公或是悲剧女主人公。

《俄狄浦斯王》是索福克勒斯在2500多年前创作的，一直被视为最伟大的古希腊悲剧之一，从远古完整地流传至今。它因为亚里士多德而变得格外重要；亚里士多德对它做出评论，以它为例来说明悲剧这种体裁及其基本特征。俄狄浦斯王不向命运低头，这是他与生俱来的性格特征，必将使他走向毁灭。罗密欧和朱丽叶、梁山伯和祝英台，都是这样的人物，所以《罗密欧与朱丽叶》和《梁祝》都是亚里士多德式悲剧。但《窦娥冤》不是，它是著名的中国式悲剧。

《哈姆雷特》是一部伟大的悲剧，所有读过它的人都知道，哈姆雷特王子具有一种悲剧性缺陷，但似乎没人知道这种缺陷究竟是什么。几百年来，人们写出了大量著作讨论这部剧作，然而人们依然不能确切地说出这部作品到底在讲什么。它是一出关于复仇的戏剧吗？显然不是。（问黄教授）你告诉我，《哈姆雷特》在讲什么？如果是关于复仇的，那么哈姆雷特凭着能仗剑入殿，就可以杀死国王无数次了。那么《哈姆雷特》讲的是什么呢？这是一部值得进一步发掘的伟大作品。

中西方文学的差别易意会，不易言传。我对中国文学了解不够深入，所以不好谈论这个话题。我认为西方人所说的“人生的奥秘”也许对解释中西方两大文学传统的差异有所帮助。我们阅读《俄狄浦斯王》，觉得它是一个简单有趣的故事。但它里面包含着那么多关于人类社会以及我们居住的这个宇宙的事情，你会感到有一只手在起作用，看不见，摸不着，然而它在发挥着作用，调节、控制、操纵着人的生活。《俄狄浦斯王》揭示了存在于人类生活中的这种奥秘，例如宇宙性反讽，但我们中国人似乎没有完全意识到这种事情。

我们需要承认两种主义：唯物主义和唯心主义。唯心主义不会因为我们不信其有而消失，它会一直存在下去。周围有很多事情需要我们冥思苦想才能明白过来。我指的是生活的奥秘。《俄狄浦斯王》告诉我们，人并不自由，人生的本质是悲剧性的。你能感觉得到。中国人写不出《俄狄浦斯王》，因为我们的思维中没有多少神秘因素。我们中国人思想的质地建构不同。这也许与中国文化传统的主要缔造者孔子有关。儒学不鼓励人们去探索生活中的奥秘，而这也许或多或少地影响了我们的文学创作。

问：西方文学深受宗教的影响，有时宗教作品也被视为文学巨著。您认为宗教对文学有什么影响？在您看来，文学创作是否应该受到其他因素影响，比如说宗教或者政治？

答：宗教和政治都直接或间接地影响文学创作。我在回想一些作家们可能为传播宗教而创作的作品。我想到了17世纪初的英国诗人约翰·邓恩，但他并不是宗教作家。还有17世纪末的英国作家约翰·班扬，《天路历程》的作者，他是一位真正的宗教作家。而《失乐园》的作者，约翰·弥尔顿，他不是宗教作家；他远远超越了这个标签。在西方，宗教是一种生活现实，它像空气一样，人人都得呼吸，作家也不例外。公元4世纪之后，基督教传遍欧洲，几乎被所有人接受。首先，基督教成为罗马帝国的国教，随后又被欧洲人所信奉。有些人并不真正信奉基督教，但他们仍然是基督徒，因为父母如此。因而，这几乎成了传统。在西方，宗教就在那儿，几乎被烙入人们的意识里。你会看到宗教对文学作品的必然影响，这是不可避免的。而且，我希望你还记得我刚才提到的，宗教鼓励人们去探索生活的奥秘。然而，很少有真正的宗教作家。

文学是对生活的艺术再现。政治是生活的一部分，自然也会影响到文学创作。美国作家斯托夫人的《汤姆叔叔的小屋》政治性就很强，英国作家乔治•奥威尔的小说《一九八四》和《动物庄园》也属于此类作品。所有具有批评性质的文学作品都有明显的政治品性。比如《理想国》《乌托邦》《格列佛游记》等都具有政治性。

从严格意义上讲，不存在纯粹的唯美主义，它也没有多大意义。

问：随着人类社会的发展，许多曾经盛行过的文学形式，例如史诗和中国古诗，逐渐失去了活力。在您看来，这是文学的必要发展还是文学的损失呢？

答：推陈出新是生活的本质规律。但是在我看来，你说的史诗和中国古诗并没有失去活力。它们没有失去活力。或许其他文学形式会随时间而衰退，但是这两种没有。西方史诗源远流长，那时人们还处于时间与历史的混沌之中，战乱不休，崇拜英雄，正如荷马史诗所描述的那样。在现代，比如19世纪的英国，有很多史诗面世，例如罗伯特•勃朗宁的《指环与书》、杰拉尔德•曼利•霍普金斯的《德意志号的沉没》，以及阿尔弗雷德•丁尼生的《国王叙事诗》，写的是亚瑟王和圆桌骑士的故事。因而史诗类诗歌存在于维多利亚时期。在20世纪，埃兹拉•庞德的《诗章》，T. S. 艾略特的《荒原》以及哈特•克莱恩的《桥》，无论是在篇幅还是主题上都属于史诗。我认为，史诗并没有失去活力。

对于中国古诗，我是情有独钟。它太精彩了！或许你不觉得它迷人，那是因为你没有深入了解它。（笑）一三五不论，二四六分明，那些诗行按照平仄相黏的规则连到一起。古体诗有很多规则，它严格到吓人的程度，却又以其意象和象征等，美到惊艳。它的缺陷是它设下的条条框框多，限制一般人的表达，所以大家多敬而远之。诗歌的特点之一是它的表达美，诗歌的主要作用是以美的方式表达生活，给人以美的享受。人们如果要表达真理，可以运用其他的更适合的文学形式。我想古诗还是会永存下去的。

当下的现实具有史诗性质的素材很多，但是诗人们可能没有发现，或无能力去运用。同样，可用七言律诗等这种古诗形式表达的素材比比皆是，只是具有写出古诗能力的人不太多了。我觉得我们的学校应当开设这方面的课程。几十年前我上小学时就接受了这方面的教育，所以读写古诗都不是很难的事情。自由体诗歌当然很好，五四运动以来非常时兴。两种风格都应当受到鼓励和推崇。

史诗和古诗在当代的失宠无疑是文学发展的损失。

问：回顾 20 世纪文学理论的发展，我们发现多数理论都是由西方学者主张的。在文学理论之争的舞台上，几乎听不到中国的声音。您认为这背后的原因是什么？

答：西方的文学理论在 20 世纪开始流行，直到今天还有很多人迷恋这些。西方评论家提出关于西方文学的理论。我国的外国文学研究界对外国文学的了解还不足以提出什么理论，这应该是在这个领域听不到中国学者大力发声的原因吧。

我们中国人其实自古以来也一直在研究文学理论。我们中国人研究的当然是中国的文学创作实践。例如，近些年来，有一套多卷本的《中国文学理论史》面世。我知道 1991 年出版的第三卷，但没有读过这本书，也没读过其中的理论。但是，我认为这系统研究了我国文论家多少世纪以来在评论我国的文学创作和文学作品方面所付出的努力。我们这些研究外国文学的人们需要好好了解这个方面。在这个方面，正是同样地，出于同样的原因，也几乎听不到西方的声音。西方评论家不像我们中国评论家那样了解中国文学，所以不足以对它进行讨论。

问：在您看来，理论间的激战对于文学发展来说是利还是弊？如今，读者在阅读时是否有必要借助文学理论的指导？

答：理论可以滋养人的头脑，加强人的思考能力。熟悉理论的内涵可以开阔我们的眼界。阅读是个人行为，主要运用自己的头脑去思考，某些理论在阅读的某个时刻会发挥一定的作用。但要避免让某种理论掌控我们的头脑和思维。这么说吧，理论大多是好的、有益的，它提供看待世界的新方式，丰富并滋养我们的头脑。学习外国文学的人应该阅读并熟悉这些理论，以便运用更多的资源来帮助他们更深刻地感知和思考现实、生活和文学。然而，理论是人的造物，往往是有偏见和片面的。生活和文学看起来像头大象，而我们人类，包括伟大的评论家在内，事实上都会有这样或那样的盲目性，区别只在于理论家盲目得少些。因而，当我们认真地研究理论时，也要时刻警惕，勿让它们过度地、窒息性地掌控我们的思想，否则我们会觉得很难用自己的方式去思考和创造。

这些年来，我一直在反对被称为“理论框架”的东西。老师让学生写论文，写学期论文、课程论文、硕士论文以及博士论文，所有这些论文都要以借来的理论框架作支撑，而且要从像结构主义或者解构主义这样的西方文学理论中选择一个。这很荒唐！应该鼓励年轻人去“创新”，发掘自己的想法，而不是像奴隶一样跟在别人后面跑。当你有想法的时候，梳理一下，找出自己的思想的核心，有一点写一点，铢积寸累，久而久之，可能哪个理出一个头绪来。为什么非要用结构主义？为什么非要像个奴隶似的跟随着主人？我知道“理论框架”这个思想仍在全国各地的外国文学研究领域内肆虐。几乎所有人都受其束缚，出版商、教授、博士生导师或学生都无一幸免。现在就起来反抗这种暴虐吧！它是对年轻人思想的束缚，会对我们国家的未来产生非常消极的影响。

问：正如我们所知，后现代主义与现代主义一脉相承，主导着当下的时代。您能给我们说说后现代主义都有哪些基本特征吗？您认为我们还会依照同样的方法来命名后现代主义之后的流派吗？

答：请容许我先说两句关于现代主义的话。现代主义是开拓者、探路者、创新者，它为后世留下了一笔非常丰富的遗产。除了我们都熟悉的意识流这样的技巧之外，现代主义还在它的新颖性、独特性以及它的离经叛道方面，都给作家和读者的思想上打上了深深的烙印。在有些方面，现代主义更接近浪漫主义。它不喜欢现实主义，原因只有一个：像阿诺德·贝内特、约翰·高尔斯华绥、赫伯特·乔治·威尔斯等作家只描写生活的表面，比如房间的外表、人物的服饰，以及精美地绣在外套上的纽扣等等。可是人物的内心世界怎么样呢？他们的自身情况、内心深处的情况呢？你说的这个人物对周围事物的看法如何？像贝内特这样的现实主义作家对这方面描写得不够。这是弗吉尼亚·伍尔夫出道攻击这些作家时提出的要点。这并不是说伍尔夫完全正确，我会在后面谈及这一点。这只说明她在摆脱古老的严格的现实主义创作模式，而走出新路。

在这里我想稍微讲讲现实主义。我脑袋里有个问题，即现实主义能被打倒吗？不能，因为现实主义是人类的第一大主义（浪漫主义是第二大主义）。这两种主义代表了人类思维和观察的两种模式。谁也打不倒现实主义。你可以调整和修改它。它像一座山，如果你不喜欢它，可以绕开它走，但你不能假装没看见它。现代主义是对现实主义的反动，我觉得它与浪漫主义更相近。现代主义作家心目中有个理想的现实，他们似乎不愿面对他们的现实。他们想改变它，调整它，修正它，途径是通过艺术作品，创造出一个理想的现实。T. S. 艾略特在其关于乔伊斯的文章里把这一点说得很清楚。所以，现代主义作家开始以新方式进行创作。他们开始描写人的思想活动、思想深处的隐秘部分等等。但是，现代主义作品有时忽略“文学要讲故事”这个要点。

批评家们似乎一致认为，后现代主义在美国开始于20世纪60年代。后现代主义既是追随者，也是革新者。它继承了现代主义所有的长处，也进行了一些实验性创作。现代主义与后现代主义的主要区别在于，后者原原本本地接受生活，也原原本本地表现生活。后现代主义作家在内容和技巧方面进行过一些引人注目的革新，他们写出的故事有些很有趣味。美国后现代作家与其前辈有个共同特点，即不愿意依赖前辈，坐享其成，他们想至少要为自己的一代人翻出点新花样来。在20世纪六七十年代，美国文坛涌现出一些颇有新意的作品，例如荒诞派小说、准小说以及先锋派小说，包括黑色幽默、自反性文本、蒙太奇和拼贴等技巧。人们认为，一些作家，如海勒、冯内古特、唐纳德·巴塞尔姆、约翰·巴斯、托马斯·品钦以及威廉·伯洛斯等作家找到了表达他们的时代精神的方式和话语。后现代主义在美国已经流行了很长一段时间，很多人认为它仍在继续。

但是自从80年代以来，新事物开始出现。新的作品，如庞克与硬核类小说、X-代小说、先-通派小说等，开始得到批评界的关注和认可。这些作家有一个明显的共同点：他们似乎越过了关于文学的一条底线，即文学创作的目的在于教人做好人。他们的一些作品是不道德的。在技巧方面，这些作品背离了明显的后现代主义创作方式，而显示出回归现实主义的迹象。应当给他们起个新名字。有人说后现代主义已死。或许后现代主义已经结束，或许新时期已经开始。擅长命名的外国批评家们可能正努力为这个时期寻找新名称。考虑到这个时期内还有很多其他类型的文学作品争先涌现，而且它们都有一个共同点，即在本质上都属于现实主义范畴，因此，“多元现实主义”或许不失为一个好的统称，用来涵盖 20 世纪 80 年代以来所出现的令人眼花缭乱的诸多类别。

第三部分

我们要提倡走新路

一、要打破保守

在外国文学研究方面，我们有些保守。有人说，如果要追根溯源，可能和孔子的“述而不作”有些许关系。孔子出于对前人的典章的尊敬，自己只发挥介绍其内容的作用，而不进行创造。两千多年来儒学研究的基本方针也是“述而不作”，从孟子到朱熹，各位大家注意解释、延伸儒家的学说，越雷池之处不多。近一个世纪以来我们所讲的“国学”，也多指某人在研究前人、主要是儒家学说方面的成就。当然需要指出，孔子的“述而不作”也不是只“述”而不“作”；他从大量的古书中只选编出“五经”（《诗经》《尚书》《礼记》《周易》《春秋》），而不计其余，这种规模的编辑工作，其实就是真实意义上的“作”。我们当代学子的保守和孔子当年的“述而不作”实在是靠不上。我们还是反省我们自己吧。

我们应当敢于走新路。马克思为我们树立了光辉的榜样。马克思主义与黑格尔的哲学体系之间存在着紧密联系。恩格斯说过，没有黑格尔的哲学体系就不会有马克思主义。但是马克思与黑格尔之间的关系是既继承又批判的关系。马克思在给朋友的信中就说到自己是如何夜以继日阅读黑格尔的作品的。他熟读黑格尔恰是为了彻底而深刻地了解他，以便发现他的优点和缺陷，在批判中向他学习，同时提出自己的见解。再往前溯，不妨简单回顾一下柏拉图和亚里士多德的学术研究过程。柏拉图对他的老师苏格拉底的学说就不是“述而不作”。在他的前期作品里，他确实是“述”多。但在后来的作品里，他走出了自己的路。亚里士多德对他的老师柏拉图也不是“述而不作”。他虽然跟随柏拉图 20 余年，但他大胆地表示出自己和老师的分歧，以致于失去了担任柏拉图所建立的学院（Academy）、世界上第一所大学的校长的机缘。柏拉图家族在柏拉图过世后坚决拒绝让亚里士多德担任这一职务。这些是我们的榜样，是今天要提倡的学习精神和方法的范例。

在外国文学研究方面，我们外国文学界 20 世纪 80 年代及此前的学者们，在长时间内做了大量的介绍工作，以帮助国人增加文化积累。这项工作非常必要，非常辛苦，成绩很突出。但是，我们介绍外国学者的研究成果多，提出自己的观点少，没有多少自己的东西。总的说来没有跳出外国的文学评论的老框框，没有大胆走出新路，提出自己的新思维、新视角。我们的创造性不够。

只有创造性才赋予研究以意义。

二、要摆脱“理论框架”的束缚

改革开放以来，在我国的外国文学教学与研究领域内，不知从何时、何地、是哪位高人提出了一个新说法，即“理论框架”说。这个提法要求学者们在阅读、分析，特别是写文章时，要注意遵循一个理论，要把自己的思想置于这个理论所提供的框架内。这个说法很有诱惑力，一经提出就受到学术界的欢迎，迄今依然在学术界发挥着很大的影响。笔者是在 21 世纪初一个学术场合第一次明确听到这个提法的。后来追踪核查了一下，没有发现这一提法的出处和创造者，但也并非完全是浪费时间，所得的成效之一是发现，这个提法恰好迎合了当时正在我们外国文学研究领域大量介绍引进的西方文学理论的需要。所谓“理论框架”大多是指这些西方文学理论所提供的框架。

“理论框架”说已在我国人文学界（包括外国文学教学和研究）造成了很大的负面影响。在我们的外国文学研究者当中，不少人在自己的研究和写作中运用这些理论，而且要求自己的学生也照做。在大学里，我们的研究生撰写论文，要遵照博导、硕导和任课教师的建议和主张——“文章要有理论框架”。更有甚者，我国不少关于外国文学研究的刊物也以“理论框架”为标尺，制定规则，选取和刊登所收到的稿件。就这样，“理论框架”说宛似如来佛的手掌，掌控了我国外国文学研究界，严重束缚了我国外国文学学者，特别是青年学子的思维和想象力，压制和挫伤了他们的创造力，结果是他们批判少了，盲从多了。照这样下去，“理论框架”将会严重阻挠我们进行创新性思考和写作。这个损害真是太大了。我们应当清算“理论框架”这种异端邪说了。

三、理论的重要与偏颇

近一个世纪以来，欧美人文学界出现了不少富于创新的学者，他们提出了不少影响很大的学说。他们善于观察和思考，其学说影响了人们的思维和想象，增加了人类智慧的总储蓄量。我们外国文学教学与研究工作者，需要认真学习这些理论，以滋补我们的头脑，扩大我们观察的视野，加强我们思考的深度。理论是重要的。

但理论也不可避免地存在缺陷和偏颇，因为它是人对世界进行观察和思考后得出的结论。人的观察和思考是不完美的，世上没有一个理论家敢于宣称自己的理论是完美的。古往今来，历史也证明了这一点。

我们要以批评的态度学习和研究这些理论，认清和抛弃其中的糟粕，消化和吸收其中的有益因素，使之成为我们智力体系的一个自然组成部分。理论好比食物，实乃身外之物，一个富于批判和创造的学者好比一个健康的胃，他最终要把身外之物消化、吸收而变为自身体的一部分，使之为自己服务。相反，一个“书呆子”好比一个功能失调的胃，他只是吃，但不能消化，外来的营养永远不能成为他的智力系统的自然组成部分。两种学习方法会产生两种学习效果：前者在学习和研究理论之后成为理论的主人，运用理论为自己的阅读、赏析和研究服务。而“书呆子”则成为理论的奴仆，跟在理论的后面转，他们在学术研究的领域内永远是“传声筒”，发挥鹦鹉学舌的作用。他们走不出新路来。“理论框架”的危害就在于把我们的研究者，尤其是年轻学子变为毫无创新的“书呆子”。

我们对理论不可亦步亦趋，言听计从。盲目跟他们跑，不会跑出门道来。当我们写文章或做研究时，不可运用某种理论做我们的带路人，不可运用它来指挥我们的头脑。那无异于我们本身这个孙悟空，甘心情愿地戴上如来佛的紧箍儿，只能跟随师父，不能背离了。而人类总是通过不断地“背离”前人和传统，才能走到今天这个辉煌地步的。为自己的文章套上别人的理论框架，这个做法实际是在扼杀人类头脑进化的可能。事情貌似小，实际危害却很大，值得认真对待。我们要坚持做我们的孙悟空，唐僧对我们有用途，我们就用他；但不能让他左右我们。我们的目的是走出自己的路。这才是我们的康庄大道。

四、要走出新路来

有人说人的天生功能是模仿，但也不可忽视独创。人在孩提时期就充满好奇心，这是天性的最典型的表现。可惜，对绝大数人说，儿时的好奇心到了成年时期就逐渐让生活的重负给压制，甚至扼杀了。久而久之，大家就多满足于墨守成规。

只有那些在成年时期还能保持儿时好奇心的人，才有可能走出新路来。

创新意味着在荒野里走出新路。我们上面说到孔子有可能是我们思想保守的根源，但他和世上所有的思想伟人一样，也有其两面性。他还说过一句话，我们很熟悉，但常常忽略其意旨。这句话是“温故而知新”。孔子说的“知新”就包含创新的意思。绝大多数人愿走老路，只有很少人走新路，走孔子的“温故而知新”的道路。这些人首先做到“温故”，亦即总结前人或他人的知识，但他们不满足于此，而是鼓起勇气，运用智慧，走出自己的路。

对于我们外国文学教学与研究者来说，一个文本就仿佛一个荒野。虽然有人读过，写出了很有见解的评论，也就是说，他们已经走出了路，但是我们如果想研究这个文本，在思想上也要首先把它视为一片荒野——我们心目中的新荒野。我们看任何一个文本，特别是著名的文本，首先要在心理上把它看作一个新荒野。要和文本建立起具有个人性质的、独有的关系，而不是一种通过某种中介（比如文学评论或课堂教学等途径）建立的间接关系。这就是说，要从文本认真读起，真正读懂，这是提问题、提出自己见解的基础和起点。

所谓具有个人性质的、独有的关系，它的特点是，仿佛第一次见面，仿佛是陌生人，见了陌生人当然是各种问题蜂拥而至。读书时提不出问题，说明读书人的独创能力需要培养和提高。我们，尤其是年轻人，常常不是做不到，而是想不到。想不到就是缺乏好奇心，缺乏“提问题”的精神，也就是缺乏独创性。

（原载《美国文学研究》，2012 年第 6 期）

打破框框，走出新路

——论学问、独创与新八股

一、树立创新的思想和态度

做学问最忌讳思想保守。“理论框架”是逼迫学者，特别是年轻学子趋向思想保守的一个工具。

所谓“理论框架”，就是运用一种文论，特别是西方文论作为指南，确定文章的观点、结构与走向。应当说，作为一种科研与写作方面的训练，以某种“理论框架”为指导，在论文习作中加以运用，似乎无可非议，尤其在学生们学业的初期阶段，甚至是必要的；但这种训练要有所控制，而且要一再向学生指出，写文章时运用其他人的理论作“理论框架”，是不可取的，因为这种训练的结果常常是，“理论框架”让学子们跟在理论后面跑，理论牵着他们的鼻子走，他们成为理论的奴仆，为理论效劳，学生们（包括不少学者在内）所写的文章竟成为证明某种理论的一个个例研究。这是新八股。理论和写作者的关系应当是仆人与主人间的关系，理论应为科研和写作服务，而不是相反。现在我们外国文学教学与研究的现状是，各种文论，特别是外国文学理论满天飞，各种大小会议上的发言，尤其是主旨发言，里面充溢着外国文学理论气味，在外国文学教学和科研实践中，老师们大讲“理论框架”，学生们广泛运用他人的理论作为自己文章的框架，不少杂志对这种情况还不断地敲边鼓、吹号子。这样一来，这种“理论框架”论调就成为唐僧手里的紧箍咒，本来不畏权威、勇于独创的“孙悟空”们就变得畏首畏尾，他们的想象力也被限制，甚至扼杀了。

“理论框架”说已经风行了多年，现在该是叫停的时候了。我们也要告诉那些在学界追名逐利的“大佬”们，你们如果还想继续跟在别人的屁股后面转，那就请便好了，但是你们不要把我们天真的年轻学子们带入歧途！不要再满天飞，滔滔不绝地向人们灌输那些你们自己也并不一定真懂的什么文论了。你们把人家的书可能浏览了一下，貌似懂了，就开始哇啦哇啦地叫个不停，还真觉得自己坐在讲台上对得起眼前的那一杯茗茶，以及那些充满期盼的天真学子们！停下来歇歇吧，不要再误人误己、让人们为你们脸红了。

现在我们应当摆脱那些自作聪明的学界大佬们加在我们头上的紧箍，挺起胸膛，开动脑筋，展现我们的创新态势了。

二、“学问”与独创

虽然模仿是人的天性（亚里士多德语），但也不可忽略人的天性的另一个重要侧面——独创。人在孩提时期好奇心最强，这是人的天性最典型的表现之一。人们可以设想一个很平常的场景：母亲带着孩子等公共汽车，母子在对话：

“长大了要好好读书。”

“为什么？”

“读书长知识才能过好日子。”

“为什么？”

“有知识才可以做大官、发财。”

“为什么？”

“当大官才有人送礼，不就发财了。”

“为什么？”

“礼不就是钱吗？傻孩子！”

“为什么？”

“住嘴！傻孩子。”

“为什么？”

“住嘴！”

“为……”

“住……”

公交车到了。

孩子的“为什么”是出于好奇的一种“问”，到了大学和研究生时期，这一点就演变成为“学问”。人们对“学问”已有经典性解释：学问即学问问题。“问问题”是做学问的起点。学生，特别是研究生，听讲时要善于提问题，读文本时要善于提问题，读评论时要善于提问题，审视自己时要善于提问题，观察外界时要善于提问题。一个有独创精神的人何时何地肩上都要扛着一个提问题的头脑。只有这样才有可能创新。可惜，我们许多人少壮不努力，老大后经过了生活实践，知道努力了，但缺少了儿时的好奇心，也没有了所需要的充足的时间和精力，那就剩下“徒伤悲”了。我们就是这样一代一代周而复始，无疑影响了进步的速度。

新思想、新见解大多来自那些在成年时期仍保持着儿时好奇心的人。

在我们的时代，在20世纪末期开始的新时代，除了加在儿时好奇心上的传统枷锁之外，我们又遇到了误导我们如何做研究、如何写文章的“学术大佬”。在这个本来应是鼓励人们动脑创新的时代，很不幸的是，在外国文学学术界却出现了这些“大佬”们可恶的“理论框架”论。这个提法最初不知出自哪里、哪些“大佬”们，估计事过多年，也很难考核了。但当代历史事实不用考核：在过去这大好的三十多年里，“理论框架”这头“猛兽”在大学、研究单位、出版界等学术领域，到处肆虐，已经在学术界造成了很大负面影响，已经对学术界，特别是年轻学子们造成了巨大伤害。而且，它迄今仍然没有受到清算，它依然在束缚着我们的博导、硕导、教师和研究生，以及出版界的手脚和头脑。现在我们必须认清这头“野兽”的真面目，对它来个老鼠过街，人人喊打。唯有如此，我们外国文学研究领域才会掀开新的历史篇章！

三、鼓励创新

创新是提出新思想、新见解，这意味着在荒野里走出新路。老路平稳，旱涝保收，新路则充满了悬疑和荆棘。走新路要有勇气和智慧，而不是无谓的蛮干。何谓走新路？走新路就是在一片混沌中摸索、看出一点光亮来，就是要提出一些具有个性的、独特的观点与见解来。比如我们研究某个文本，首先要在心理上和它建立起具有个性的、独特的关系，而不是通过某种中介而建立起的间接关系。我们在读书时如果提不出问题，只依靠别人的，特别是著名评论家的思想与观点作拐杖，完成对某个文本的理解和赏析，或甚至不读文本、只读评论，就撰写和发表文章，或走进课堂教书，这样的做法误导舆论、误人子弟，这样的文字一文不值，这种教学态度是极不负责任的，自欺欺人，既浪费自己的时间和精力，也浪费他人的时间与精力。在学术研究领域内，这种情况本不应当发生，它有损公允，有损我们所崇尚的道德意识。读书人做学问要保持起码的自尊和自爱。现在我们的大学课室里，不乏自己没有读过《哈姆雷特》就口若悬河地教授莎翁这部名剧的老师；在我们的文学研究领域内，也有不读原著就提笔撰写文章和书籍的现象。在现在这个创新的时代里，应当杜绝诸如此类的不良现象。

人们做事，尤其是年轻人，常常不是做不到，而是想不到。想不到就是缺乏好奇心，缺乏“提问题”的精神，缺乏独创意识。老师要鼓励年轻一代创新。笔者曾亲耳听一些教授抱怨说，学生连文字都写不通顺，连基本概念都搞不甚清楚，还谈什么要他们创新。这种观点极不可取。教师不可低估年轻学子们的智力潜力。教师要端正对学生的态度，要记住先贤的“青出于蓝而胜于蓝”的教导，要学会尊重他们，任何妄自尊大、鄙视学生独创力的想法都极有害处。我们应当记住，我们比学生早生了一些年，比他们早学了几年，于是就成为人师了，如此而已。往前看十几年就会发现，现在学子中的某些人将会在学术领域内成为胜过自己的精英人物。所有的教师都应牢记长江后浪推前浪的道理，相信一代总能胜过一代。据说一个颇有声名的老学者在辞世前曾深有感触地说:“我活到现在才真正明白了‘后生可畏’的含义。”这位老学者既是我们这些中老年学人的榜样，也是我们的前车之鉴。

我们的口号应当是，打破框框，走出新路！

（2012 年在英国文学年会重庆会议上的发言）

理论是仆人

我国古代有“诗无达诂”之古训。英国浪漫主义诗人柯勒律治和雪莱都说过，一篇文学作品可以有不同的解释。后来T. S. 艾略特在他的《传统与个人才智》中也说过同样的话。读者对一篇作品之所以可以做出不同的诠释，是因为一个文本可能具有不同的内涵，这和作家创作时的思想活动有关。一般说来，作家写书都有自己的意图，文学理论家们称之为“作家的意图”。但是不少时候，作家在创作时的思想并不总是遵循自己既定的意图思维，他的头脑极有可能同时在不同的层面上活动，其结果是在其既定的意图内加入了一些他并未意识到的、与其既定意图有关但并不相同的因素。这种因素为不同读者的不同解释提供了余地。有些专家、学者在某个文学领域研究多年，自认为对某些作品的内涵具有了权威性理解，于是就开始出书，供世人学习和参考。这些书籍对初学者，特别是对青年学子的学习的确发挥了很大的辅助作用，例如我国的《唐诗鉴赏辞典》《宋词鉴赏辞典》，美国的《理解诗歌》等作品，都是上好的例子。在“出版说明”中，有的出版社提出了遵循百家争鸣的方针，这是很得体的。当然，这样的书籍也容易造成一家之言的局面，也有些专家和学者竟视异议为异端者，这在一定程度上限制了人们的创新性理解。有好，也有不好，两个方面都很有必要对读者说清楚。

英国诗人罗伯特·勃朗宁的诗作——《我最后的公爵夫人》

——是对“一个文本可能具有多种内涵”的很好的说明。

现把这首诗的译文放在这里，供参考。

我最后的公爵夫人

墙上的画是我最后的公爵夫人，/ 看去像活着一样。我说/ 这画是个奇迹：潘道尔夫教兄的手/ 忙活了一天，她于是立在了那里。/ 请您坐下欣赏一下吧。我说/“潘道尔夫教兄”是有意的，因为从来/ 没有生人，比如你，当看到这画上的面容，/ 它顾盼间所流露出的深情厚谊，/ 而不转身问我（因为除我之外/ 没有别人能把画上的帷幕给您拉开），/ 看似要问我，倘若有勇气的话，她怎么会有这样的眼神；所以，您并非/ 第一个回头这样问我。/ 先生，不只是她丈夫在面前/ 让公爵夫人面上泛起红晕，可能/ 潘道夫教兄偶然说过：“夫人的外套/ 盖住手腕太多。”或者“画笔/ 永远不能希望再现那淡淡的/ 沿了喉头慢慢消失的红晕。”/ 这类话她认为是温文有礼，/ 足以让她脸上泛红。她的心——/ 我怎么说呢？——太容易高兴，/ 太容易被感动；她看到什么都喜欢，/ 而她又到处观望。/ 先生，一切对她都一样！我送她的胸饰，/ 或夕阳西下的景况，/ 某个蠢材在园中折/ 的一支樱桃，或她骑着/ 绕行花圃的白骡子——所有这些/ 都得到她一样的赞赏，/ 或至少泛起红晕。她向人道谢——好啊！但她的道谢/ 似乎是——我不知是怎么地——/ 似乎是把我送她的九百年门第/ 和任何人的礼物同等看待。谁愿意/ 屈尊去指责这种小事？即使/ 你有口才——我却没有——能把你的意志/ 给这样的人儿充分说明白：“你这点/ 或那点我不高兴。这儿你差了点，/ 而那儿你过了点。”——如果她真肯/ 听人这样教训，也不/ 顶嘴，并作些解释，/ ——即便如

> 此，也有些屈尊，而我从不/ 愿意屈尊。哦，先生，她是微笑，毫无疑问，/ 每当我走过她身旁时；但又有谁走过而不引起/ 同样的微笑呢？这愈来愈严重，我下了命令，/ 于是一切微笑都停止了。她站在那儿，/ 像活着一样。请你起身。接下来我们去/ 会楼下的人。我重说一句，/ 令东伯爵大人素以慷慨闻名，/ 让人足以相信，我正当的/ 嫁妆要求不会遭婉拒；/ 虽然，像我开始说的，他的美貌女儿/ 才是我的目的。不客气，咱们/ 一起下楼吧，先生。但请看这海神奈普顿在驯服海马，人们说是个稀有物品，/ 是殷斯布鲁克的克劳斯为我用青铜铸成的。（笔者译）

这首诗所讲的故事似乎很简单。公爵弗雷拉似在和一个来人谈话，来人似乎是代表主人（一个伯爵）前来为其女儿求亲。公爵在谈话里首先答应来人希望看到公爵夫人画像的要求，拉开画上的帷幕。公爵杀了他的夫人，又把她在世时的画像挂起来，用帘布罩上，如果有人要看画像，必须得到他的允许，因为只有他一个人有这个权利。他把夫人杀掉的原因是，在他看来，夫人对他和对所有的人一样热情，这让他这个做丈夫的不能容忍。公爵讲到许多细节。然后他请客人和他一起下楼。在这个过程中，他请客人看他的海神驯马的艺术品。

读了文本，我们首先得到的印象是，此诗描绘出一个心胸狭窄、心狠手辣、唯利是图的罪犯的内心世界。这个人把妻子看成自己的财产，完全不尊重她的人格和人权。他说“我最后的公爵夫人”，这意味着他可能已经有过几个夫人。诗作的表层意义是，公爵心里有恨。他对来客说，由于公爵夫人不分对象，逢人便笑，有辱他家 900 余年的声誉，于是他安排把她杀掉：“哦，先生，她是微笑，毫无疑问，/ 每当我走过她身旁时；但又有谁走过而不引起/ 同样的微笑呢？这愈来愈严重，我下了命令，/ 于是一切微笑都停止了。”他向人们表示了他的威严、权势、绝对的占有欲。他有900年的门第撑腰，他天不怕、地不怕。这是他在向来人宣扬他的长处。

显然，他杀死夫人的原因是出于嫉恨。他要告诉来人转告他对未来夫人的要求：带钱来、守妇道、听他安排，否则后果是可想而知的。这个公爵表现出一副完全可恨可憎、不知羞耻、贪婪、虚伪的嘴脸："我重说一句，/ 令东伯爵大人素以慷慨闻名，/ 让人足以相信，我正当的/ 嫁妆要求不会遭婉拒；/ 虽然，像我开始说的，他的美貌女儿/ 才是我的目的。不客气，咱们/ 一起下楼吧，先生。但请看这海神奈普顿/ 在驯服海马，人们说是个稀有物品，/ 是殷斯布鲁克的克劳斯为我用青铜铸成的。”这是人们读后所得到的第一印象，应当说是这首诗作的表面意思。

这里有几个问题需要回答。一是，既然恨，那他又为何把她的画像挂出来呢？而且，画像用帘布覆盖，只有他有权揭开让人观看。我们仔细琢磨他讲公爵夫人的“丑事”时，表现出他对妻子观察得非常仔细："当看到这画上的面容，/ 它顾盼间所流露出的深情厚谊","她怎么会有这样的眼神"(意思是说"这样美妙的眼神")，公爵夫人面上泛起的红晕，她的外套盖住的手腕，她“那淡淡沿了喉头慢慢消失的红晕”，等等，加上“我最后的公爵夫人”这句介绍用语里的“我”，这些都表现出公爵是个“注视者”(gazer)，他对妻子看得仔细，也有可能是因为他很在乎她。这说明，在他心里，他对妻子并不完全是恨；他可能真爱过她，而且仍然想念她。

文本透露出的这种内涵，又似乎“推翻”了上面说到的文本的表层意思。

第二个问题是，一个人杀了人，会公开对人讲吗？诗中讲到公爵正在跟一个来访者谈话，他似乎毫无顾忌，把自己的罪行讲给客人听。在古代意大利，就是公爵杀人也要受到法律制裁，这一点我们阅读诗人的长诗《戒指与书》（*The Ring and the Book*）就可以得知。公爵应当熟悉法律。一般说来，罪犯不会公开自己的罪行。假如他确实杀了自己的夫人，而且肆无忌惮地对人讲述，这只能说明他精神失常了，就像美国19世纪作家埃德加·艾伦·坡（Edgar Allan Poe，1809—1849）的小说《泄密的心》（"Tell-Tale Heart"）里描绘的那个罪犯一样。这种人所说的话是不可信的：他也可能真像他自夸的那样谋害了夫人，但他所说的一切也可能是他自己虚构出来，包括他说的"我下了命令，于是一切微笑都停止了"，以及来客求婚等事，都是他的头脑的臆造，这种臆造或是他的想入非非，或是他有贼心而无贼胆，通过想象而达到某种心理平衡，等等。以此类推，诗作里所说的整个事件可能完全是虚构的产物。这就是说，文本所传达的意思，不论是表层的意思或它的内涵，都是不可信的。推而广之，任何文本都具有不可信的性质。

第三个问题是，他的确杀了夫人，可是他并没有对别人讲这件事情。在这种情况下，文本所表现的对话，可能意味着什么呢？他又是在和谁说话呢？我们可以揣测，他可能是在自言自语，也就是内心独白，有点像意识流，像著名诗人T. S. 艾略特（T. S. Eliot，1888—1965）笔下的人物——普鲁弗洛克——一样。在这种情形下，公爵可能是"伊德"（id 或下意识），听话人是自我（ego），公爵实际是和自己说话。他为什么要自言自语呢？一般说来，人不到内心实在不能应付时，是不会这样做的。公爵之所以自言自语，一种可能是，他在杀掉夫人后，心里感到忐忑不安、后悔、愧疚，或良心发现、忏悔，觉得自己的行为过于鲁莽，也或许觉得曾经可爱的夫人从眼前消失，有些内心空虚，等等。这说明这个公爵不是一个十恶不赦的人，他还有点良心，对他的最后一任夫人尚存在某种歉疚和爱恋。

最后还有一点需要补充。勃朗宁笔下公爵的形象，并不是一个个别人物。他代表着一个类型。这种人多属于恶人，有些是大恶，但又不完全是十恶不赦的人。不论在现实生活里，或是在文学人物中，这种人是存在的。在西方文学中，《圣经·新约》里和耶稣一起被钉在十字架上的一个杀人犯（《新约·圣路加书》第 40—43 章，莎士比亚所刻画的克劳迪斯(《哈姆雷特》)、麦克白斯及其夫人（《麦克白斯》)、乔治·埃略特的《米玛镇》里的布尔斯特鲁德、哈代的《苔丝姑娘》里的克莱尔、霍桑的《红字》里的狄姆斯蒂尔、易卜生的《海达·基伯勒》里的海达等等，都大体属于这类人。

《我最后的公爵夫人》在文学史上是一首很著名的诗歌。它设计特定的情节，让一个人物敞开心扉，畅所欲言，借此揭示他的内心世界。它象征着作家观察和表现世界的方式发生转变，即从外部向内心活动的转变。从某种意义上讲，布朗宁开创了现代心理诗歌。《我最后的公爵夫人》留下一个内心之谜，让世代读者解读。

从上面的分析中，我们可以看出，一部文学作品的内涵是很丰富、深邃的，这需要读者不断地探索和挖掘。要赏析一部作品，读者要充实自己的头脑。文学理论是增强我们分析力的一种非常重要的手段。比如我们在赏析《我最后的公爵夫人》的过程中，这些理论就在无形中发挥了作用，为我们的赏析服务。具体一点说：

首先，我们把注意力几乎完全集中到文本的阅读上面。我们没有探讨诗人的生平、诗人的时代、诗人创作的用途等方面的信息，也没有探讨这位公爵是否有原型，如果有，他是怎样的一个人等等。这种阅读和分析的方法基本上属于新批评理论。强调细读文本的观点也是许多其他理论如结构主义、后结构主义、解构主义、文化研究等的观点。

再者，诗人自言自语，其中有 id 和 ego；这是弗洛伊德的理论。我们还提到公爵是“注视者”，这取自拉康（Jacques Lacan，1901—1981）的理论。

文本内涵反对甚至否定它的表层意义，这是解构主义的思想观点之一。

女权主义理论也发挥了作用。公爵显然是大男子主义者，是男人至上的男权主义的十足表现。女人则处于完全没有发言权的地位。

一部文学作品的创作过程，如果没有读者的参与，就不能算作已经完成。《我最后的公爵夫人》由于读者的参与，它的含义又被挖掘出一些。这是读者反映论的观点。这首诗的创作过程当然远远尚未完成，还有待其他读者（包括未来的读者）的积极参与，以发现更多的内涵出来。

此外，我们也利用了诗人的其他作品作外证，这有些传记评论理论（biographical criticism）的味道。说到公爵犯法也要受刑，又有历史主义批评的意味。

在这里有一点应当指出，这就是，我们虽然运用了许多理论帮助我们赏析这篇作品，但是我们在文章里很少或竟从未提到过它们。理论是我们的仆人，而我们才是主人，它们为我们服务，这个本末非常重要，决不可倒置。这是理论和我们读者、作者的关系。一篇充斥着引语的文章常常不是上好的文章。我们读书、做研究和写作，的确需要有理论框架，但是这个理论是我们自己思想的结晶，文章的框架则是出于我们自己的设计，而不是以他人的理论为指导，为证实他人的某种理论而动笔。记得当年我的一个学生在计划撰写关于“哈利·波特”系列的博士论文时问我：“可否以结构主义为论文的主导思想？”我的回答是：“不可，要按你自己的想法写，但是可以参考结构主义或任何其他有益于你的分析的理论。”

因为，归根结底，我们要走自己的路。在人文学科研究领域，和在自然科学研究领域一样，没有了独创，也就没有了任何意义。

《美国诗歌赏析》前言

对于我们从事外国文学教学与研究的人们来说，细读文本非常重要。

当前我们外国文学界形势很好。老一代学者仍在老骥伏枥，再接再厉，笔耕不辍；中青年在前贤奠定的基础上，甩开臂膀，竭力拼搏，更深入而广泛地介绍国外文学研究成果、文学发展动向以及文学理念，大力加强外国文学的教学与研究。我们关于外国文学教学与研究的杂志、书籍与文章不可悉数。外国文学界春色弥望，满眼梅花。

当然，在大好形势下，也难免出现一些问题。比如，数年前，在新时期人们高高兴兴开始进行创新的路上，突然冒出了一个什么“理论框架”说。笔者第一次听到此说是在21世纪初的一个学术场合，没料到这些年来，它竟成了大气候。从大学课堂、学术会议到出版界，理论满天飞，把大家引入钻研文论、削足适履、忽略文本的歧途。“理论框架”说宛似尚方宝剑到处金光闪闪，给学术头脑牢牢系上一个紧箍，使之趋向僵化，严重影响了学者们，特别是年轻学人们创造性的发挥。更可怕的是，一种不成文的规矩在全国外国文学研究界风行起来：人们必须把自己的思想放在一个借来的西方文论或什么理论的架构里，毕业论文方能通过答辩，文章或书籍方能得以出版。于是我们读到一些出版物，八股味十足，缺乏实实在在的内容。这种文章常常没有什么热情和火花，语言也常生涩得出奇，表明写作者没有认真读书，缺乏创作的灵感和冲动。

笔者常到书店里“蹭书”，浏览之余也买一些新近出版的书刊细读，发现有些作者显然没有细读和读懂文本，而只是走马观花，把一些有关文本的评论文字扫了一眼，就觉得胸有成竹，即刻提笔，结果或是废话连篇、不着边际，或是为人作嫁，错误也不止百出。有些译文也反映出相似的问题：译者显然没有读懂或完全读懂文本就下笔翻译，结果自然是费力不讨好。笔者近来读到一篇诗歌的译文，觉得错讹不少，于是加以仔细查核，之后吃惊地发现，其中所含误译何止百处，实在让人觉得尴尬和不安。

近些年来，我们有点儿忽略了细读文本这一重要环节。文本的重要性毋庸赘言。只有读懂了文本才会有新视角、新想法，才会写出好文章，才能当个好老师。那种认为我们“只要阅读评论文章，不读文本也能写书、写文章”的想法很不可取；认为把一些肤浅认识放在什么借来的理论里就大功告成的想法也很不可取；认为不读《哈姆雷特》也可在课堂上大谈《哈姆雷特》的想法也很不可取。学者发表作品，老师站上讲台，这是一件近乎神圣的事情。学者对读者要讲些新想法，老师对学生要有新启迪，这样才能往神圣上靠。不读文本，灵感从何而来？没有灵感，新又从何而来？又怎么能像布莱德利（A.C. Bradley，1851—1935）讲莎士比亚时说得那么洋洋洒洒，怎么能像克林斯·布鲁克斯（Cleanth Brooks，1906—1994）分析诗歌时写得那么头头是道？我们不求完美，人世不存在完美，但要求近似完美不算过分。这需要下真功夫。

所以，我们应当提倡少说空话，多做实事。细读文本便是一项重要的实事。我们忽略外国文学作品文本研究的时间已经很久，现在是塌下心来在文本上下苦功夫的时候了。当然，我们没有理由求全责备和失望；我们已经取得了不少成绩。人们朝前看便会发现，在认真读懂和分析外国文学文本方面，我们大有可为。外国文学中需要我们认真去读懂的东西太多了。我们不仅要介绍，更要创新。我们要相信自己的研探能力，学习西方“红学家”那种充满自信、要对中国“红学”研究添砖加瓦的精神和做法。这需要我们更刻苦些。比如写文章前，要首先问问自己，读过、读懂、读透文本了没有？有没有灵感和创意？如果答案是否定的，那就干脆省省，不用硬着头皮、汗流浃背去写那些浪费资源、浪费自己和别人时间的东西。站在莘莘学子面前的教师，亦应如此对待自己的教学工作。

笔者在多年研读和讲授美国诗歌的过程中，发现有几个“难啃”的诗人成为拦路虎，于是心血来潮，斗胆要做一回“武松”，选出他们的重要而艰涩的作品，逐字逐行地推敲。在此期间，笔者私下与从事英美文学教学的国内外同事多次讨论和切磋，在课堂上与学生一起认真研读和探讨，甚至争论，也查阅了国内外评论家的相关书籍与文章，受到深刻启发，受益很大。当然，也应指出，有些评论（包括不少著名外国评论）表现出避重就轻、秀而不实甚至荒谬的不足。学人不可以无根之语误人，所以我们要独立思考和判断，避免盲目崇拜。

拙作《美国诗歌解析》介绍了6位美国现当代诗人的一些主要诗作，尤其是其中比较难懂的作品。书的内容包括本人这些年来教学、研究、求问与思索之所得，也参阅与综合了国内外多家的见解与诠释。此书行文的基本结构为：作者简介、诗作原文、中文译文及诗作解析。“诗作解析”对所选诗作进行逐节逐行译注，目的在于引起同人注意，一起把目光转移到文本上来。书中诗歌皆为笔者所译。

本书可有几个方面的用途。它可作为英美文学专业与翻译专业的教科书，用于大学本科及研究生的教学。它也益于开拓英美文学研究者与翻译者的思路，增加专业讨论与切磋的范围。对于广大社会读者，它应是一本不错的参考与消遣读物。

笔者的本意在于抛砖引玉，与同人切磋，向同人学习。书中错讹之处必然不少，恳请专家与读者不吝斧正。

第四部分

纪念吴富恒先生二三事

在全国美国文学研究会创建人吴富恒先生百年诞辰之际，我以此短文遥祭先生的英灵。我与吴先生是隔代之人，交往不多，但与他的几次会面都在我的脑际留下深刻印象。对我来说，先生不仅是长辈，最重要的是，他是我的楷模。现在把几件迄今记忆犹新、对我曾深有启迪的琐事写在下面，以兹怀念。

一、吴先生提携后辈

吴先生非常注意提携后生。他对年轻人既有求必应，也要求严格。记得20纪80年代末，我的《美国文学简史》结稿，我把书的简介和一两个样章寄呈给他，请他批评指正，同时也忐忑不安地请他为书写个短序。我知道吴先生当时担任山东大学校长，又是著名社会活动家，请他在百忙中拨冗看书稿、写序言，确是强他所难。可是，出乎意料的是，吴先生竟以最快速度给我回信，表示会尽快把序言寄来。他在短信中说，他看了简介，认为内容很好，国内需要这种促进美国文学教学和科研的书籍。他指出，以后有机会出第二版时，最好把书的时间跨度再延长十几年。过了不久，吴先生就寄来了他以全国美国文学研究会会长的身份所写的序言。先生在这篇重要文章里，既恰切地肯定了书的优点，也简括地为这本书以后再版时注意补充的内容提出了指示性建议，为我以后充实此书的内容指出了方向。这是我多年来铭记在心的。每当我计划对该书的内容进行修订时，我都要首先专心温习先生这篇序言里的教导。

到90年代初期，吴先生年事已高，决定辞去全国美国文学研究会会长职务，让年轻人接手掌管大事。为此，他指示把研究会副会长和部分常务理事请到山东，专门开会研究移交事宜，指出现在该是年轻一代显身手的时候，夸奖与鼓励后辈，提出“长江后浪必推前浪”，请大家满怀信心面对未来。这次会议开得非常成功，为全国美国文学研究会多年以来能够顺利成长和发展打下了厚实基础。

吴先生待人总是谦恭有余。我在有几个人在场的小范围内聆听过先生的教诲。他总是满面堆笑，和大家轻松地谈论一些实际意义很深远的问题，口气温和，态度和蔼，充满真诚的喜悦心情，完全没有“前辈”“大佬”的架子。这和我们现在有时表现出的“前辈不前”“大佬不老”的情景形成鲜明对比。

吴先生是我们做人的榜样。

二、吴先生重视培养学生的人品

吴先生在一次小范围、非正式谈话中曾经说到大学教师工作的目的，他说到 “教书育人”时，首先强调“育人”，提出大学要培养出“正直的人”这个关键主张，然后才说到教学、科研与教材编写等问题。他的话都是三言两语，但是语气很重，让人有广阔的推敲余地。他所说的“正直的人”，在当时20世纪80年代的背景下，我误解为主要是指“文化大革命”时大学生的表现而言。现在想来，其实不然。先生看得远。他作为大学校长，深知大学教育的根本目的所在。他的主张促使我也开始认真考虑这个问题。久而久之，我发现：我们这些大学教师的工作既伟大，又可畏。归根结底，我们实际是在为国家与社会各层培养和输送未来的负责人，或曰“官员”，在客观上也为我国社会上层和新兴的中产阶级输入成员。这些人将成为社会生活各个领域未来的主导者。他们如果走得正，就会成为国家进步的动力，社会就会走得正；反之，他们就会是中华文化传统的破坏者、历史的罪人。

当前，社会道德水准在“向钱看”的大趋势下有所下降，中华文化的优良传统面临着两个方面的挑战：一是我国社会现实生活本身，一是以美国文化为代表的西方文化的糟粕的影响。某些人的歪门邪道直接导致了社会道德水准的下降。虽然从根本上讲，从历史记录看，一个国家优良传统的坚持者和维护者向来是广大人民群众，但是一个社会的运转毕竟也需要官员阶层作其架构；而在正常情况下，这个阶层的大部分成员接受过某种高等教育，或者说，曾从我们手中过滤过。

所谓“读书做官论”，就是这个意思。我们虽然已经多次批判过此“论”，但生活实际依然基本是：读书是做官的途径。人们不必藏掖此事的真相，古今中外都在遵循这个道理办事，只是说法不同而已。孔子的“君子”、老子的“圣人”、柏拉图的“圣王”、古时的科举、今天的公务员考试、大学生当村主任、要求各级干部有学历，还有国外，如英国的文官考试等，都是“有知识就有可能做官”的例子。大学既然是“官储”所在，注重提高学生的人品就自然成为大学教育的首要任务。品质低劣的人，知识越多，危害越大。老子说“智慧出，有大伪”，话中就含有这个道理。中华文化在经过几千年风风雨雨后的今天，依然是“我自岿然不动”。虽然如此，我们依然需要在大学阶段，把人品教育放在首位，给学子们打上一剂预防针。将来他们接班掌管天下时，就不会出现像现在这样的腐败，人民就不会活得这么焦心，日子就一定会美满得多。

在人品教育方面，我们不必唱高调，只提出吴先生的“正直的人”（或简曰“好人”）这种目标就够了。“正直的人”这个概念，包含了做人的一切高尚品性。今天我们纪念吴先生，应当首先记住他的这个教导。

三、吴先生提倡走新路

一个时代在质上发生的变化需要多年的实践才能显现出来。在我国，改革开放所带来的自由气氛和初步成果大约到20世纪90年代初期以后，广大人民才开始真正地觉察与体会到。在“文化大革命”结束三年后的1979年，我国的政治气氛虽然宽松了许多，但在知识界，“文化大革命”时期的“万马齐喑”的局面依然严重存在。在我国的外国文学研究界，大家依然在观望。许多重点大学还未开出“英国文学史”和“美国文学史”这样的课程，特别在美国文学教学方面，教材和教师都极其缺乏。在这种情况下，外国文学教学与科研领域亟需有人站出来，振臂高呼，给大家指出一条路。果然，就在这时，有这么一位德高望重的学者，心明眼亮，很透彻地理解了新时期的时代精神，看清了外国文学教学与研究工作在这个时期进一步发展、进一步发挥其重要作用的前景。他带领众人在荒野里走出了一条新路！

那是在1979年秋，当时担任山东大学校长的吴富恒先生，极有胆识地、及时地邀请外国文学界的学者们到济南会面，商谈在全国范围内开展美国文学教学与研究的大业。而且为了有效地推动这一工作，他大胆地建议成立全国美国文学研究会。后来的事实证明，这成为我国外国文学教学与研究史上一个空前的壮举！自那以后，我们大家紧跟在他的后面，到今天已经走了 30 多年！在这期间，我们在外国文学教学与研究领域内，努力做了大量的介绍和评论工作，努力做了相当多的创新工作，为我国学子和国民的文化积累、为改革开放局面的发展做出了应有的贡献。

我在 20 世纪 80 年代中期和吴先生首次会面后，对他倡导建立美国文学研究会的开拓精神非常佩服，曾写过一首小诗表示自己的感慨："中天扶拐走，路尽唱金鸡。拨雾探黄山，摸石泅绿溪。"今天我们纪念吴先生最好的做法是继承他的遗志，尤其是其中的精华，即"敢走新路"的精神，在自己的领域内走出自己的新路。

新的一代要创新。现在我们已经进入 21 世纪，但是我们的一些做法却不尽如人意，有些还恰恰违背了"走新路"这个精神。现在全国依然风行的"理论框架"谬论就是一个明显的悖逆例子。这个谬论不知最初源头出在何处，它的负面影响业已延续多年。学术界许多人，其中包括不少学术界重量级人物，现在仍然在岗，担负着培养博士生、硕士生等高级人才的重任。他们当中许多人对"理论框架"问题表现得很无可奈何，明知不对，却又觉得别无他路可走，因为不少重点高校的博导、硕导们，不少杂志（包括许多所谓的"核心"杂志）的总编与编辑们，还有不少各式各样的"权威"们，不少其他与出版有关的单位和部门等，都在高举着"理论框架"，虎视眈眈地审视着学者们，特别是青年学子们谨小慎微地呈上来的文章。此外，还有一些专家、学者坚持认为："学生们连文章都写不好，还谈什么创新!"这些人这样说，实在是大错特错。他们错在既误解了自己工作的目的，也低估了青年一代的创造力。岂不知，我们这些教授、学者们，如果不能像孔子那样鼓励后生"举一反三”，鼓励他们要“青出于蓝而胜于蓝”，那我们就是在误人子弟，贻害于后世，有负于社会的委托。这很值得我们三思。

“理论框架”无异于封建科举时代的旧八股。那个八股虽然已被扔进垃圾堆，但在国人的思想里已经留下一个深深的烙印，形成一个“八股”式负面传统。它从古延续到今，一直并依然在封杀国人的创新思想！当前的“理论框架”很有点像它的后裔、它的翻版，堪称“当代新八股”。现在是打倒这个“新八股”的时候了。改革开放本来是解放思想的，但是我们的某些“理论权威”却不知何故竟“创造”出这么个扼杀独创精神的工具来，真是不可理喻。

新时代的新路怎么走，这是我们现在面临的大课题。我们大家，尤其是 70 后、80 后的青年学子，应在坚持和继承老一辈富有成果的工作的同时，发扬创新与开拓精神，在以下几个方面有所作为：

（1）超越老一代学者过去几十年所取得的成绩，改变只偏重于介绍外国文学理论与文学评论的做法，改变只偏重于文化积累的做法。

（2）取得迥异于或在某些方面超越外国学者的研究成果，反映出我们中国学者研究外国文学的独特之处。

（3）发掘出更多的新思想、新视角，表现出属于自己一代的新作为。

唯其如此，我们才能在自己的领域内做出新贡献来。

吴先生永远活在我们的心中！

（原载《吴富恒先生百年诞辰纪念文集》，第 33—36 页）

缅怀先哲　砥砺向前

——在“霁野讲坛”上的发言

各位领导，各位来宾，老师们，同学们：

在习主席刚刚视察过我校、做了重要讲话，全校师生受到激励都在争先恐后发扬南开精神、力争取得新成绩的时刻，在我们庄严地纪念我们的老系主任李霁野先生115年诞辰之际，南开外国语学院和外国语学院校友会做出一项重大的决定，这就是设立霁野讲坛。这是一件非同小可的事情。这不仅是一件对南开外国语学院具有历史意义的大事，而且是关系到我国外国文学教学与研究领域的一件大事。因为今天我们这个讲坛要纪念的不仅仅是一位先贤自从中华人民共和国成立以来，特别是在改革开放时期对于一个学院所发挥的引领作用，而且是他所属的一代先贤于这一时期在我国外国文学教学与研究领域所发挥的不可或缺的巨大作用。我这样说是因为，霁野先生和其他先贤一样，都和他们所处时代的先进精神息息相通。

在我1960年进入南开外文系时，霁野先生就早已声名显赫，是我们年轻学子心目中的偶像级人物。他在新生入学典礼上的讲话，妙语连珠，又用意深邃，给我们增加了一层神秘感。之后我有幸接近老先生，听取他的教导、建议和批评，对他慢慢有了一些了解和理解。今天我能借此机会谈谈我与先生接触的一些感受与体会，感到无限的荣幸和激动。

霁野先生是一个伟大的革命者和爱国者。他在 20 世纪 30 年代很年轻的时候就追随鲁迅先生参加进步文学活动。这些都不用我在这里赘述了。我只说两件事情，以表明霁野先生的爱国和革命情怀。1947 年他在台湾教书。中华人民共和国一成立，他就在 1949 年回到大陆。他一向拥护共产党，一向拥护新中国。在中华人民共和国成立初期如此，在经过严酷的“文化大革命”浩劫之后，在改革开放的 80 年代及其后，他的这种爱国和革命态度始终如一。就说改革开放后，我国进入了一个新的发展时代，霁野先生全心全意地拥抱这个崭新的时代。他曾经说，我们现在正走在一条康庄大道上。我记得在 20 世纪 80 年代的一天，我因事去拜访他，当时他对不满党的领导和党的政策的作品及艺术家表示出极大的愤慨。他对我说，你们年轻人要有一个信念，那就是，跟着共产党走没有错。他还说，不要人云亦云，不要说共产党的坏话，中国没有共产党不行。我作为一个年轻人，听了这些话非常感动。记得当时回到学校，忽然想起，在霁野先生家里只顾心情激动地聆听先生的慷慨陈词，却把前去拜访请示霁野先生的事情给忘了办，后来只好再约前去办理。

霁野先生自 20 世纪 50 年代到 80 年代，担任南开大学外文系主任长达 30 余载。他带领我们走过了风风雨雨，虽步履维艰但锲而不舍，在教学与科研方面为我们外文系和外国语学院打下了坚实的基础。他对南开大学和外文系的感情非同一般。他多次说过，南开大学和外文系负有特殊的历史使命，应当在自己的领域内做出突出成绩，走在教学改革队列的前面。南开大学外文系（现已发展为外国语学院）能有今天的声望和成就，霁野先生作为带头人功不可没。

在长达几十年的时间内，霁野先生做了大量的工作，使当年的外文系成为一个在国内颇有名气的学术单位。特别是在“文化大革命”之后，当外文系一片惨淡的时候，李先生可以说是临危受命，为整顿外文系做了难以想象的努力。当时霁野先生已过古稀之年，但他不服老，其表现很有老骥伏枥的样子，满腔热情地担负起全系的管理工作，以胜似一个年轻人的活力，直面外文系百废待兴的情况，决心打造出一个新外文系。

他遵循鲁迅先生的教导，坚持“路是人们走出来的”思想，在改革开放的新时代与时俱进，敢于走新路，善于走新路。他是谋划我们南开外文系在新时代如何砥砺前行、再上一层楼的设计师。我们系在新时期的关键时刻所实施的重要举措，追根溯源，其主要想法或是源于霁野先生，或是受到他的启迪构思而成的。今天，“霁野讲坛”让我承担第一讲，我在诚惶诚恐之余，认真回忆几十年前的情况，忽然领悟到，在那些年里，李先生做了三件重大的事情，全力把南开外文系推到了我国外国文学教学与研究领域的前沿，其中的每一件事情都可在外文系和外国语学院的历史上大书特书一番。

首先，霁野先生认真整顿了外文系被“文化大革命”完全搞乱了的教学秩序。李先生一向非常重视教学工作。在改革开放初期百废待兴，恢复正常的教学秩序成为当务之急。霁野先生当时事必躬亲，不断召集系领导班子及各专业教研室负责人开会研究这一课题。我当时作为英语专业教研室副主任，多次参加了这种有时长达几小时的会议，目睹和聆听了李先生的指示和教导。令人非常感动的是，一个年近耄耋的人，在长时间内，总是正襟危坐、目光炯炯、毫无倦意地听取发言，并发表意见。他提出，要鼓励教师解放思想，放手做好教学工作。在教材和教学方法方面，他多次说，我们要相信老师，相信他们的思想水平，不要过多地干涉。对在教学中出现的先进做法，霁野先生总是不失时机地总结和推广。他采取的有效方法之一是举办教学观摩课，选出比较出色的课堂教学做示范，请全系老师观摩，有时也邀请兄弟院校老师和领导前来指导。霁野先生非常重视提高课堂授课的效果。他在一次讲话中说，凡是讲话，特别是授课，一定要言之有物，又要让人赏心悦目，这就要求我们老师们事先悉心准备。他在一次教师会上强调说，讲课是要尽心准备的，必要时可把讲稿变为腹稿，上课时尽量少看讲稿。他还说，为了活跃课堂教学气氛，教师有时不妨向相声演员学习一点“扔包袱”的技巧。

在整顿和提高教学水平的同时，霁野先生对我们的学术研究也非常关心。他警告我们不要满足于做“教书匠”，而要做个学者型教师，切不可虚度年华、浪费天赋。他常对我说的一句话是，“为人师者不可误人子弟”。又说，一个好老师应能让学生在多年后仍然感到有些值得回忆的地方，没有厚实的学术底蕴很难做到这一点。他的这些教导既为我们提出了目标，也增加了我们的责任心。在李先生的指导下，外文系的教学秩序和质量在较短的时间内恢复到“文化大革命”前的水平。在当时的混乱情况下，这是难以想象的。在这里，有些细节我就不再多说了。吕聪敏学长在他的致辞中称霁野先生为“当代中国文化教育史上杰出的教育家”，这是对霁野先生在我国当代文化教育史上地位的最准确的界定。

霁野先生当时所做的另外一件大事是开设新课、编写教材、填补我国外国文学教学与研究方面的一些空白。先说我们当时在李先生的指导和督促下，在英国文学和美国文学教学与研究方面所做的事情。“文化大革命”以后，国内外形势发生了巨大变化。以我国外国文学教学与研究界为例：在教学方面，当时虽然有些院校开设过单项的英国文学课程，例如我们南开外文系当时开设的英国浪漫主义诗歌、维多利亚小说等，但这样的院校为数不多。至于英国文学史等课程，能够开设的人更是寥寥无几。“文化大革命”以后，心气高的李老先生坚持倡导在我们系开设英国文学史。当时的背景是：全国外国文学教学战线出现了开新课、补空白的热潮，尤其在英美文学方面，开设英国文学史及美国文学史的呼声此起彼伏，日益高涨。南开外文系历来重视外国文学的教学与研究，英国文学的教学与研究曾经是我们系的长项之一。按照常理，开设英国文学史对南开外文系来说，应当不是大问题。但在“文化大革命”前后，批判之风让文学教师胆战心惊，可以说“十年浩劫”大大损伤了我们南开外文系的外国文学教学与研究传统的元气。现在新时代来临，要求我们重整旗鼓，再操旧业，没有人手和教材不说，而且时间紧迫，我们当时都感到措手不及，承担此事是心有余而力不足的。但是，面对这种严峻的挑战，霁野先生当时的思想却出奇地明确。在一次系务会议上，他口气坚定地说，南开不可辱其使命，应当竭力，一马当先。他当即决定，由老教授李宜燮先生帮助一位年轻教师即刻着手准备在一年内开设出英国文学史课。他把手中有关英国文学的藏书都拿出来，还向北京图书馆打听并借用这方面的有关著述。我们克服困难，终于在1979年秋开设出英国文学史课。南开外文系成为“文化大革命”后国内第一批为数很少的成功开设这门课程的外语院系。

在美国文学教学与研究方面，教科书的编写情况就更惨了。当时除社科院一些有作为的学者们做出了一些有益的努力外，全国就没有一本美国文学史和美国文学选读读本。今天我们在这方面有很多可用的书籍及研究成果了，但在“文化大革命”之后，这个领域可以说是一个文化“荒原”。中美建交后，开设美国文学课程突然成为燃眉之急，其重要性甚至超过了英国文学课程。但是我们对美国文学感到非常陌生，说到教学与科研，当时既缺人才（没有教师），又缺教材。所以，亡羊补牢也好，临时抱佛脚也好，从教育部到高校，大家都在积极努力以满足形势需要。例如不少学校开始派留学生到美国去。霁野先生与系里领导决定立刻派青年教师去美国、澳大利亚和马耳他等地学习，以期几年后可以在英美文学教学与研究方面，为开出新课、编写教材打下基础。事实证明，几年之后，这些决定都发挥了历史性作用。

这种情况到 20 世纪 80 年代中期开始有所改变。据说当时派到美国学习的一些教师开始回国，北外和南开各有一位美国文学博士同年学成回国。大家都在努力填补美国文学教学与研究方面的空白。记得有一次我去拜访霁野先生，先生对我说，在编写教材方面，南开义不容辞，要担负起这个重任。他虽已退休，但仍然心系外文系，极其关心美国文学教材之事。他亲自请也已退休的李宜燮教授出马，领导我们一组十余位中青年教师组成《美国文学选读》教材组。我们大家很有雄心，制定了一个编写一套五卷本的“美国文学系列教材”计划，其中包括两卷《美国文学选读》、一卷《美国文学简史》、两卷《美国文学评论精选》。在当时的国家教委教材委员会和南开大学出版社的支持下，我们苦战几年，完成了这一任务。当时我们每出版一卷，就给霁野先生报喜，老先生犹如幼童拿到红包一样地心花怒放。我系成为第一个编写出美国文学系列教材、供全国大专院校使用的工作单位，受到国内同行的认可和赞誉。这几本教材在一定程度上起到了填补美国文学教材空白的作用，迄今几十年过去，经过几次修订再版依然，受到兄弟院校的推崇和使用，受到读者的普遍欢迎。我们当时还年富力强，不满足于所取得的成绩，我们要求为申请英语语言和文学博士点而做进一步努力。开始李先生对此有些犹疑，觉得不可刚学会走就要跑。但他很快受到我们的热情的感染，开始尽力支持我们的努力。我们终于在 1990 年获得国务院学科评审组的批准，在我系设立英语语言和文学博士点；这是在我国外国文学教学与研究领域内所设立的较早的一个博士点。我还要说到，在老先生还未退休之前，就设法得到学校和教育部的批准，请来国外资深的英美文学退休教授来我系授课，其中有一位罗伯特·科斯比教授与李先生私交很好。他在我们系任教十三四年，为我们系的英美文学教学做出了非同小可的贡献。在那些年里，我本人工作在霁野先生的左右，深深体会到他对我们外文系的热爱和期望。在几十年后的 2018 年，在广州召开的一次全国学术会议上，会议主持人在介绍南开外文系时，称我们为“我国美国文学教学与研究的领路者”。这说明李先生成功地把我们外文系推到了当时这个领域的最前沿。

但这并没有满足李先生的全部期望。他有更深远、更宽阔一些的规划。在他的心目中，他不仅仅怀着我们南开外文系，他的视野拓展到全国。霁野先生热爱祖国、老骥伏枥、为祖国教育事业服务的博大胸怀深深地感动了我。记得在美国文学教材系列完成之后，李先生在一次接见我的谈话中，若有所思也似乎在自言自语地说，“天津是中国的三大直辖市之一，应当做出更多的贡献。”他看出我的茫然不解，就接着说，“咱们南开如果再能出版一些关于英国文学的书籍就更好了。那样我们天津、我们南开外文系就成为既在美国文学又在英国文学两个方面都做出了独特贡献的唯一城市和外文系了。”我听后感到鼓舞，但也可能露出了为难情绪；因为再拉起一套撰写英国文学书籍的写作班子、再奋战几年、实现李先生这个美好设想的难度太大了。李先生笑着说，“不是让你马上搞。先休整一段时间。但你有这个优势：你教过英国文学史，在英国读的也多是英国文学作品，再加上这些年的积累。当然，也不一定搞，但时间和条件都允许时，不是不可以考虑。”我点头说是。说过这话之后几年，李先生驾鹤西行。我很惭愧，因为各种杂务和其他项目之故，就把这件事置诸脑后了。但我没有忘记。我们的另一位老系主任刘祖才先生也在一次谈话中对我提到过类似的话题，说南开外文系有能力在英国文学方面也有所作为，做些大事。事过十余年后的 2007 年，当时外国语学院的高书记和李院长在接见我时提到，要我领头搞一个在国内影响较大的学术项目。我立刻想到李先生和刘祖才主任曾经提到的英国文学方面的课题。我向他们提出组织一个撰写“英国文学通史”的项目组。他们立刻表示支持，并主动提出出席撰写组的成立会议。我们当时行动很快，在不到两周的时间内，就制定出写作大纲、作品目录和注意事项，然后就开始动笔了。成员多是我们学院的老师和我的在外校工作的博士生。我们十几个人奋战 5 年，写出了三卷本、260 余万字的南开版《英国文学通史》，初步实现了李先生的心愿，使得天津和南开外国语学院成为我国外国文学教学与研究领域内唯一一个写出有着自己特色、在国内有些影响的美国文学和英国文学学术著作和教材的城市和外国语学院。

在这里，我要说到在这些工作中，霁野先生对我个人的指导和培养。在我后来接任外文系系主任期间，已经退休、应在家里颐养天年的李先生依然关心外文系，唯恐我年轻气盛又缺乏经验，让系里的工作走偏，受到损失。他时不时地给我写信，告诫我什么工作应怎么做，或约我去他家里面谈。记得有一次他约我到他家里，以严肃的口吻指责我，当了系主任，就忽略了培养我成长的老先生们。我忽然意识到，我已经有好长时间没有像以前那样去拜访我的老师们、听取他们对我本人和对系里工作的意见了。我向先生承认错误，回校后立即抽时间去拜访了老师们，听取他们的建议，也帮助他们解决了一些问题。

说到这里，一件让我铭记一生的事情浮上脑际。在选举我做系主任之前，学校领导到系里做了大量而细致的调研工作，李先生虽已退休，但也极其关心此事。他再三对我说，要学习曹操和恺撒，做大事要有大胸怀，不抱怨和记恨曾经批评甚至伤及过自己的人，更要切记万万不可有任何给人穿小鞋的言行和心思，遇事要先审视自己的内心。关于系里的工作，霁野先生教导说，事情不怕繁杂，就怕混乱无序，几个系领导一定要搞好关系，各司其职，严禁内斗、内耗。这些话我都记下照做，在我担任系主任期间，时刻注意搞好和同事间的关系。至今几十年过去，李先生的嘱咐依然是我为人处世的座右铭，同时我也时刻以此审查和评价自己的人格，督促自己躬身自省、宽以待人。我时刻告诫自己，李老先生在天上看着哪，千万不可自高自大，为了一己之私而伤及他人，要始终做一个向善之人。

现在我要说到霁野先生为我们南开外文系所做的另外一件大事，也就是上面提到的第三件大事。这就是代表南开外文系参与全国美国文学研究会的成立工作。当时霁野先生对学术界的形势非常敏感，不止一次在会议上嘱咐我们大家要关心国内英美文学界的动态，积极参与我国外国文学教学与研究界内有益的活动。老先生确如我们常说的“耳听六路，眼观八方”。他自己身体力行。他第一时间注意到，当时山东大学校长、哈佛博士吴富恒先生正在筹划成立全国美国文学研究会的事情。

几十年前由吴先生发起、开始策划并组成的全国美国文学研究会，在当时是国内外国文学研究与教学界一件盛事。它一扫“文化大革命”带来的乌烟瘴气，给学术界刮来一股和畅的清风，学术界顿时感到面貌一新。当时国内排名前几所的大学、外国文学界的诸位先哲，一时都在山东大学荟萃一堂，在吴富恒先生的领导下，讨论新时期我国外国文学的教学与研究问题，决定成立全国美国文学研究会。这可能是改革开放后在我国外国文学教学与研究界成立的第一个一级学会。霁野先生参加了这次会议，表示了南开外文系坚决支持的态度。他认为，这样一个学会可以引导、启发和汇总在我国刚刚起步的美国文学研究工作。以霁野先生的历史地位和社会身份，他的支持对学会的成立发挥了很大影响。霁野先生高瞻远瞩，认真参与了这一组织活动，使南开外文系成为该研究会当时为数不多的发起单位之一，成为研究会的常务理事，带领南开外文系走向全国。这次会议的影响很大，研究会的成立大大鼓舞了我国这个领域内的教学与研究工作。如大家所知，这个研究会的会员单位现在已经遍及全国，在推动美国文学教学与研究方面做出了卓尔不群的贡献。2018 年在杭州召开的一次会议，参加者竟有四百余人。我们南开外国语学院现在是这个研究会的常务理事单位，每次会议我们都有人参加，我本人有时也为大会赠书，以示支持。

我在这里和大家讲一个细节，说明李先生对成立这个研究会所表现出的认真及严肃态度。当时全国美国文学研究会成立之后决定，会员单位要交纳一定的会员费。几十年后，研究会的第一任秘书长告诉我，当时只有一个单位缴纳了会费，这就是当时霁野先生担任系主任的南开大学外文系。后来先生因年事渐高，欲从美国文学研究会常务理事位置上退下，他先嘱我代表他参加理事会，并鼓励我发表研究成果，后来就向理事会提出让我担任常务理事的建议。几年后我担任了研究会的副会长，先生得知以后颇有欣喜若狂之状，其情景煞是感人肺腑。

他不是为某个个人感到高兴，他是在为南开外文系能在我国外国文学研究界崭露头角而感到由衷的激动和兴奋。在他的心目中，南开外文系在我国外国文学教学与研究界的举止和形象就应当是这样的。

在改革开放的初期，我国的外国文学研究处于恢复与发展阶段，学术界像全国各条战线一样热气蒸腾，首先与国外研究情况接轨，介绍进不少新作家、新作品、新思潮。李先生时刻注意国内的外国文学研究状况，唯恐南开外文系赶不上新时代的步伐。他激励我们中青年教师争分夺秒，认真读书与思考，在短时间内拿出像样的科研成果。他鼓励我们参加全国性学术会议，出版研究成果，如果有哪位教师写出了文稿，发表了文章，或哪位老师在翻译界初露锋芒，哪位在某领域内正进行着深入的研究，等等，霁野先生必然是消息灵通，喜形于色，在全系教师大会上予以表彰。霁野先生还利用一切机会鼓励年轻才子脱颖而出。例如在1979年秋南开大学60周年校庆之际，霁野先生几次召集会议，为外文系的校庆活动而举行的学术讨论会进行详细准备。他亲自审阅稿子，以保证质量。他还从校外请来一些客人为此会造势。当时全系情绪高昂，很有一种跃跃欲试的热烈感觉。这是“十年浩劫”后的第一次大型学术活动。霁野先生亲自指导，落实细节，并且不顾年高体弱，场场必定出席，坐在前排，为教师们打气。

在这个时期，霁野先生的思想非常活跃。他不辞劳苦，出外参加学术会议，及时向我们传递信息，以使我系跟上步伐，创出新成绩。记得当时有一个下午，霁野先生突然通过系办公室通知大家到系里开会。我们当时感到诧异，一向慢条斯理的李老先生突然精神抖擞、风风火火地动作起来，必有要事和大家讲。果然，他向大家介绍了国内正在兴起的外国文学研究热潮，提到了詹姆斯·乔伊斯和现代派这些我们都很陌生的作家、作品及研究课题。雰野先生的言行感染了我们。我们都感到，一个新时代到来了，教学与科研的春天到了！雰野先生一个多小时的谈话，宛似一声春雷，瞬间就把我们惊醒，成功地把我们南开外文系推至新时期的起跑线上。大家顿时振作起来，个个摩拳擦掌，在我系几个专业内，有人开始编教材，有人在国外发表文章，有人搞翻译，系里开始形成一股前所未有的科研与出版风气。在短短几年内，外文系在教学与科研方面做出了很好的成绩，在我国外国文学教学与研究领域内的全国性研究会中发挥了南开应有的作用，巩固和提高了南开外文系在国内本领域内的声名，没有辜负老系主任对我们的殷切期望。雰野先生在鼓励全系认真研究的同时，还不断找一些个人谈话，依照这些人的专业特长，提出方向性的指导意见，并介绍有关领域的动态，鼓励他们更上一层楼。他特别向我们强调，“南开的希望就在你们这些年轻人的肩上了”。后来我系各个专业果然不负所望，都取得了可喜的成绩。

最后，我要说到雰野先生对年轻教师们的身体健康的关心。我相信我们在座的不少学者都聆听过雰野先生的这种教诲。我的不少老师和同学都写过关于这方面的文章以志纪念。大家都记得，雰野先生总是对我们说，做学问是一件长远的事情，不可能是一蹴而就的。他常引用毛主席的话，“风物长宜放眼量”，要认真做学问，就要注意自己的身体健康。要注意劳逸结合。他说，例如一上午，坐在屋子里不停地读和写，时间长了会对身体造成很大的损害。劳逸结合最好的方法是，每隔四五十分钟就站起来休息一下，比如洗洗手，擦擦脸，喝点水，吃点东西，等等。这样一上午下来就可以有效地休息三四十分钟，在做艰苦的学问的过程中，这是最好的身心调节。他还多次强调，万万不要养成开夜车的习惯，要善于充分利用白天的时间，提高白天的工作效率。这些话对我的同代人里的不少人都产生了深刻影响，比如谷雨（谷恒东）老师和徐齐平老师等，肯定都听过李先生的这种教导，都会有这种感受。对我来说，这些话犹如箴言，我深记在心里，几十年来一直都在照着做，感觉效果非常好。

霁野先生教导我们要注意锻炼身体。他要求我们必须舍得拿出时间来，不惜一切，锻炼自己的身体。他以自己的身体锻炼经历为例说明这个问题。他说他自幼身体多病，家人都担心他能不能长大成人。但是他笑着说，老天不会轻易放弃他的造物的。他本人自幼就注意锻炼，取得了一定成果。但是由于身体底子差，中年发现有心脏病。他说他没有灰心。他为自己制定了一套锻炼的计划。那时候他住在北村。他每天坚持从北村走到水上公园，然后再走回来。回到家后擦去身上的汗水，喝一杯茶，就开始读书写字。他这样坚持了多年。同时注意晚饭后散步。霁野先生和夫人一家晚饭后在大中路上散步的景象，我相信不少人都看到过，至今我还记忆犹新。

霁野先生的话对我鼓舞很大。这是因为，我幼年身体也非常不好，直到大学期间，我还有“老肠炎”的绰号。在大学期间和从国外回来以后，我当时只是一个普通的年轻教师，没有和李先生单独谈过话。我记得有一次在主楼 5 楼，李先生从办公室里出来在中厅见到我，就笑着但口气不无严肃地对我说，“你面色不好，要注意饮食和锻炼。”在那之后，接触多了，他就不止一次对我说锻炼的重要性。一位好心的体育老师也对我说，我的体质太差了。当时对我刺激最大的一次是 1965 年夏天到北京培训准备出国。我们培训的第 1 课是接受军训。当时负责我们军训的是一个营长。他也就是 30 多岁吧，人很英俊，满面红光。当我们排好队伍聆听他讲话时，他似乎一眼发现了我。他走到我的面前对我说，“小伙子，你要加强锻炼，这样的面黄肌瘦可不行。”这足以说明到了25岁我仍然是一个非常缺乏年轻人的健康气质的人。

但是我听了霁野先生的话，没有气馁。我给自己制定了一个锻炼计划。每天必须在操场慢跑四五圈，直到像李先生所说的那样，汗津津的。我每天随时坚持锻炼，跑步，做俯卧撑等。同时我坚持注意饮食。一直到现在我都不吃凉性食品，比如冰激凌。这些年来我一直谨记李先生的教导，每隔四五十分钟必然站起来休息一下。我在图书馆读书，也坚持每小时休息10分钟。同时按照李先生的指示，活动一下眼睛和肢体。现在老了，但天气好时，我都争取每天坚持三四十分钟的漫步，在电脑上也设置每隔一段时间就休息10分钟的提示，我坐在屋里，无论是看书还是写字，电脑都不断地提醒我注意休息。几十年坚持下来，我觉着受益匪浅。我想这是李先生一生从病弱的身体开始，到后来却能长寿，活到90多岁的秘诀之一吧。

1996年夏天的一个午后，我去看望老先生。其时先生已经92岁高龄，但依然是鹤发童颜，精神爽朗，耳聪目明，谈锋不减当年。我们促膝长谈，老人虽已久不视事，但投入心依然如前，一说起外文系就滔滔不绝，感情激动。他为外文系所取得的成绩而感到由衷的自豪，对正在努力成长的年轻一代学子满怀骄傲、充满期望。当时他似乎在用手指掐算，如数家珍般点出这些人的姓名，那一份兴奋和自豪溢于言表，甚是感人。最后他深有感慨语重心长地说，“古人云，青出于蓝而胜于蓝，永恒的真理呀！”多年来和先生的多次谈话中，我曾听过他对我们的多次鼓励，但这是他最后一次对我们做晚辈的成长所表示的满意、肯定的话。语意之深沉，可令人终生回味、咀嚼。我们当然远未做到“胜于”，但话从先生口中说出，就别具一番韵味；它也表示出先生的谦虚、他对我们的殷切期望。现在先生业已过世，每当回忆起自己能和这位全国闻名的诗人、翻译家、教育家接触多年，当面聆听他的多次亲切的教导，我就鞭策自己要再接再厉，决不可有半点松懈，不可有愧于先生的深切期望，方可对得住先生的这一番知遇之恩。

光阴似箭，往昔岁月倏忽即逝。今逢霁野讲坛开讲之际，我对先生的事迹只蜻蜓点水，说了点滴而已。恩师虽死犹生，实如青春常在，乃至永恒。想到他老人家，看到自己的学生，我突然觉得身上增添了活力。生活是多么有意思、有意义啊！“长江后浪推前浪”，我会踏着恩师的步伐努力向前。

现在回忆起来，霁野先生留给我们的遗产之一就是对祖国、对党的忠诚，对南开的挚爱以及教书育人使命感。正是这种忠诚、挚爱与使命感，激励了我们全系、全院坚持不懈、努力向前，始终站立在全国外语教学与研究的前列。我逐渐认识到，有了这种忠诚、挚爱与使命感，南开就有了光辉的未来。

祈愿霁野先生永远活在我们的心中。

（2019 年 4 月）

商务印书馆

《牛津美语词典（双解版）》序

商务印书馆要我为《牛津美语词典（双解版）》作序，我感到心余力绌。对词典学，我是外行，真见识自然没有，但盛情难却，就说说一些感想吧。

一部词典好像一部百科全书。《牛津美语词典》好像一部关于美国的百科全书，它是学习美国英语的工具，也提供关于美国社会生活、历史、文化传统等各个方面的信息。

语言的演进与其使用环境紧密相关。美国人远离英国，面对新生活、新事物、新景象、新声音，创造新表达方式势在必行。久而久之，新词语与新用法的数量愈渐增多，在交流中变为约定俗成，就形成了美国英语的显著特色。这种例子很多。比如在食品和烹调方面，“turkey”（火鸡）是美国人在感恩节（有时也包括圣诞节）的必备食品；“barbecue”（烧烤）是美国普通的烹饪方式，也是美国人在国庆夜晚围坐享受的“爱国饭”；“hot dog”是美国人的最爱，据说在一位总统出访时，“空军一号”装满了这种食品。《牛津美语词典》里收入的许多字词就是这样在美国土生土长起的，如“squash”“skunk”“hickory”“chowder”“spring break”“drive-thru”“resume”等，都具有强烈的北美色调。此外，美国人有自己的节日，如 Thanksgiving、Memorial Day、Martin Luther King，Jr. Day；有自己的禽鸟，如出现在文学作品里的 raven、mockingbird、blackbird 等；有自己表达观点的方式，如“disabled”“African American”等；有些词语，如“western”（西部小说）、“frontier”（边地）等，在美语中则获得了新意。如此不一而足。《牛津美语词典》提供了许多这样的关于美国社会生活的信息。

《牛津美语词典》也提供了关于美国历史的信息。举两个例子吧。一是美国独立战争。如果从词典学的角度比较托马斯·杰弗逊起草的《独立宣言》底稿和第二届大陆会议发表的美国《独立宣言》文稿，人们会发现，杰弗逊把草稿中最后一字“honour”（英式英语拼法）在文稿中改为“honor”（美式英语拼法）。这说明这一词语在当时的北美有两种拼法——传统的英式和本土化的美式，美国《独立宣言》表明，美国人在争取政治独立的同时，已经开始形成文化独立（包括语言独立）的意识。再看《美国宪法》。美国的开国元勋们在为政府机构命名时也拒绝沿用英国惯用的词语。他们采用 Congress、House of Representatives 及 Senate，而抛弃相应的 Parliament、House of Commons（Lower House）及 House of Lords（Upper House），表现出完全独立的意志。现在摆在我们面前的这部词典，从一定意义上讲，正式宣布和确认了美国英语的独立。

再说到 20 世纪 60 年代美国民权运动及其对美语和世界英语的影响，人们会发现，自那以后，美国英语在语言表达的许多方面，都似在引领世界潮流。以近年为例。从二战后到 20 世纪 60 年代中期出现的“Baby boom”（及“Baby boomer”）、60 年代在美国开始使用的“Affirmative Action”“Equal Opportunity”及“Sexism”，80 年代出现的“Generation X”，90 年代从美国文化界开始、现已普及到生活各个领域的“Politically Correct”（意为“言行得体”），以及在性取向等方面的不少词语，都来自近年美国社会生活的实际。

《牛津美语词典》还提供了关于美国文化的信息。美国文化的一大特点是“革新”。美国人不愿单纯因袭，总要在先贤的遗产上翻出花样，有时还表现出一种不标新立异死不罢休的气势。“新”成为美国文化的徽标。在语言方面，美国人有意识的创新是有案可稽，由来已久的。英语世界所熟悉的《韦氏词典》的编撰者韦伯斯特所做的卓绝努力早已得到世界（包括英国人在内）的赞许和承认。韦伯斯特不仅在词典里详细记录美国英语的独特之处，还拟定了英语拼音改革方案，其中很多意见得到公众认可，业已付诸实践。今天英语界所熟悉的center、check、defense、mold、humor、judgment等词语的拼法，只是韦伯斯特建议的一小部分而已。《牛津美语词典》继承《韦氏词典》的传统，记录美式英语与英式英语之间在用字、发音及语法等方面的诸多差异。在许多情况下，美国人的用词不同，如railroad、condo、mailbox、faucet、gasoline、airplane、period（句号）、drugstore、freshman等；他们的发音不同，如“basket”“lieutenant”“Oedipus”等，语调也有拉长的特点；他们的语法也有不同之处，如美国人有时表现出对过去时的偏爱。当然，语言是人类造物中最稳定的因素之一，它的演变总是循序渐进的。美式英语虽已独具一格，但与英式英语依然是一奶同胞。

词典对使用者宛似拐杖，没有人能离开它。商务印书馆推出的双解版《牛津美语词典》会有益于我国英语界的进步，而对于我国留美或移民北美的人们来说，它是一根学习与融入的拐杖，具有额外的重要性。《牛津美语词典》是一部好词典。

飞越中式英语

一、关于“中式英语”

学好英语的途径很多，本文主要想和读者讨论一下“如何说、写地道的英语”。

对于我们半路出家的英语学习者来说，要说出、写出“地道的英语”可能只是理想而已，但学到“近似地道的英语”（near-native English）应是实际可行的目标。“近似地道的英语”基本属地道英语，但不排除母语在某些方面（如语音、语调、用词、造句等方面）偶尔表现出的影响。

现在我们英语界存在着“中式英语”，这种英语运用中文思维，通过英语表达，实际是把头脑里的中文思想翻译成英文。在外语学习的初级阶段，这是不可避免的。原因很简单，在我们学英语前，脑里装满母语，习惯于用母语思维。现在要学英语，需要调整母语在我们头脑里的独霸地位。我们下苦功把英语硬塞到脑袋里，结果就出现了母语和英语在脑际并立的局面。用母语思维，用英语表达，“中式英语”就应运而生了。中式英语很好辨认，它具有中文的品性，也极易被译成中文，而地道的英语有时较难找到对应的、恰切的中文来加以表达。

说好、写好中式英语并不容易，这要求我们拥有相当的词汇量、基本的语法知识、语音与语调大体达标等必要的语言学习基础。中式英语有其可取之处，具有实用价值。不少人一直停留在这个阶段上，以英语为工具进行工作（如教学、写文章、汉译英等）。而且，我们学到的英语，因为是外语，不易摆脱“中式英语”的烙印。

但是，中式英语不是我们思维体系的内在成分。它是逗留在我们英语学习者脑际的“外人”。从本质上说，它不应当是英语学习者，特别是英语专业学生所满足的目标。我们应当超越这个阶段，以“近似地道的英语”代替它。

二、学用英语思维

说、写“近似地道的英语”要求我们学会“用英语思维”。“用英语思维”要求我们在说、写英语时转换思维媒介，让脑子这块地盘暂由英语独霸。这当然不易，但通过苦练，可以最大限度地做到。苦练的途径很多，其中的捷径之一是坚持背诵优美的英语文章。这是个苦功夫。

但这个苦功的练法很简单：选好自己真心喜欢、英语地道的文章（论文、散文或小说皆可，最好是英美作者的文字），一天择取其中 4 至 5 行，反复背诵。所谓“反复”应当为在一天内重复二三十遍。早晨利用一点时间背好，之后在走路或任何其他可利用的时间里，不断在脑海里重复这几行连贯的英语。这貌似很费时间，实际做起来极其容易，并不占用什么有效时间，所以不是负担（试试便知）。背诵久了，人们会发现，每天重复的远不止二三十遍。在背诵中会出现自己忘却或不能肯定之处，这无大妨碍，回家后查看一下原文即可；这些忘却或拿不准的词语很可能是自己的薄弱环节，所以更要用心去记。继第一天的背诵之后，次日接着背诵下面的 4 至 5 行，做法仍如前日一般，如有可能，可把前天的 4 至 5 行也带上，一起背诵。

如此日复一日，计算一下，一个月可重复背诵一百几十行，大约 4 至 5 页左右。

不要小看了这个数字，因为我们实际背诵的内容可能是这个数字的二三十倍，甚至不能以数量单位计算。我们可以设想一下，在这一个月里，英语的语流天天在我们的脑际循环往复，其节奏、词语和句法逐渐雕琢在我们的意识里。如果能坚持半年或一年，英语的语感就会在我们的脑际驻足，成为我们思维系统的组成部分，开始发挥其作为思维媒介的作用，“用英语思维”就会逐渐成为现实，“近似地道的英语”就随时会在不知不觉中喷薄而出。这种效果是难以具体标准计算的。此外，重复记忆其实不是简单的重复，久而久之人们会发现，在这种铢积寸累过程中，词语的连接、句子长短的搭配、同义词间的比较与选择、动词的使用模式、一个词语的多种脸谱等等多个语言学习的关键问题，都随着反复的记忆过程而时时出现在脑际，无形中加深了我们对语言的认识，促进了我们对语言表达奥妙的探讨。这样坚持数月、半年、一年，必然会出现奇迹。届时学习者会发现，他们的额头宛似安装了一个开关，每当他们说、写英语时，开关就自然而然地关闭中文这个思维媒介，而把英语媒介打开，完成头脑向英语思维的转换，这时说出、写出的英语就不再是翻译的中文，而是英语味道较浓的文字了。

我们现在用英语撰写和出版文章、书籍的机会很多。例如在英语教学与研究领域，学生的课后作业、论文（包括研究生的论文及稿件）、教师的文章和书籍等，不少是用英语写出的，这就更有必要不厌其烦地强调“用英语思维”，这是写出“近似地道的英语”文章和书籍的基本条件，也是出版者和广大读者检验这些作品质量的一个标准。

笔者的一个同学 20 岁开始学英语，承蒙启蒙老师指教，一日不断坚持背诵英语文章和书籍。几年的辛苦换来了回报，在大三时，他用英语写了一篇游记，请老师修订，老师阅后觉得很好，竟把这篇文章作为范文在英文系诸位老师中传阅。他的英语（笔语）得到了国内老师的赏识。后来他有机会去欧洲留学，课上第一次测验是写一篇叙事文章。英国老师在评论测验成绩时对他说："你的文章很好，以后不用再在这种文体上费力，可着手写些论文性质的文章了。"他的英语（笔语）得到了英国本国人的认可。

三、重视提高口语水平

口语是外语学习中一道难以逾越的坎，它牵涉到语言学习的各个侧面，反映出一个人的整体外语水平。它虽容易"过关"，但不容易学到"好"的程度。随着改革开放的深入，各个领域对口语的要求越来越高。社会对英语的需求大，英语学生更要严格要求自己，提高口语水平，讲出"近似地道的英语"，尽量避免使用中式英语。

讲"近似地道的英语"需要几个条件。首先是"用英语思维"，这可保证我们的表达具有英语味道。其次，语音要准确，这点比较容易做到。第三，语调、语流也要地道，这一点做起来有难度。这要求我们反复听，反复读，反复模仿，反复说。记得笔者当年大学毕业时，口语老师在最后一堂课上宣布分数，提到我时说，不能给我满分，因为我的语调欠佳。当时我有些无地自容。这位老师是在美国留学多年的老先生，他一锤定音，对我刺激很大，一时之间竟觉得几年大学白念了。良药苦口，真正刺痛自尊心的话语，听来犹如尖刀挖心。老先生的肺腑之言让我铭记终生。后来有机会到英国进修，我决心努力提高口语水平。在英国一年半多的时间里，除上课外，我把绝大部分时间都用于看电视听新闻、模仿播音员、在语音室听录音（特别是经典作品的长篇录音）、进行长时间模仿性朗读、自录本身的诵读内容、请英国老师纠正等等练习活动上面。那时天天满脑子回荡着英语的声音。回国以后，仍然忙里偷闲，坚持天天朗读和自我会话多年。这才慢慢觉得对英语有了点感觉。

在我们的口语具有一定基础后，进一步提高口语水平的最佳途径之一是与人交谈。但人们很难找到交谈的对象。许多留学的人也会发现，即便是在国外，可交谈者、愿交谈者也不易找到。所以，学生们，特别是初学者，需要找到最佳交谈对象。但到哪里去找呢？常言道，远在天边，近在眼前。学习者的最佳交谈对象是他们自身。要学会自我交流，充分利用自我这个交谈资源。自我交流说着容易做着难，需要毅力和智慧。自我交流的做法很多，例如我们可选一个故事或一篇文章，认真阅读或索性背下，然后以其内容为主，臆想一个交谈环境，投入到交谈中。这种交谈最好在独处条件下进行；一定要说出声，一定要使用正确的语音、语调、语法和词语，要做到一丝不苟，久而久之会变得娴熟，自己会很容易地臆造出交谈环境和内容。凡事贵在坚持。这样一路走来，口语水平必有显著的提升。在语言学习方面，不要做一蹴而就的梦。

笔者有一年轻同事，人们常常见他在走路或骑车时，口里不断低声叽里呱啦说个不停，于是他得到一个绰号——“怪人”。其实他是在做运动或去幼儿园接孩子的路上，见缝插针地进行认真的自我交谈。此人现在每日仍然坚持通过自我交谈，练习口语，以保持比较地道的英语水平。笔者还听说，有一个学者留学回来，练成一口地道的英式英语，回国后白日忙于教学与管理等项工作，每天晚上八点以后就闭门谢客，关在屋里自练，现已坚持多年。

提高口语水平要求首先练好基本功，这是方向。记得当年在英国时，曾参加过一次报告会，讲演者是来自中国香港的移民，他的英语很流利，一口气讲了一个多小时，尚意犹未尽，我们多有啧啧赞美之声。但有一个进修教师评论说，这位讲演者说的是“猿猴英语”，缺乏时态和主谓一致概念，他的英语学习“进化”方向错了，他朝“类人猿”奔去了。此事已经过去多年，但每次想起，都觉得这位老师说得不无道理。学习的道路很长，先学走，后学跑，功到自然成。

四、贵在坚持

一门外语，我们学得再好，例如英语，说得、写得再地道，如不坚持练习，也会存在丢掉的危险。外语终究是“身外物”，它不像我们的母语，永远不会忘掉。外语需要多练、多用，就是曾经很熟悉的外语词语、语调、语法结构、动词应用模式等，如久置不用，也会出现生疏甚至忘掉的危险。记得一位老教授曾留学多年，当年说得一口漂亮的英语，但后来因为工作与环境关系，英语慢慢给荒废了。改革开放以后，有一次他应邀去某校做英语讲座，竭力在语调上再现当年的辉煌，然而力不从心，效果不尽人意。老先生竟为此抱憾终生。

笔者对此也有切身体会。当年笔者曾借国外工作的机会自学当地语言。当时那种语言对工作具有“实战”价值，所以自学非常卖力，不仅做到能听、说、读，而且能写一些简单的小文，或做些笔译工作，还在一次重要会议场合做过口译。但在后来的岁月里，笔者全力投入英语教学，无暇顾及自学的那一门外语，也无机会应用它。弹指一挥几十年过去，曾经费力学过的外语，现在几乎都已忘光，想来真是后悔莫及。细水长流，持之以恒，这是学习的秘诀，学到和保持“近似地道的英语”也不例外。

五、课堂是战场

最后和英语专业的同学们说几句话。好学生觉得最缺的东西之一是时间。对于重视博闻强记的学科，如外语及文史哲类，学生争取时间的最佳场合之一是课堂。课堂是战场。在课上如能做到认真听讲、消化、吸收，课堂这一仗可算打胜了一半。另一半是在课堂上就把课堂的内容全部牢记在脑内。这就要求学生一边听一边记，而且要在听、记老师讲课的同时，还要重复记忆前面已经记过的东西，以免忘记。所以，一个好学生上完一堂课，脑袋一定是满当当的，感觉应当是沉甸甸的。但是，“战争”尚未结束。课下休息时或赶往下一节课的途中，头脑还不能闲着，还要反复记忆课上已经熟记过的内容，以进一步巩固战果。年轻人的头脑好像一把利刃，越磨炼越锋利。年轻时用心反复记忆过的东西，宛似雕刻在金属上的图案，要想抹掉都很难。学生打好了课堂仗，就会游刃有余地应付任何时间出现的任何考试。因为在课下不用再花多少时间去复习，他们就会腾出大量时间，在知识的宝库里博览贯通。记得大学期间有一位同学，平日总看课外读物，而且每当考试来临、大家都在教室挑灯抹汗的时候，他总是提着凳子，优哉游哉地到操场去看放映的苏联电影，最终考试成绩还总是名列前茅。我拜师请教，发现他原来是一位“课堂战士”。

人的记忆潜能很大，不用担心脑袋不够用，或用坏了。人的记忆力，自然会随着年龄的增长而递减。记得幼时在饭桌边听父亲讲二十四史，里面的故事和古诗，现在还能信手拈来，运用自如。如今老了，要背几句古诗，就觉得难于上天了。这时更觉悟到古话的深沉：少壮不努力，老大徒伤悲。年轻学子要把大把的青春用在点子上。“明知山有虎，偏向虎山行”。有了这种心力，就不愁练不出真本领来。

《爱丽丝·凯瑞研究》序

一

最近30年来，美国文学发生着巨大变化。文学界对后现代主义在进行着新的界定，对美国经典作品在进行着重新考虑与衡量，过去被认为不能登大雅之堂的通俗文化产品以咄咄逼人的姿态，不仅出现在文坛上，而且迈进大学的文学课堂。这些包括通俗文学作品、科幻小说、“庞克与硬核”（Punk and Hardcore）文学作品、“X代”（Generation X）文学作品、同性恋作品、女性主义文学作品，以及如雨后春笋般出现的多种族、多文化类作品等。人们发现，新时代正在努力建立自己的新文坛，推出自己的新思想、新概念、新成果。一种日渐强劲的打破偶像的暗流在明显地浮上台面，一种离经叛道、走出新路的态势正在各个文学领域内形成气候。不论在内容或是技巧方面，美国作家都在以前所未有的精气神向传统提出挑战，表达自己欲以全新的创作直面新世界、新生活的决心。毫无疑问，这些新事态都和20世纪60年代民权运动之后几十年来文化与思想界所感到的自由与开放气氛有着密切联系。

我国外国文学研究界对此早有察觉，并做出了相应的反应，不少介绍和评论文章谈及此事，翻译与出版界也在注视着事态的进展。比如译文出版社翻译和出版美国学者哈罗德·布鲁姆（Harold Bloom，1930— ）的《西方经典》（*The Western Canon:*

The Books and School of the Ages）一书，就是比较突出的例子之一。现在即将面世的《爱丽丝·凯瑞研究》文集，则是这方面研究的另外一个可喜成果。由杨林贵教授主编的这部论文集对美国文学史上曾被忽略的一个作家——爱丽丝·凯瑞（Alice Cary，1820—1871）进行了透彻的研究与介绍，不仅填补了我国外国文学及美国文学研究领域的一个空白，而且为这些领域的研究者们做出了极重要的提示，即要以全新的目光重新审视外国文学和美国文学领域内的作家与作品，一味沿袭传统做法不仅会失之偏颇，而且会脱离这些国家的文学创作实际，是很不可取的。

二

文学领域活动的特点之一是它既拥立声名，也推翻权威；既让人名留青史，也让人从人世彻底蒸发。这种“成败”有时是永久性的，有时则具有相对的时间性。美国作家亨利·大卫·梭罗（Henry David Thoreau，1817—1862）从文坛“蒸发”了几十年，英国诗人约翰·堂恩（John Donne，1572—1631）从人们的视野里“消逝”了长达两个世纪之久。但是，历史和时间是公平的。此二人到20世纪又都成为文学界介绍与研究的热点。历史和时间做判决自有其公正的标准，这就是，看一个人对人类的智慧金字塔是否做出了某种令人称道的贡献，看此人是否在福克纳（William Faulkner，1896—1962）说的“一块石头”(或曰永恒的巨石)上留下过他“抓挠的手印”。爱丽丝·凯瑞之所以能从“默默无闻”的泥沼中历经近百年而脱身，这是因为历史和时间看到了她的“手印”的缘故。杨林贵教授主编的《爱丽丝·凯瑞研究》文集让读者仔细看清了这个“手印”

的内容。这部论文集涵盖了爱丽丝·凯瑞的生平、创作活动及其主题与技巧特点等诸多方面，为读者了解和鉴赏这位女作家提供了丰富的资料与指导意见。

爱丽丝·凯瑞生活在美国争取文化独立的时期，文学史上传统称之为浪漫主义的时期。19世纪上半叶，美国文学界的不少人大声疾呼"美国文化独立"，爱丽丝·凯瑞是在这种大氛围下成长和进行文学创作的。她的作品具有浓郁的美国味。她反映美国西部边地移民的生活，揭露其黑暗面，鞭挞美国资本主义发展给美国带来的种种弊病。她以典型的美国人的反叛精神，逆潮流而动，不用当时流行的"歌德"派浪漫主义手法，而采取现实主义甚至写真主义的技巧，仔细审视和描绘发展中的美国，真实地记录它的历史面貌。在她生活的时代，霍桑（Nathaniel Hawthorne，1804—1864）、麦尔维尔（Herman Melville，1819—1892）、埃德加·艾伦·坡（Edgar Allan Poe，1809—1849）及狄金森（Emily Dickinson，1830—1881）等人也在根据自己的体验，以自己独特的方式，客观地反映着发展中的美国的心态，他们的作品常常显示出不同于当时文化文学界主流思想的倾向，这或许是他们当中一些人"曾被埋没、之后再被发现"的原因所在。爱丽丝·凯瑞的作品在一些方面与这些人的作品似乎有些相近之处。

爱丽丝·凯瑞的一个突出之处在于，她在挖掘和表现本身某些经历时，表现了她的时代的精神。从广义上说，作家大多在写自己，凯瑞也不例外，她的一些作品显然是以其生活体验为底本的。当个人经历的本质恰和公众经历的本质相吻合时，"伟大"就会出现在世人面前。这样的人会成为著名作家，他们的作品会成为著名作品。这样的作家和作品有时会即刻被发现，如艾略特；有时也需等待一段时间，如《大人物盖茨比》；也有需要等待很长时间的，如爱丽丝·凯瑞。

爱丽丝·凯瑞的个人经历包含着什么样的“真理”，与她所处时代的、公众的经历所包含的“真理”相吻合呢？杨林贵先生在其主编的论文集的前言、绪论和 12 个章节里为我们提供了充分而详细的信息，诸如凯瑞的性别意识、女权主义、对城市喧嚣的反感、她的特异的自然观和生态美学思想等。这些我们没有必要在这里一一赘述了。只需说一点：由于爱丽丝·凯瑞的思想中有不少因素具有独特的、超前的性质，而具有这种思想特点的人又通常很容易遭到误解或忽略，这位女作家在文学史上遭到忽略的命运也就不可避免了。

三

杨林贵教授熟悉美国文学发展状况，找出新的研究课题，率领一队学者辛勤耕耘，为我们献上《爱丽丝·凯瑞研究》文集。这部文集除让我们了解这个文坛“新”秀之外，还在不少方面为我们提供了深刻的启示。

它给我们的启示之一是，我们从事美国文学研究的人要时刻注视和反映美国文学创作的实际。经历过几个世纪发展的美国文坛，可以说是人才济济，佳作比比皆是，值得我们挖掘与研究的宝藏很多。在这个意义上，《爱丽丝·凯瑞研究》文集很可能是我国美国文学研究新动向的标示之一。

这部文集给予我们的另一启示是，要走出自己的路。做学问意味着在荒野里走出新路，真正意义上的学者是率先挖掘新领域、引出新思维的人。他拒绝因循保守，率由旧章，不沿袭任何“八股”，不崇拜任何权威，不以任何方式限制自己的想象力和独创性。《爱丽丝·凯瑞研究》在相当程度上为我们研究者提供了一个可琢磨的新模式。

杨先生主编的文集是一部很优秀的研究成果，很值得我们大家认真一读。